歷史長河
——中國歷史十六講

樊樹志◎著

目次

歷史長河　中國歷史十六講

iii

目次

引言

　　從2005年開始，復旦大學新生入學後不分科系，在文理學院（現稱復旦學院）中接受通識教育。爲了營造通識教育的氛圍，學生宿舍的入住者，是由電腦隨機編排的，不同科系的學生會聚一室，可以有一個拓寬知識面的互相交流的平台。學院開設一批文理科最基本的「平台課」——基礎課程，供大家選修。「國史概要」作爲復旦大學的精品課程，也名列其中。我開設這門課程多年，又是教材的編寫者，受聘講授這門課程，有一種老課新開的感覺，面對的學生有人文類的、社科類的，還有理工類的，歷史學基礎各不相同，而且課時只有以前的一半，必須重新通盤考慮。

　　使用的教材，是我寫的《國史概要》（復旦大學出版社2004年第三版）。這本教材原先是爲每周四堂課（一學期講完）而寫的，已經比以前的中國通史課程大爲精簡了。現在又要精簡一半：上課時間是一學期，每周兩堂課。如果扣除法定假日、考試，可以用於上課的時間，只有16周、32堂課。在如此短暫的時間裡，要把幾千年的中華文明史講得深入淺出，是一件很傷腦筋的事情。

除了時間因素的制約，還必須考慮以下兩點：一是與高中的歷史課程相銜接，二是與教材《國史概要》相配合。如果依然採用一般通史的講授方式，顯然吃力不討好，難以收到較好的效果。看來只能採取專題講座的方式，每周兩堂課講一個專題，16周講16個專題，在有限的時間裡，把國史的精華以學生喜聞樂見的形式展現出來，用富有魅力的講課，幫助學生去鑽研教材。

為此，我重新撰寫了16個專題的講稿。無論是講題的確定，還是內容的取捨，都煞費苦心。不管如何安排，總是顯得顧此失彼、掛一漏萬。最後形成的講稿，是從我自己的讀史心得中提煉出來的，力圖對中華文明史上的重要問題，進行具有深度和新意的解讀，不再糾纏於歷史的線索和細枝末節。我的原則是絕對不能面面俱到，因為在如此有限的時間裡，企圖面面俱到勢必面面俱不到，以至於講來索然無味，聽來昏昏欲睡。必須選擇重點，講深講透，講出個所以然，給不同專業的學生一個歷史深邃感的啟示，激發他們重新思考中華文明史的興趣。

現在看來，我的抉擇是成功的。第一堂課的盛況令我精神振奮，大大出乎預料，三百人的梯形教室人滿為患，坐在台階上的、站在牆邊的，聽得津津有味，不時有笑聲傳出。下課鈴響，全場報以熱烈的掌聲。這是我四十多年講課生涯極為罕見的動人景象，激勵我以後的每一講都全力以赴，用演講的方式，激情洋溢地把我的讀史感受傳達給學生，每一講都獲得了極佳的效果，學生們的普遍反映是：「課講得真好！」一直到學期結束，課堂的「上座率」依然很高，雖然沒有了站著或坐在地上的旁聽者，但偌大的梯形教室基本滿座。每次下課後，講台前總有學生意猶未盡地提問、討論。它給我的最大啟示是：學生並不排斥歷史課，只要講得精彩，他們

是熱烈歡迎的。這就好比精彩的歷史讀物照樣可以成為暢銷書，是一個道理。

因此，我有信心把我在復旦大學課堂上的講義，貢獻給社會大眾共用，讓沒有機會進入復旦講堂聽課而對此又心嚮往之的讀者，可以一睹復旦大學精品課程的風采。

歷史是已經消失了的客觀存在，歷史學家的任務是把已經消失了的客觀存在真實地再現出來。由於立場、觀點、方法的不同，每一個歷史學家對歷史的解讀方式是不同的。因此人們所看到的歷史著作，帶有相當大的作者主觀色彩，所謂「純粹的客觀」似乎是難以企及的境界。

我當然也不例外。本書是我在前輩學者的基礎上，於相容並蓄中，進行的新的理解與新的思考。既然「歷史是現在與過去之間永無止境的問答交流」，那麼，對歷史的理解與思考，也將是永無止境的。我仍然秉持寫作《國史概要》時的宗旨，在內容、形式、結構、表述各個方面，都力求創新，對當代國內外學者的研究成果加以吸收消化，用讓人喜聞樂見的方式傳達給讀者，盡量改變以往歷史教科書枯燥乏味的「八股腔」，給人以耳目一新的感覺。

這些年來，承蒙讀者的厚愛，一直對拙著《國史概要》給予好評，使它由一本曾經上過排行榜的「暢銷書」，成為一本持續多年的「常銷書」。直到最近，網路上還有讀者熱情洋溢的評論，實在大大出乎我的意料。

2005年3月10日，「北大史學論壇」有一位名叫安替的讀者說：「作為一個理工科學生，我受到的文科教育近似於無。想想看，高考不考史地……所以這些課目等於不存在。當然也有其他原因，比如歷史課本無人有興趣讀下去……當然時代在進步，最近樊

樹志編著的《國史概要》就是一本非常好的中國歷史教科書」；「在該書每一章節，你都能讀到中國歷史學界的最新成果和相關爭議；雖然作者也有所傾向，但他都直接說出一家之言的判斷理由。學習這樣的歷史，真的感覺很酷，好像在看BBS論戰一樣，在觀戰之餘，讀者內心逐漸有了一個開放、客觀的國史輪廓」。

「北大中文論壇」上有人撰文，比較幾本歷史教材後說：「倒是樊本頗具趣味，文筆、選材都具可觀之處，也難怪作為高校教材上市後竟入暢銷書前列。」

香港聖公會梁季彝中學的一位讀者在網站上說：「《國史概要》（香港三聯書店2002年版）一書，可說是近年史學著作方面的暢銷書。該書一改通行教科書的常規寫法，大量吸收國內外的最新成果。在個案的描述和史事的評價上，常給人耳目一新之感。」

令人感動的是，一位天津的老先生林忠雄在《天津老年報》上撰文說：「古稀之年，在系統讀書的過程中……找到評價好、版本新的《國史概要》（樊樹志著，復旦大學出版社2003年版）閱讀。前後讀了半年，45萬字文圖並茂，反思和新知頗多」；「該書文筆清新，持論穩健，懸念迭出，饒有興味」，「開啓了一扇知識之門」。

讀了這些情真意切的評論，在下激動之情難以言表，作為一個從事歷史教學四十餘年的教授，我向你們表示深深的謝意！謝謝你們的厚愛！

希望本書能夠得到更多讀者的喜愛。

今後，我將一如既往地努力，寫出讓你們滿意的歷史作品。

第一講
從「大同」到「小康」

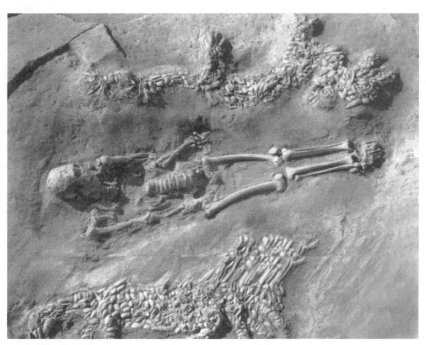

龍虎圖

這一講所涵蓋的時間範圍最爲漫長，包括史前史與傳說時代，指的是人類有文字記載以前的歷史。中國早期的儒家著作用「大同」二字來概括這一漫長歷史階段的特點。他們把沒有私有財產與階級分化的時代，也就是夏朝建立之前的時代，稱爲「大同之世」，而把夏朝建立以後的時代稱爲「小康之世」。所以我用「從『大同』到『小康』」作爲這一講的標題，使我們對「大同」與「小康」的概念有一個具有歷史深邃感的理解。

1.中國人起源於非洲嗎？──「夏娃理論」質疑

質疑人類的起源是史前史首先要面臨的問題。神話和傳說、宗教和科學對此有五花八門的解釋。

基督教的《聖經》宣稱，上帝創造了人類，即亞當和夏娃。還說，上帝創造了人類後，人類都講同一種語言，後來人們通力合作，在巴比倫平原建造「通天塔」。上帝發現人類聯合起來的力量很可怕，於是使用壓力把人類分散於世界各地，並且讓他們講不同的語言，阻止他們互相溝通。

中國古代則有所謂盤古開天闢地、女媧造人的傳說。在人類還沒有出現以前，天和地連在一起，一片混沌。某一天，盤古突然醒來，用大板斧開天闢地，他的氣息化作風和雲，聲音變成雷電，左眼變成太陽，右眼變成月亮，頭髮鬍子化作星星。盤古開天闢地後，大地荒無人煙，天神女媧在清澈的水池邊用黃泥做成一個泥娃娃，泥娃娃變成了活生生的人，於是造出了許多男人、女人。這位人類之母還爲男人和女人建立婚姻關係，生兒育女。

這當然是荒誕不經的神話。

近代以來，古人類學、考古學的研究，使我們對於古人類的起源，有了比較科學的認識：由猿到人，經歷了直立人、早期智人、晚期智人的過程。就中國而言，已知的「直立人」有：元謀人、藍田人、北京人、和縣人等；已知的「早期智人」有：大荔人、金牛山人、丁村人、許家窯人、馬壩人等；已知的「晚期智人」（現代人類）有：柳江人、資陽人、山頂洞人等，這些構成了完整的中國古人類進化鏈。

然而，國際學術界關於「現代人類」的「單一起源論」，近來呼聲很高。他們根據分子生物學的研究，提出一種假設：現代人類起源於非洲，這就是所謂「夏娃理論」。這種「夏娃理論」認為，目前地球上的各個人種，都是20萬年前某一個非洲女性祖先的後代，這個非洲女性祖先被稱為「夏娃」。「夏娃」的後代離開非洲，擴散到歐洲、亞洲等地，取代了當地原有的早期智人；而歐洲、亞洲原先的早期智人並非現代人類的祖先，它們與現代人類之間沒有什麼關係。

復旦大學生命科學院的研究人員及其全球合作夥伴，2001年在美國《科學》雜誌上披露他們對12000條染色體的研究結果，在東亞人身上發現了79000年前非洲人特有的遺傳標記。這一課題組負責人金力認為，這是目前支持「東亞人非洲起源說」的有力證據，它進一步表明，來源於非洲的人群完全取代了原來居住在亞洲的古人類。他們推論，東亞人的祖先大約是在六萬年前從非洲到達東南亞一帶，然後向北遷移至中國。

這種「夏娃理論」遭到中國古人類學家和考古學家的質疑。最有代表性的是吳新智院士，他指出：在中國大地上，從直立人到早期智人再到現代人類的化石表明，他們之間存在著明顯的連續進

化，東亞的蒙古人種是從當地的古人類發展而來的，並非來自非洲。此外，中國的直立人與智人的舊石器文化，存在著明顯的前後連續性，根本沒有出現過由於人類滅絕而導致的文化中斷，根本不存在外來文化大規模取代原有文化的跡象。因此說非洲人取代中國大地上的早期智人而成為中國人的祖先的推論是難以成立的。

2002年，中國科學家對具有解剖學上現代人特徵的柳江人進行重新測定，得到的結論是：柳江人生活在距今約7萬年至13萬年之間的華南地區，用有力的實證反駁了中國現代人類起源於非洲的觀點。這一發現，顛覆了美國《科學》雜誌2001年5月刊登的論文的說法。中國科學院古脊椎動物與古人類研究所研究員黃慰文認為，用基因研究結果推測人類進化的過程，無論如何是間接的，而來自化石的證據是直接的。柳江人化石年代的測定，直接證明了在7萬年至13萬年前或更早，柳江人已經生活在華南地區，不可能是在這之後才從非洲遷移而來。

古人類學家、考古學家的研究表明，在中國大地上幾十個地點發現的包括直立人、早期智人和晚期智人的化石，構成了一條完整的中國古人類進化鏈，證明了中國古人類有著明顯的體質特徵的連續性。因此可以說，中國人的主體是東亞大陸的土著居民。

其實，在國際學術界，關於現代人類的產生，除了「單一起源論」，還有「多區起源論」。這種學說認為，地球上各地區的現代人類是從各地區的早期智人進化而來的。地球上的早期文明是多元的，埃及文明、兩河流域文明、印度文明、中華文明都是相對獨立起源的，締造各種文明的古人類，理所當然應該是多元的——多區起源的。

看來，甚囂塵上的「人類起源非洲說」，日益面臨「多區起源

論」的挑戰。千萬不要被聳人聽聞的新論、眼花撩亂的宣傳，迷惑了視線。

當然，我們並不否認，迄今爲止，非洲發現的古人類化石，歷史最爲久遠。目前國際學術界較爲普遍的看法是：大約距今七百萬年以前的非洲，開始出現了人的系統和猿的系統的分離；大約在距今兩百五十萬年以前，在非洲誕生了最早的人類——「能人」；大約在距今兩百萬年以前，地球上出現了直立人，它的化石在非洲和亞洲都有發現。隨著時間的推移，將會有更多的發現，我們不妨拭目以待。

確實，這一問題不僅學術界高度關注，而且新聞界也極爲敏感，經常有最新研究成果在報端披露，並且配上奪人眼光的標題。以《文匯報》爲例，2002年7月12日以引人注目的標題報導：「人類祖先在乍得？——最新發現的頭骨化石可能揭示謎底」。該文報導，在非洲中部的乍得，發現了被命名爲「圖邁」的頭骨化石，科學家斷定它是迄今發現的最早的人類頭骨化石。權威的《自然》雜誌對此做這樣的評論：在人類進化史上，一千萬年前地球上有很多猿類；五百萬年前有了原始人類的留世紀錄。在史前考古中，一千萬年至五百萬年之間，人類的始祖與猿分離，這一演進過程的物證卻少而又少。「圖邁」的發現，彌補了「缺失的一環」。但是也有科學家持有不同的看法，「圖邁」不僅不能填補「缺失的一環」，反而能夠說明原始人類演進的多樣化。人類的進化並非只是一個單向的階梯，而可能展示出「茂密的圖譜」。

有意思的是，2002年10月9日《文匯報》報導「我科學家運用先進方法測定柳江人生存年代」的消息，用醒目的標題寫道：「中國人遠祖更可能在中國——這一結論使現代東亞人『非洲起源說』

受到挑戰」。該報導援引我國科學家的判斷，中國最早的古人類化石是兩百萬年前的巫山人化石，在中國出土的各時期的古人類化石都有共同特徵，如鏟形門齒、長方形眼眶、扁平的臉等，這表明至少在兩百萬年以來，中國人的進化是連續不斷的。

新聞界的高度關注，使這個離我們遙遠而枯燥的話題，透露出新鮮的活力。歷史誘人的魅力，以這樣的方式顯露無遺，我們真的需要對歷史刮目相看了。

2.農業革命：從食物採集到食物生產

在人類早期歷史上，舊石器時代的晚期尤為重要，生產技術的進步是其中的關鍵。英國歷史學家湯因比（Arnold Joseph Toynbee）在《人類和大地母親》（*Mankind and Mother Earth*）一書中說：舊石器時代晚期的技術革命大約開始於四萬年至七萬年前，它是技術史上劃時代的革命。

石器刃部的細加工出現的同時，出現了一系列複合工具：帶柄斧、梭鏢、弓箭，使人類採集植物與狩獵動物的能力大大提高，人類進入了一個新時代。以骨針為代表的縫紉技術的發明，使人類可以縫製獸皮衣服來禦寒，可以離開洞穴走向平原，走向寒冷的北方，甚至越過白令海峽走向另一塊大陸。

大約在距今一萬年，人類進入了新石器時代。它有四大特徵：農業的產生、動物的馴養、陶器的製作、磨製石器（不同於打製石器）的使用。而首要的特徵就是農業的產生，使人類從食物的採集者，一躍而為食物的生產者。於是農作物、家畜、陶器與紡織品出現，人類進入了生產經濟階段。人們定居下來，營造房屋，耕種土

地，飼養牲畜，食物來源有了可靠的保障。食物的生產——包括對食用植物尤其是穀類的自覺栽培和對動物的馴養，是人類歷史上自掌握用火以後最偉大的經濟革命，相對於以後的工業革命，學者們把它稱爲農業革命。

西方學者推測，農業出現的時間距今大約一萬年至一萬兩千萬年之間，地點在西亞的兩河流域，而後向東傳入中國。甚至連研究中國科技史的權威學者李約瑟（Joseph Needham）也認爲，小麥原本生長在中東，中國的小麥是由中東傳入的。1960年代末，美國芝加哥大學的華裔學者何炳棣的著作《黃土與中國農業的起源》（*The Cradle of the East: An Inquiry into the Indigenous Origins of Techniques and Ideas of Neolithic and Early Historic China, 5000–1000 B.C.*），以大量無可辯駁的歷史事實推翻了上述論斷，明確指出，中國農業的起源，具有自己的區域性和獨立性，並不是從兩河流域傳入的。這一結論受到許多學者的高度評價，並且一再爲考古發現及新的研究成果所證實。

河北省徐水縣的南莊頭遺址，發現了穀物加工工具——石磨盤、石磨棒，表明當時已經栽種穀物。據測定，它的年代大約在距今一萬年左右。河南省新鄭縣裴李崗遺址的考古發現，在距今七、八千年前，中原地區出現了比較穩定的農業定居生活，進入了以粟爲主的旱地農耕階段。那是一個農業部落聚居區，有房基、灰坑、陶窯，還有耕作、收割工具——石斧、石鏟、石鐮，以及糧食加工工具——石磨盤、石磨棒。

南方稻作農業的歷史也很悠久。近年來，考古學家在南方發現了先民從採集食用野生稻到馴化形成栽培稻的實物證據，使得關於中國農業起源的研究有了突破性進展。江西省萬年縣仙人洞遺址的

發掘表明，當時的先民從採集野生稻到學會人工栽培水稻，是一個持續達幾千年之久的漫長過程，大體在舊石器時代晚期到新石器時代早期。湖南省道縣玉蟾岩遺址，出土了距今八千年至一萬年前的兼具野生稻、秈稻、粳稻綜合特徵的植物，似乎是一種由野生稻向栽培稻演化的最原始的栽培稻。

1992年，中國和美國的科學家聯合研究中國江西的稻作起源問題。美方專家於1996年、1998年兩次發表研究報告，證實長江中游是世界栽培稻及稻作農業的搖籃，江西省萬年縣仙人洞等遺址的居民，在距今一萬六千年前已經以採集野生稻為主要糧食，至晚在距今九千年前定居的稻作農業已經開始。這項研究成果，更加徹底地批駁了前此西方盛行的觀點——舊大陸農業都源自西亞的兩河流域。

2000年出版的嚴文明、安田喜憲主編的《稻作、陶器和都市的起源》一書指出，新石器時代早期，先民對稻穀種子反覆選擇，改變了野生稻的生存條件和遺傳習性，初步馴化成功，基本形成原始栽培稻。中國是亞洲栽培稻起源地之一，它與另一個亞洲栽培稻起源地——以印度為中心的南亞，是兩個各自獨立起源和演化的系統。

湖南省澧縣的彭山頭遺址發現的稻穀和稻殼，經測定，距今約八千兩百年至七千八百年之間。

浙江省餘姚縣的河姆渡遺址，發現了距今七千年前的豐富的稻作遺存：稻穀、稻稈、稻葉、穀殼的堆積，一般厚度達20～30釐米，最厚的地方超過100釐米。出土時稻穀色澤金黃，穀芒挺直，隆脈清晰可辨。經鑑定，這是人工栽培的晚稻，距今約七千年。同時出土的農具——骨耜，證明早在七千年前河姆渡的原始農業已進

入耜耕階段。

2004年12月17日《科技日報》報導，湖南省道縣玉蟾岩出土了一萬兩千年前的5粒炭化稻穀，被譽爲世界上最早的稻穀。於是有的學者感到迷惘：稻作起源，究竟何處是搖籃？

通過考古學的觀察，人們對長江下游稻作農業有了比較清楚的認識：河姆渡文化時期的稻穀處於形態變異和分化的初期，表現爲類秈、類粳及中間類型的原始混合體。淞澤文化時期，稻穀開始在野生資源富饒的環境裡被馴化和栽培，但是狩獵採集仍然是主要經濟形態。而後的良渚文化時期，人們加強了稻穀生產，並且取代野生資源，成爲主要糧食來源，因此這一時期形成了比較成熟的稻作農業。

3.關於炎帝、黃帝的傳說

近代以降，疑古思潮氾濫，對歷史上的傳說時代採取虛無主義的懷疑態度。隨著科學的發展，人們逐漸走出疑古時代。人類學的研究表明，在文字發明以前，口耳相傳的神話傳說，是先民們對上古洪荒時代歷史的一種誇張的記述，只要加以科學的分析，便不難發現其中蘊含的可靠歷史資訊，如果能夠與考古資料恰當的印證，那麼古史傳說中的眞實成分將逐步顯現。

神話是遠古先民根據自己的想像，對自然事物、人類起源的虛構。而關於祖先的傳說則是他們對自己歷史的記述，有相當的依據。因爲它產生於歷史，是先民中口耳相傳的故事，在沒有文字記載的史前時代，它具有無可取代的歷史價值，反映了遠古歷史的某個側面。

「三皇」、「五帝」構成了傳說時代的歷史系統，關於他們的傳說異彩紛呈，蔚爲大觀。因而「三皇」、「五帝」究竟對應那些傳說人物，有各種說法。最爲久遠也最爲模糊的「三皇」，大抵是創世神話中的神人，史前人類的象徵，關於它的說法竟有六種之多：（1）天皇、地皇、泰皇；（2）天皇、地皇、人皇；（3）伏羲、女媧、神農；（4）伏羲、神農、祝融；（5）伏羲、神農、共工；（6）燧人、伏羲、神農。此後的「五帝」，大抵是一些部落聯盟的傑出領袖，較爲具體，但也有三種說法：（1）黃帝、顓頊、帝嚳、唐堯、虞舜；（2）太皞（伏羲）、炎帝（神農）、黃帝、少皞、顓頊；（3）少皞（少昊）、顓頊、帝辛（帝嚳）、唐堯、虞舜。

戰國諸子百家的著作中記錄了先民關於有巢氏、燧人氏、伏羲氏、神農氏的傳說。有巢氏在樹木上建造巢穴，以躲避野獸的侵害；燧人氏鑽木取火，教民熟食；伏羲氏用繩索結網，從事漁獵；神農氏製作耒耜，教民農耕。這些傳說，反映了遠古先民建房、熟食、漁獵、農耕的發展過程。傳說中，伏羲與女媧是兄妹結婚而產生了人類，以後他們禁止兄妹通婚，反映了原始血緣婚姻向族外婚姻的過渡；伏羲發明了八卦——一種原始記事方法，反映了文字出現之前人類的智慧。

《易經·繫辭傳》說：「包犧氏沒，神農氏作，斲木爲耜，揉木爲耒，耒耨之利，以敎天下。」（包犧氏即伏羲氏）又說：「神農氏沒，黃帝、堯、舜氏作，通其變，使民不倦，神而化之，使民宜之。」應該是可信的。

炎帝、黃帝，被中華民族尊爲共同的祖先——「人文初祖」，中國人自稱「炎黃子孫」，就是對於共同祖先的尊崇。

炎帝，就是神農氏。這種稱呼透露出一個資訊：他和他所領導的部落發明了農業、醫藥、陶器，所以後世的典籍提到他時，都讚頌他的這些發明。《易經》和《白虎通》說他用樹木製造耕作的工具——耒耜，教導民眾從事農耕，被認為是發明農業的始祖。《史記》和《淮南子》記載了神農嚐百草，以草藥治病救人的故事。《太平御覽》引用《周書》說，神農在發明農業的同時發明了陶器。由於生產工具的局限，當時的農業處在「刀耕火種」階段，春耕開始前，放火燒荒，然後用木製的耒耜鬆土，撒播種子，任其自然生長。神農之所以稱為炎帝，其後裔稱為「烈山氏」，都反映了原始農業和火有著密切的關係。

炎帝的後裔中，有一支是烈山氏，其子名柱，會種植穀物、蔬菜，被後人尊奉為稷神——穀物神。炎帝後裔的另一支共工氏，其子后土，治理洪水成功，被後人尊奉為社神——土地神。此後社神、稷神成為農業社會的最高神祇，西周以來受到人們普遍祭祀，以後又把「社稷」引申為天下、國家，具有至高無上的地位。

稍晚於炎帝的黃帝，號有熊氏，似乎是以熊為圖騰的部落。相傳他率領民眾作戰時，指揮熊、羆等六種野獸參戰，用文化人類學的視角來看，其實是指揮以六種野獸為圖騰的

稷神崇拜圖

部落參戰。黃帝從北方到達黃河流域時，已經是擁有六個部落的巨大部落聯盟了。

　　黃帝的發明是多方面的，涉及衣食住行各方面。他發掘首陽山的銅礦，加以冶煉，鑄成銅鼎；並且鑄造12銅鐘，和以五音，可以演奏音樂。他用樹木製造船、車，用於運輸；他發明縫紉，製作衣裳；他發明曆法，派人到四境觀察天象，確定春夏秋冬四季，按照四季的變化來播種百穀草木。顯然黃帝時代比炎帝時代，在社會經濟的各方面都有了長足的進步。其中「垂衣裳而天下治」，「以衣裳別尊卑」，尤其值得注意。它一方面表明當時已經懂得蠶桑之利，懂得利用蠶絲編織衣料。這可以從考古發現予以證實：吳縣草鞋山出土野生纖維爲原料的織物殘片──中國已發現的最古老的紡織品實物，屬於距今大約五、六千年的馬家濱文化時期；距今四、五千年的良渚文化出土實物表明，太湖流域一帶的先民開始飼養家蠶並從事絲織業。另一方面，用服飾來區別等級，表明社會組織已經有了尊卑之別。把這些事實與鑄造銅鼎，以及由12個編鐘演奏顯示權力威儀的音樂聯繫起來分析，國家的雛形似乎隱約可見。

　　據說黃帝部落聯盟有姬、祁、任等12姓，姬姓是黃帝的嫡系，後來發展爲相當大的一支，創建了周朝；祁姓有傳說中的陶唐氏，即唐堯所屬的部落；黃帝的後裔夏后氏，是夏朝的創立者。人們把黃帝尊奉爲華夏民族的始祖，是名副其實的。

　　生活在太行山以東的祝融八姓，北以衛爲中心，南以鄭爲中心。到了夏商兩代，祝融受夏族、夷族兩面夾擊，被消滅過半，只有偏居南方的一支，成爲春秋時代楚文化的締造者。前輩史家張蔭麟筆下的這段傳說竟是如此動人：「楚人的生活充滿了優遊閒適的空氣，和北人的嚴肅緊張的態度成爲對照。這種差異從他們的神話

可以看出。楚國全族的始祖不是胼手胝足的農神，而是飛揚縹緲的火神；楚人想像中的河神不是治水平土的工程師，而是含睇宜笑的美女。楚人神話裡沒有人面虎爪、遍身白毛、手執斧鉞的蓐收（上帝的刑神），而是披著荷衣、繫著蕙帶、張著孔雀蓋和翡翠鉞的司命（主持命運的神）。適宜於楚國的神祇不是牛羊犬豕的膻腥，而是蕙肴蘭藉和桂酒椒漿的芳烈；不是蒼髯皓首的祝史，而是采衣姣服的巫女。再從文學上看，後來戰國時楚人所作《楚辭》也以委婉的音節、纏綿的情緒、繽紛的辭藻，而別於樸素、質直、單調的《詩》三百篇。」

4.從「公天下」到「家天下」

從黃帝到堯、舜、禹時代，持續了幾百年。他們在黃河流域一帶吸收夷人部落與羌人部落，結成新的部落聯盟，逐漸形成了「華夏」。當時黃河流域一帶的先民自稱「華夏」，或稱「華」、「夏」。

世上萬事萬物都是先有事實，後有概念。「華夏」的事實早已出現，但「華夏」這個概念卻出現得較晚。它最早見於《左傳》襄公26年（西元前547年）這樣一條記載：「楚失華夏。」說的是楚國由於失誤而失去了中原的華夏大地。可見人們關於「華夏」的記憶由來已久了。唐代的經學家孔穎達在對《左傳》所說的「華夏」做注釋時，這樣寫道：「華夏為中國也。」在古人的心目中，「華夏」是「中國」的同義詞，似乎是毋庸置疑的。這是因為居住在黃河流域的古代先民自稱「華夏」，而把邊境人民稱為「蠻」、「夷」、「戎」、「狄」，華夏位居中央，便自稱為「中國」，即

中央之國。

這時候，華夏的部落聯盟已經超出血緣紐帶的聯繫，而成為以地緣為紐帶的共同體，具備了國家的雛形。據說當時天下有「萬國」、「萬邦」，他們各自建立邦國的同時，還曾聯合許多邦國建立起地緣性聯盟。聯盟議事會是最高權力機構，討論重大事務，推舉聯盟首領。堯、舜、禹就是由聯盟議事會民主推舉產生的盟主。

堯年老時，在聯盟議事會上提出繼承人選問題，眾人討論後，推舉了舜。舜繼位後，徵得聯盟議事會同意，任命了管理土地、教化、祭祀、刑法、人民和山林川澤的官員，國家的雛形更加明朗化了。由於禹治理洪水有功，當舜年老時，聯盟議事會一致推舉禹擔任首領。

這就是堯、舜的「禪讓」，傳賢而不傳子，被後人傳為美談。孔子用無限崇拜的語氣說：「大哉，堯之為君也，惟天為大，惟堯則之。」孟子則「言必稱堯舜」。

這種「天下為公，選賢與（舉）能」的大同社會，就是儒家津津樂道的理想社會。儒家典籍把夏朝建立之前稱為「大同之世」，夏朝建立之後稱為「小康之世」，根本區別在於，前者是「天下為公」的社會，後者是「天下為家」的社會，換句話說，前者是「公天下」，後者是「家天下」。

《禮記》的〈禮運篇〉引用孔子的話，描述大同之世是如此美妙的：「大道之行也，天下為公，選賢與（舉）能，講信修睦。故人不獨親其親，不獨子其子，使老有所終，壯有所用，幼有所長，鰥、寡、孤、獨、廢疾者皆有所養」，「是故謀閉而不興，盜竊亂賊而不作，故外戶而不閉」。孔子描繪了一個不分彼此，各得其所，沒有爭鬥的和諧社會。自從禹建立了夏王朝之後，情況發生了

根本的變化，由大同之世進入了小康之世。孔子如此描述小康之世：「大道既隱，天下爲家。各親其親，各子其子，貨力爲己。大人世及（世襲）以爲禮，城郭溝池以爲固，禮義以爲紀」，「故謀用而作，而兵由此起」。這是一個有貴賤等級區分、充滿暴力、你爭我奪、爾虞我詐的社會。

這種轉變的關鍵是私有制與階級分化的出現，而表現形式則是「禪讓」制度的廢棄。禹在移交權力時，不再遵循由聯盟議事會公推賢者的原則，「傳子而不傳賢」，從此「天下爲公」變成「天下爲家」，「公天下」變成「家天下」。

堯舜時代有「禪讓」傳統，堯傳位於舜，舜傳位於禹，都是「傳賢而不傳子」，即「選賢與（舉）能」。《史記》把堯描寫爲聖明之君，他發現舜精通農業生產，善於製作陶器，有組織領導才能，可以託付重任，便提拔他攝政輔佐，自己退居二線，臨終前把權力移交給舜，而沒有傳給無能的兒子。舜謙辭不就，避居外地。由於各路諸侯的共同擁戴，舜才就任。舜到了晚年，發現禹治理洪水有功，仿效堯的做法──讓賢，讓禹攝政輔佐。在臨終之前，他推舉禹繼承王位，而不把權力傳給無能的兒子。禹也同樣謙辭不就，避居外地。各路諸侯一致擁戴，禹才登上王位。司馬遷的太史公筆法推崇秉筆直書，應該是可信的，不過其中夾雜些許美化的成分，反映了春秋戰國以來，爲了奪取統治權的政治鬥爭愈演愈烈，人們對堯舜時代大同社會充滿無限嚮往之情。

「大同」時代的權力移交是禪讓而不是世襲，是有歷史依據的，絕不是虛構。楊希枚〈再論堯舜禪讓傳說〉指出：「傳說，甚至神話，無論其內容如何怪誕，多少反映著某些社會背景，或者說，可以從其內容來了解它所涉及的某些社會制度、思想或信仰。

堯舜傳說自不例外。」楊希枚認為，堯舜禪讓傳說至遲是春秋時代已經流傳的古老傳說，它普遍見於《論語》及戰國以來儒家、墨家、道家、法家各派的論著，絕非出於某一學派的偽托。

禹年老時，在聯盟議事會上討論繼承人選時，眾人先是推舉皋陶，皋陶死後又推舉伯益。禹卻想把權力傳給自己的兒子啟，暗中培植啟的勢力。禹死後，啟殺死伯益，自己繼承了禹的職位，於是出現了「家天下」的夏王朝。

夏朝的建立，開創了以後歷代王朝由一家一姓世襲統治的先例。

從大歷史的視角看來，這無疑是人類社會發展的必經階段。但隨著「家天下」的種種弊端的不斷顯現，人們愈來愈懷念「選賢與（舉）能」的大同社會，也就不難理解了。民主革命的先行者孫中山推翻了清朝，結束了漫長的「天下為家」的時代，在南京中山陵可以看到孫中山手書的「天下為公」的匾額，這種對於「大同」的追求，讓人們感受到，遙遠的歷史似乎離我們很近很近。

第二講
早期中華文明的輝煌

四羊方尊（局部）

四羊方尊

1.青銅時代與青銅文明

　　考古學者按照人類使用工具的器質，把人類的早期歷史區分為石器時代、青銅時代、鐵器時代。青銅時代是區別於此前的石器時代，以及此後的鐵器時代的一個歷史階段。在中國，大體是指西元前2000年至西元前500年之間的歷史時期，也就是夏商周三代。

　　我們通常說，夏是中國歷史上第一個王朝，但是這個王朝不能和秦以後的王朝等量齊觀。夏朝其實是以夏后氏為盟主的諸侯邦國聯盟。《呂氏春秋》說：「當禹之時，天下萬國。」《左傳》說：「禹合諸侯於塗山，執玉帛者萬國。」這裡所謂「萬國」，是以誇張的筆法，反映當時的夏朝不過是鬆散的諸侯邦國聯盟而已。以後的商朝、周朝大體也是如此。

　　這一時期，青銅器是上層階級政治生活關注的焦點，因而在考古遺物中占有顯著重要的位置。對此，中國古代學者早有樸素的認識，東漢袁康撰寫的《越絕書》引用戰國時代風胡子的話，對以往歷史做這樣的概括：傳說的三皇時代是石器時代，從黃帝開始的五帝時代是玉器時代，禹以後的夏商周三代是銅器時代，春秋戰國進入了鐵器時代。哈佛大學教授張光直的代表作《中國青銅時代》對《越絕書》的這個分期法，給予高度評價。

　　不過，中國遠古先民冶煉青銅的歷史可以追溯得更遠。傳說中，黃帝時代已經開始鑄造銅鼎、銅編鐘。仰韶文化和龍山文化遺址的考古發掘表明，在史前時期燒製陶器的陶窯中，當溫度達到金屬礦石的熔點時，金屬銅及其化合物的出現是完全可能的。因此考古學家認為，中國發明銅器的時代也許早於龍山文化時代，但比較

普及是在龍山文化時代，當然這一時期仍然處於銅器與石器並用時代。

從目前的發現來看，最早的青銅器出土於河南西部的二里頭文化遺址，它們是青銅禮器——爵(酒器)，以及青銅兵器——戈頭，是一種銅錫合金，已經具備中國青銅器的特徵。

偃師二里頭遺址發掘出不少銅渣、坩堝殘片、陶範殘片，以及小件銅器鑿、錐、刀、魚鉤、銅鏃等青銅器。而偃師二里頭遺址大體屬於夏文化的中晚期，因而可以說夏朝進入了青銅時代。考古發掘證實了夏朝建立者禹「以銅為兵」（用銅製造兵器）、「禹鑄九鼎」的傳說是可信的。

與青銅文明相伴隨的是階級分化與國家機器的形成。偃師二里頭發掘出一座宮殿遺址，面積約一萬平方米，有厚約1～2米的夯土台基，高出地面約80釐米，上面是排列有序的柱子洞和完整的牆基。台基中部有一座面闊八間、進深三間、四坡出簷的殿堂，堂前是平坦的庭院，四周有彼此相連的廊廡。殿堂對面是宮殿的大門。如果復原的話，一座規模宏大、氣勢莊嚴的宮殿建築，巍然屹立，夏王朝的威儀便躍然而出了。

夏人已經懂得開通溝洫、排洪洩潦，掌握了農業生產的灌溉技術。天文知識也日漸豐富，當時已有明確的年、月、日的概念，把一年分為12個月，以冬至後兩個月的孟春之日作為一年的開始。古籍中記載了夏人觀測到日食的情景，以及觀測到流星雨的紀錄。

孔子、孟子認為夏商周三代的制度雖有所損益，但也有所繼承，夏文明為商周文明奠定了基礎。

商朝是青銅文明的鼎盛時期。商王武丁的婦好墓，出土200多件青銅禮器、5件大銅鐸、16件小青銅鈴、44件青銅器具（包括27

件青銅刀）、4件青銅鏡、1件青銅勺、130多件青銅兵器、4個青銅虎、20餘件其他青銅器，品種之豐富，數量之眾多，質地之精美，令人歎為觀止。當時的青銅冶煉和鑄造工藝已經達到相當純熟的程度，這種銅和少量錫、鉛的合金，比純銅更加堅實耐用。

青銅器的種類雖然很多，但是它的主體是禮器和兵器，由此折射出青銅器的政治意義大於經濟意義。禮器有爵、鼎、彝、盤、盂等，象徵器主的身分和等級。兵器有戈、矛、戚、鉞等，還有車馬的青銅部件和佩飾，都和戰爭有關，而戰爭是政治的延續。青銅器常鑄有銘文，標明器主的族氏和祭祀物件，記載商王對器主的恩賜，說明器物的用途。從社會學、政治學的角度考察青銅器，它明顯扮演著政治權力的角色，用來保障權力和財產的分配方式。青銅文明的意義，也許正在於強化國家政權的機能。

青銅禮器是王室與貴族特權的體現，因而製作很講究，上面有精美的淺浮雕花紋，大多是動物紋樣，除了自然界存在的動物之外，大量的是神話中的動物，如饕餮（有頭無身的吃人怪獸）、肥遺（一頭兩身的蛇）、夔（一足龍）、虬（有角龍）、龍等。

於是問題來了：當時人製作這些動物紋樣究竟有什麼意義？張光直在《中國青銅時代》中做這樣的推測：神話中的動物功能，是把人的世界與祖先、神靈的世界相互溝通。而青銅禮器是用來舉行崇拜和祭祀祖先、神靈儀式的，人與神的溝通就通過它們來進行，體現了器主這樣一種意識：溝通神靈，庇佑他們在人世間的權力和財產。《左傳》記載楚莊王向王孫滿詢問鼎的大小輕重，王孫滿回答得很妙：關鍵在於德，而不在於鼎。以前夏朝有德的時代，遠近各地把動物繪成圖案，九州獻來青銅，鑄造的銅鼎上面刻劃的動物形象，使人民知道，什麼是助人的神，什麼是害人的奸。人民進入

川澤山林，不會遇到魑魅魍魎。因此使天地上下相互協調，人民承受上天的福祉。這段話的精髓，通俗地說，就是：鑄造銅鼎的目的在於，透過上面刻劃的動物紋樣，使人知道那些動物是幫助人的神靈，可以幫助人溝通天地。

20世紀80年代末，三星堆青銅器的出土是考古界的重大發現。三星堆是商朝時期蜀國的都城遺址，大量精美絕倫的青銅器透露出的神秘色彩，令人驚詫莫名。其中一件青銅人像，有真人大小，面部造型逼真，濃眉闊目，高鼻大耳，頭冠上有羽毛狀飾物，他身穿三層華衣，上有巨龍、拳爪、人面紋及雲雷紋圖案。至今仍是有待解讀之謎。

青銅器主要是禮器與兵器，這並不排斥青銅農具的存在。1989年江西省新幹縣發現一座商朝方國諸侯大墓，墓中出土成套青銅農具——鏟、耒、耜、犁、鐮等，就是一個明證。但是由於青銅器的名貴，青銅農具的實用性是大成問題的，農業生產的工具主要還是先前的木器、石器、蚌器。耕作方法還相當原始，「火耕」是常用的方法——春耕時，放火燒荒，然後用木製的耒耜耕種。甲骨卜辭中「貞焚」、「卜焚」，就是火耕的紀錄。耒是木製雙齒耕具，耜是木柄鏟，在木柄上裝上石片、骨片，就成為石耜、骨耜。商王很重視農業生產，甲骨卜辭中常有祈求禾、黍、麥、稻獲得好收成的紀錄，也有向上帝、祖先、神靈祈求降雨，得到好年成的紀錄。

2.殷墟與甲骨文

夏商周三代與以後的朝代有所不同，一方面它們是三個互相銜接的朝代，另一方面它們又是三個同時並存的集團。在傳說中，夏

的始祖——禹出於黃帝子孫顓頊這一支，而商的始祖契出於黃帝子孫帝嚳這一支。按照《史記》的記載，夏商周三代的祖先禹、契、后稷，都在堯、舜的政權機構中服務。由此看來，夏、商、周是平行存在著的三個集團。

商在滅夏之前，早已有了自己轟轟烈烈的歷史，即所謂先公先王時代，不過一直臣服於夏。據說，商的始祖契曾追隨禹治理洪水，契的後人叫做冥的，還做過夏朝的水官。

商朝建立以前稱為早商或先商，從契到湯，傳了14世，與夏朝的存在時間大體相當。湯率領部眾推翻了夏朝，建立了商朝，共傳17世、31王，將近六百年。

早商時代已經從事農業生產的商集團，還保持著強勁的遊移性，從契到湯，他們集體遷移了八次。商朝建立後，依然延續這種傳統，都城的多次搬遷，就是一個例證。這種情況到了商王盤庚時代才得以扭轉。西元前1300年，盤庚把都城遷到了殷（今河南安陽西北），進行政治改革，推行商朝建立者湯的政治體制，出現了中興局面。因此，「盤庚遷殷」成為商朝歷史的轉捩點。《竹書紀年》說，從盤庚遷殷到紂王的覆滅，商朝後半期的273年中，再也沒有遷都。

「盤庚遷殷」的「殷」，這個商後期的都城，對於商朝的歷史意義極為深遠，以至於後來「商」也稱為「殷」，或者稱為「殷商」。

殷的地理位置具有經濟與軍事的優越性。都城沿著洹水而建，既便於水利，也便於防衛。洹水南面是宮殿、宗廟區，以往考古發掘的宮殿、宗廟遺址比較集中於小屯東北。三千多年以後，考古學家對位於安陽小屯的殷商古都廢墟的發掘，再現了昔日都城的盛

況。這個遺址被人們叫做「殷墟」。以往對殷墟的發掘集中在洹水南面，上世紀末至本世紀初，考古學家在洹水北面發現了殷商的宮殿群，更新了人們對於殷墟的認識。

1999年6月，中國社會科學院考古研究所安陽考古隊向新聞界指出，盤庚遷殷之「殷」有新說。他們在殷墟周邊進行發掘，特別在洹水北岸花園莊一帶發現了商代遺址，堪稱第二個殷墟。這個遺址的時代介於商代早期鄭州商城二里岡與商代後期小屯殷墟之間，從夯土建築基址、青銅器中王室禮器等方面推斷，洹北花園莊遺址有可能是盤庚所遷的「殷」。至於小屯殷墟遺址，應當屬於商代後期的都城。2002年8月16日《文匯報》用「洹北發現商代宮殿群」的標題報導：一個龐大的商代宮殿群在河南安陽洹水北岸、緊臨殷墟的洹北商城被發現，其中已被大部分揭露的1號基址堪稱迄今發現的商代的最大宮殿。宮殿基址長173米，寬90米，總面積16000平方米，呈「回」字形結構，中間是開闊的庭院，北面是正殿，東西兩面是偏廡、偏殿，南面是南廡和門庭。建築材料具有當時的特色，精細的夯土，清晰的土坯，精心加工的方形、圓形廊柱，用白灰塗抹的牆壁，用葦束為骨的抹泥屋頂，顯現出古樸而威嚴的氣勢。該宮殿群的存在證實了發現於1999年的洹北商城是一個重要的商代王都。考古學家稱，商代六百年曾遷都五次，在後期都城殷墟之前，有鄭州商城、偃師商城等，在這些早商文化與晚商文化之間，一直存在缺失的環節。此次發現的宮殿群，早於代表晚商文化的殷墟，晚於代表早商文化的鄭州二里岡，恰好填補了缺失的一環。

因此，我們對於「殷墟」的認識應該有所擴大，除了先前知道的洹水南岸的安陽小屯村以外，還有洹水北岸的安陽花園莊。

殷墟最重要的發現首推甲骨文。自從光緒25年（1899年）甲骨文在河南安陽小屯發現後，引起了人們廣泛的關注。1928年至1937年，先後在殷墟進行了15次發掘，出土甲骨十餘萬件，共有4500字，記錄了從盤庚遷殷至商朝滅亡273年間的歷史。這就是中國最早有文字可考的歷史。

甲骨文的意義是無與倫比的，它標誌著中國歷史進入了有文字可考的時代。文字的產生和發展是一個漫長的過程，學者們孜孜不倦地在考古發掘的遺物中探尋中國文字（漢字）的起源。西安半坡遺址出土的陶鉢口沿上有二、三十種刻劃符號，有學者認為是最古老的具有表意作用的文字符號。介於仰韶文化與龍山文化之間的大汶口文化遺址，也發現了一些文字符號。由於這些文字符號的數量太少，難以顯現原始文字的全貌。何況，存在或發現一些文字是一回事，這些文字是否足以構成歷史記載又是另一回事。人類由史前史進入有文字可考的時代，必須有足夠數量的文字，使人們可以通過文字去認識那個時代。

甲骨文的發現解決了這個問題。因此人們有理由說，中國有文字可考的歷史開始於西元前16世紀，因為這時有了成熟的足夠數量的文字——甲骨文。

甲骨文是我們祖先的天才發明，具有不朽的品質和價值，無論怎樣讚譽都不嫌過分，至今仍是東亞漢字文化圈的共同財富。從甲骨文的結構來考察，它已經具備了漢字的「六書」規律——象形、指事、假借、形聲、會意、轉注。

象形，是人類發明文字的最初階段，「日」、「月」二字取天象，像太陽和月亮的樣子；「土」、「田」二字取地理，像土地和田畝的樣子；「木」、「禾」二字象徵植物枝幹，「人」字象徵人

體，「蟲」字象徵其博首宛身，「羊」字象徵其角屈。

指事，使文字不單表實，而且表意，正如《說文解字》所說：「指事者，視而可識，察而可見。」最明顯的例子，就是「上」、「下」二字，以一短劃的位置來表示方位。如此等等，不一而足。

假借，在象形、指事的文字不夠用時，便「依聲托事」，即假借象形字的聲音，來表示同音的其他事物或動作的符號，例如甲骨文的「來」字，本來是小麥的名字，後來假借爲往來之來。

形聲、會意、轉注，都是以不同的思路來造字。

把上述方法擴大，或部分採用、近似變形，造就了後世約兩萬個漢字，成爲世界上使用人口最多的文字。黃仁宇在《中國大歷史》中說：「這些原則一經推廣，今日之漢字爲數兩萬，又經日文與韓文採用，無疑地已是世界上最具影響力的文字之一。它的美術性格也帶有詩意，使書寫者和觀察者同一的運用某種想像力，下至最基本之單位。上海人的滬語發音軟如法語，廣東人的粵語發音硬如德語，也能用同一文字互相會意。所以這種書寫的方式促成中國人文化上的團結，其力量不可權衡。」

甲骨文留下的紀錄，讓我們看到了當時人的社會生活。甲骨卜辭中有日食、月食的紀錄，表明當時已有比較完善的天文曆法知識。有的學者根據甲骨卜辭，復原了《殷曆譜》，知道當時把一年分爲12個月，閏年有13、14個月不等，小月29日，大月30日，全年平均365.25日。甲骨文疾病的「疾」字，有幾種寫法，一個像人躺在床上，一個像人躺在床上冒汗，可見當時人已經知道疾病與疾病的治療。考古發現的醫藥和醫具（外科手術刀）證明了這點。

甲骨文之所以稱爲卜辭，就表明它與宗教信仰有關。甲骨卜辭中有祈禱儀式、祭祀儀式的紀錄，反映了當時人的觀念中，自然天

象具有超自然的神靈，這種神靈對自然現象和人事現象，具有影響乃至控制力量。無怪乎古籍中說，「商人尚鬼」、「先鬼而後禮」，也就是說，他們優先處理與鬼神的關係，而後處理人際關係（禮是處理人際關係的規範）。

3.「制禮作樂」與禮樂文明

周是一個古老的部落，傳說中，周的始祖棄做過夏朝的農官，可見它是一個精通農業的部落。相傳神農氏的後裔烈山氏之子柱，又名農，能種植五穀，被尊奉為稷神（穀物神）。棄繼承了這一傳統，教導民眾種植莊稼，被後人尊奉為農神后稷。

岐山南面的周原，土地肥沃，適宜農耕，古公亶父率領部族再次定居下來，並且自稱為周人。到古公亶父的幼子季曆即位時，周的國家政權日漸強大，崛起於商朝的西隅。商王文丁為了遏制周的勢力，殺死季曆。季曆之子昌（即後來的周文王），一方面繼續臣服於商朝，另一方面積極擴充勢力，準備取而代之。這個願望由他的兒子發（即後來的周武王）實現了。西元前1046年，周武王乘勝占領朝歌，宣告商朝滅亡，周朝建立。

周武王是周朝的建立者，可惜不久病逝，代他攝政的周公，為周朝制訂了一系列典章制度，在歷史上留下了深遠的影響。

周公，是周文王之子、周武王之弟，名旦，因采邑（封地）在周，稱為周公。周武王逝世前留下遺囑，由周公繼位。為了平息各地的叛亂，周公擁戴周武王的兒子誦為國王（即周成王），自己處於輔佐、攝政的地位。在此期間，周公調動軍隊東征，平定叛亂，把周朝的政治勢力擴展到東方。周公鑒於殷商遺民發動叛亂的教

訓，認爲聽任殷商遺民留在原地是危險的，決定營建洛邑（今河南洛陽），把「殷頑民」遷到那裡，派軍隊震懾。從此，周朝有了兩個都城：西部的鎬京稱爲「宗周」，東部的洛邑稱爲「成周」。周公請周成王到新都舉行首次祭祀典禮，並開始親政；繼而，周公歸政於成王，自己留守於成周。儘管周公在失意中死去，遭到成王不公正的對待，但是周公對於周朝的貢獻是難以抹煞的。

漢朝的伏勝在《尚書大傳》對此概括說：「周公攝政，一年救亂，二年克殷，三年踐奄，四年建侯衛，五年營成周，六年制禮作樂，七年致政成王。」在這些政績中，影響最爲深遠的是「制禮作樂」，就是令孔子頂禮膜拜、夢牽魂繞的禮樂文明。

孔子講到「禮」，指出夏商周三代的承襲與變化，特別強調周公的創造性貢獻。他說：「周監於二代，郁郁乎文哉，吾從周。」反映了他對周公制禮作樂的崇拜，經常自命爲當代的周公。因爲他對於春秋時代的「禮崩樂壞」極爲不滿，他的名言「是可忍也，孰不可忍也」，就是對「禮崩樂壞」的怒吼。

周公制訂的禮樂制度，是處理等級社會上下貴賤之間的人際關係的倫理規範。到了春秋時代，諸侯要侵犯天子的權益，不再把這種禮樂制度放在眼裡，諸侯僭越自己的身分，用天子之禮；卿大夫僭用諸侯之禮、天子之禮。以祭祀爲例，按照周禮的規定，只有天子才能舉行郊祭（祭天），諸侯只能祭祀自己封國境內的名山大川。然而魯國從僖公開始也舉行郊祭，儼然以天子自居；地位更低的季氏也舉行旅祭（祭泰山）。祭祀用的樂舞，按照規定只有天子才可以用「八佾」（八個行列），諸侯用「六佾」（六個行列），大夫用「四佾」（四個行列）。後來不僅魯國的諸侯僭用「八佾」，甚至季氏也「八佾舞於庭」了。一切都亂套了。無怪乎孔子

要高喊：「是可忍也，孰不可忍也！」

這並非孔子的迂腐。周公「制禮作樂」帶來了社會的穩定，「禮崩樂壞」必然帶來社會的動亂。俗話說：「沒有規矩不能成方圓。」

於是乎怎樣評價「禮」和「樂」就成為一個很有意思的問題。

先來分析一下「禮」的本質。「禮」的起源是以貧富分化、等級分化為前提的，反過來「禮」的形成又穩定了貧富分化、等級分化的社會秩序。因此，「禮」並非「禮節」、「禮貌」那麼簡單。「禮」的本質是「異」，即差異，用來顯示社會中各等級之間的差異，也就是說，貴與賤、尊與卑、長與幼、親與疏的各色人等之間，必須遵守各自的行為規範，用來顯示貴賤、尊卑、長幼、親疏之間的差異，絕對不可混淆：貴者有貴者之禮，賤者有賤者之禮；尊者有尊者之禮，卑者有卑者之禮；長者有長者之禮，幼者有幼者之禮；親者有親者之禮，疏者有疏者之禮。這樣就形成了君臣、父子、兄弟、夫婦、朋友之間的上下尊卑關係，人人必須遵守，不得有所逾越。如果大家都遵守「禮」，那麼這個社會的運行就非常有序了。

周公把「尊禮」看作統治者推行德政的重要內容，也是「小邦周」取代「大邑商」的合法依據。周公要求成王到新都洛邑舉行祭祀、即位大典，並且主持政務。在即將還政的時刻，周公語重心長地對成王說：王啊，你開始用「禮」接見諸侯，在新都祭祀文王，這些「禮」是非常有秩序而不紊亂的。如果人民不重視「禮」，那麼他們就會輕慢你的號令，使事情錯亂。

這種有秩序而不錯亂的「禮」，是非常繁瑣的，至今仍可以從《禮記》中看到，周禮有五類：吉禮（祭祀禮）、凶禮（喪葬

禮）、賓禮（交際禮）、軍禮（征戰禮）、嘉禮（吉慶禮）。每個
貴族從出生到死亡，從人事到祭祀，從日常生活到政治活動，都必
須按照與其身分合適的「禮」行事，必須體現社會等級所制約的人
際關係。社會的等級體現在「禮」中，使「禮」有了嚴格的等級差
別，以區別不同等級的人之間的貴賤、尊卑、長幼、親疏差異。如
果違背了「禮」，就是「僭越」。所以孔子要說：「非禮勿視，非
禮勿聽，非禮勿言，非禮勿動。」

　　但是一個社會只講差異，不講和同，社會就無法和諧。因此周
公在「制禮」的同時又「作樂」，使「禮」與「樂」相輔相成，或
者說相反相成。「禮」講究差異，「樂」則講究和同。「樂」當然
是音樂，但是它超越了音樂，帶上了濃厚的政治色彩、社會色彩。
「樂」的功能是，以音樂節奏激起人們相同的共鳴情緒──喜怒哀
樂，產生同類感，彷彿「四海之內皆兄弟」。

　　相比較而言，周樂似乎沒有周禮的知名度高。其實周樂也是很
顯赫的，至今在《詩經》中〈大雅〉、〈小雅〉、〈頌〉等篇章，
依稀可以看到周樂的影子。周公制作的《大武》樂舞，就是《詩
經・周頌》的一部分。據專家考證，《大武》有舞有歌，舞分六
場，歌分六章。舞的內容：第一場武王帶兵出征，第二場滅亡殷
國，第三場征伐南國，第四場平服南國，第五場周公統治東方，第
六場班師還朝。他們分別是《詩經・周頌》的「我將」篇、「武」
篇、「賚」篇、「般」篇、「酌」篇、「桓」篇。這種由編鐘、編
磬演奏的雅樂，伴隨著舞蹈，出現在政治、宗教儀式中，顯示著等
級森嚴的社會還有上下和諧的另一面。

　　〈樂記〉說：如果君臣上下一起在宗廟中共同聆聽音樂，就可
以達到「莫不和敬」的效果；如果同族老小一起在鄉里共同聆聽音

樂，就可以達到「莫不和順」的效果；如果父子兄弟在家庭中聆聽音樂，就可以達到「莫不和親」的效果。總起來說，「樂」的功能就是使君臣之間、父子之間顯得「和合」，萬民之間顯得「附親」，增加凝聚力、親和力。因此「禮」與「樂」，亦即「異」與「同」，兩者缺一不可，否則社會就會失衡。《樂記》說得好：

——「同則相親，異則相敬」。意思是說，「樂」的和同使人們相互親愛，「禮」的差異使人們相互尊敬。

——「禮義立則貴賤等矣，樂文同則上下和矣」。意思是說，有了「禮」，貴賤的等級差別就顯示出來了；有了「樂」，各色人等上下之間就和諧了。

——「樂至則無怨，禮至則不爭」。意思是說，有了講究和同的「樂」，人們就不會埋怨；有了講究差異的「禮」，人們就不會相爭。

周公實在是一位了不起的政治家，深諳治國之道，既強調差異，又注意和同，「禮」和「樂」不可偏廢。一言以蔽之，這就是禮樂文明的精髓。楊向奎《宗周社會與禮樂文明》意味深長地指出：沒有周公不會有武王滅殷後的一統天下，沒有周公不會有傳世的禮樂文明，沒有周公就沒有儒家的歷史淵源。沒有儒家，中國傳統的文明可能是另一種精神狀態。所以孔子要夢見周公，稱讚說：「郁郁乎文哉，吾從周。」

「五四」時期，「打倒孔家店」，衝決舊禮教，革命精神可嘉，但在狂熱之中全盤否定傳統的禮樂文明，無論如何是形而上學的、缺乏歷史主義的態度。

4.解讀「封建」的本意
——兼論「公社」、「井田」及其影響

　　周朝建立以後，為了穩定新征服的地區，實行大規模的「封建」。所謂「封建」，其本意是「封邦建國」、「封建親戚」。周朝一共「封建」了71國，其中少數是異姓諸侯，多數是周王室的同姓（姬姓）諸侯，目的是「封建親戚，以藩屏周」——用同姓諸侯構築一道屏障，來捍衛周天子的中央權威。

　　這就是當時所謂「封建」。

　　歐洲中世紀有"feudal system"或"feudalism"，近代日本學者在翻譯時，借用周朝的「封建」一詞，譯作封建制度、封建主義。於是「封建」的含義發生了異化，現今人們習以為常地說「封建社會」時，已經不再是「封建」的本意了。如果認真加以比較，與歐洲的feudalism時代相似的，是周朝建立以後的四、五個世紀。秦朝以後的中國，很難說是feudalism時代。呂思勉《中國制度史》在論述「國體」時，把中國歷史劃分為三個時代：（一）部落時代，（二）封建時代，（三）郡縣時代。他認為，秦以後，由封建時代進入郡縣時代，此後雖然出現了「封建的四次反動」，但都是失敗的嘗試。這種立論，顯然是從「封建」的本意出發的。

　　「封邦建國」既是鞏固和擴大周朝統治的手段，又是貴族內部權力和財產再分配的方式。雖然以姬姓貴族為主，在封建的71個諸侯中姬姓占有53個之多，但是為了穩定大局，也封建了18個異姓諸侯。一方面是為了安撫這些有功或有傳統勢力的異姓貴族，另一方面是為了利用異姓諸侯作為姬姓諸侯的屏障，控制戎狄蠻夷部落，

擴大周朝的統治區域。

　　既然「封建」是權力和財產的再分配，它必須符合「禮」的規範。周天子的封建諸侯有一套隆重的「策命禮」，以顯示天子（即王）與諸侯邦國的聯繫。在太廟進行的策命禮儀，首先由周天子（即周王）向諸侯授予冊封文書，然後由主管國土和人民的大臣向諸侯「授土」、「授民」，意味著把一方土地以及土地上的人民分封給了諸侯，周天子通過諸侯對那些地區實行間接的統治。周天子有權對諸侯邦國進行巡狩、賞罰；諸侯國有義務向周天子述職，並向周天子繳納貢賦；當諸侯邦國受到外來侵略或發生內訌時，周天子要給予保護或調解。

　　周天子把土地和人民分封給諸侯，叫做「建國」；諸侯再把土地和人民分封給卿、大夫，叫做「立家」。這樣就形成了金字塔形狀的封建體制：天子、諸侯、卿、大夫、士、庶民。就天子與姬姓諸侯這一體系而言，封建與宗法有著密切關係。周天子既是政治上的共主（國王），又是天下同姓（姬姓）的大宗。政治上的共主與血緣上的大宗，緊密結合，成為「封建」的精髓。

　　政治與血緣的結合，看似牢不可破，其實不然。既然周天子授土授民給諸侯叫做「建國」，諸侯授土授民給卿、大夫叫做「立家」，因此對於士、庶民而言，就有「國」與「家」的對立，他們把自己的宗族稱為「家」，只知效忠於「家」，而不知效忠於「國」。這種離心力，是封建制度的致命弱點，導致分裂割據，與中央分庭抗禮。春秋戰國的歷史充分證明了這一點。

　　封建的本質是分地分民，與它相聯繫的，必然是一種領主式的土地關係，具體表現為農村公社與井田。

　　西周時的「邑」、「里」，就是農村公社。邑、里奉祀社神的

地方稱爲「社」，於是乎邑、里也稱爲「社」。它們又與井田相關聯，《周禮》說：「九夫爲井，四井爲邑。」表明農村公社的土地分配方式是井田制。

農村公社的特點，就是土地公有，共同生產，共同消費。根據民族學家的調查，20世紀初的西雙版納傣族中還保留著農村公社的遺存，與遠古時期的情況極爲相似。從《夏小正》、《管子》等典籍中，可以依稀看到它的影子。西周的井田制度，根據後人的追述，農村公社的氣息是相當濃厚的。由儒家倫理培育出來的政治家、思想家，對它推崇備至，奉爲理想主義的土地制度和政治模式。

孟子生活的時代，農村公社、井田制度已經分崩離析，這使他耿耿於懷。所以當一些國君向他徵求治國方略時，他總是說，要施仁政，而「仁政必自經界始」，也就是說，仁政的第一步就是恢復農村公社的井田制度。孟子關於井田制度有這樣的描述：「方里而井，井九百畝，其中爲公田，八家皆私百畝，同養公田，公事畢，然後敢治私事。」農田劃分成爲棋盤狀，每家農民必須優先共同耕種「公田」，然後才可以耕種自家的「私田」。由於每家農民擁有同等數量的「私田」，所以過著沒有貧富分化的和諧生活。

領主土地關係的特徵，是農奴無償地替領主代耕公田，然後才可以把自己那塊份地（私田）上的收穫歸於己有。這種方式當時叫做「藉」或「助」。《春秋》魯宣公十五年「初稅畝」，左氏、穀梁、公羊三家的注釋都說，在此之前沒有「稅畝」（徵收土地稅）這種方式，而是「藉而不稅」。所謂「藉」，就是「借民力而耕公田」。由於這種方式愈來愈不適應生產力的發展，周宣王即位以後，宣布「不藉千畝」，「初稅畝」這種新的方式取而代之。井田

制終於走到了它的盡頭。後來商鞅變法，廢除井田制，是順應歷史潮流之舉。

後世儒家學者鑒於土地私有造成的貧富分化，對已經消失的農村公社充滿嚮往、羨慕之情。何休《春秋公羊傳解詁》、韓嬰《韓詩外傳》對公社有許多理想化描述，它除了組織生產之外，還保留著「出入相友，守望相助，疾病相扶助」的集體主義互助習尚，「患難相救，有無相貸，飲食相召，嫁娶相謀」。這種田園牧歌式的美景，多半出於儒家學者對農村公社與井田制度的理想主義回憶。

這種理想主義與秦漢以來的小農經濟形成鮮明的對照。小農經濟是以土地私有為前提的，必然伴隨土地買賣、兼併，以及貧富兩極分化。首先發難的是儒家公羊學大師董仲舒。他對「富者田連阡陌，貧者無立錐之地」深為不滿，認為這是商鞅廢除井田制度留下的後遺症。解決這一社會問題的藥方，就是恢復井田制度。鑒於井田制度一時難以恢復，他提出一個折中主義的方案——「限田」，目的在於「塞兼併之路」，使得富有者占田不能超過一定數量，貧窮者不至於沒有土地。在土地可以買賣的時代，「限田」不過是儒家的平均主義理想而已，根本無法操作，化作泡影是必然的。

具有諷刺意味的是，王莽帶有農業社會主義色彩的改革，重彈董仲舒的老調，再次顯示了儒家那種脫離實際的理想主義政治的致命傷。他頒布的「王田令」，是以讚美早已退出歷史舞台的公社與井田為出發點的，主張取消土地私有制，把私有土地收歸國有，然後按照《周禮》的井田制度模式，實行「均田」——平均分配土地。這種看似很「革命」的主張，其實是歷史的倒退。把私有土地收歸國有，禁止土地買賣，是企圖以國家行政手段向經濟發號施

令，違背了經濟發展規律。因此遭到全社會的一致反對。連農民也不買帳，這是爲什麼？因爲農民是小私有者，他們不願意自己的私有田產成爲「國有」。王莽的「托古改制」以徹底失敗而告終，並未使後世的政治家引以爲戒。

有宋一代，小農經濟獲得了長足發展，伴隨而來的兼併盛行，貧富分化加劇。不少著名的政治家、思想家以爲是「田制不立」的結果。於是乎，恢復井田制度的議論如沉渣泛起一般，幾乎連綿不斷。即使被譽爲「中國十一世紀的改革家」的王安石，對井田制度也百般美化，他在與宋神宗議政時，建議模仿王莽的「王田令」，「令如古井田」。他的「方田均稅法」，似乎是這一主張的第一步。看來王安石與王莽是頗有一些共鳴之處的。新儒學大師朱熹也不見得高明，也主張恢復井田制度。他說：「田盡歸官，方可給與民」，「而今要行井田，索性火急做」。所謂「田盡歸官」，就是實行土地國有；所謂「索性火急做」，就是不要停留於口頭議論，要雷厲風行地實施。

爲什麼人們的改革思路始終離不開井田制度，公社的幽靈如此難以擺脫？實在值得深思。

到了近代，「三農」問題尖銳化，上述思路再一次以高水準的形式重現。

令人尊敬的民主革命的先行者孫中山，針對「三農」問題的癥結——地權不均，提出「平均地權」的主張。如果不爲尊者諱，實事求是分析的話，其中頗有一些問題。孫中山的「平均地權」是以土地國有代替土地私有爲前提的。極而言之，在孫中山思想中，平均地權和土地國有是合二而一的。在同盟會機關報《民報》發表的黨義第四條中，就有「主張土地國有」的規定。胡漢民在《民報》

第三號，發表黨義六條說明，把土地國有與古代的井田制度相比擬。這種解釋有沒有違背孫中山的原意呢？沒有。

孫中山曾多次從不同角度闡述他的平均地權思想，對井田制度及王莽改制、王安石變法給予高度評價。他說：

——「平均地權者，即井田之遺意也，井田之法既板滯而不可復用，則唯有師其意而已」；

——「中國古時最好的土地制度是井田制，井田制的道理和平均地權的用意是一樣的」；

——「諸君或者不明白民生主義是什麼東西。不知道中國幾千年以前，便老早有過這項主義了。像周朝所實行的井田制度，漢朝王莽想行的井田方法，宋朝王安石所行的新法，都是民生主義的事實」。

孫中山以明白無誤的語言告訴人們，他的平均地權，他的民生主義，只不過是古已有之的井田制度的再版，因為兩者「用意是一樣的」。令人驚訝的是，他把民生主義與王莽「想行的井田方法」，王安石的「新法」，排在一個行列裡。從中人們不難看出某種一脈相承的傳統思想：對公社與井田的讚美與懷戀。公社與井田，以及恢復公社與井田的嘗試，竟然成為「平均地權」的出發點，實在是耐人尋味的。

第三講
老子、孔子與諸子百家

孔子不仕退修詩書圖

美國學者伯恩斯和拉爾夫合編的《世界文明史》常有一些眞知灼見，例如他們說：「由於一些無法解釋的原因——或許僅僅由於巧合——在古代世界的三個相隔很遠的地區，在大約同一時候都開展著高度的哲學活動。當希臘人正在探討物質世界的性質、印度思想家正在思考靈魂和神的關係時，中國的聖人正試圖去發現人類社會和賢明政治的根本區別。」他們還指出：「中國的思想家對自然科學和玄學都沒有多少興趣，他們提供討論的哲學是社會的、政治的和倫理的。從規勸和改良的語氣來看，這種哲學無疑反映了一個屢起衝突、政治混亂的時期……哲學家們在晚周時期大動亂的形勢下，力圖提出穩定社會和安撫人心的原則。」這種極富思辨色彩的評述，對於理解中國傳統思想，理解老子與道家、孔子與儒家，是頗有啓發意義的。

春秋時代社會劇烈變動，《詩經·十月》用這樣八個字——「高岸爲谷，深谷爲陵」，來形容春秋時代翻天覆地的變化，原先高高在上的忽然跌落到谷底，原先在谷底深處的忽然躍升至峰巔。西周時代等級森嚴的「封建」秩序，早已蕩然無存。《左傳》昭公32年（西元前510年），史墨對趙簡子說「社稷無常奉，君臣無常位」的形勢時，特別強調「《詩》曰：『高岸爲谷，深谷爲陵』」，以期加深語氣。在爭權奪利之中，社會弊端暴露無遺。思想家們力圖提出穩定秩序和安撫人心的道理，出於對現實的不滿，更加流露出對「大同之世」的懷念，於是，復古與懷舊成爲一股思潮。

1.老子與《道德經》、道家

　　老子即老聃，姓李名耳，楚國人。他曾經擔任周朝的史官——「守藏室之史」，負責管理藏書，因此見聞廣博，熟悉典章制度。據說孔子還屈尊向他請教「周禮」，可見他是一個很有學問的人。由於對周朝喪失信心，對世事感到厭倦，便西行出關，到西部山中尋求清靜解脫。

　　他應關令尹之請，把他的思想寫成《道德經》（即《老子》）。這篇文字簡略含義晦澀的文章，充滿了神秘的色彩。開篇第一句話就令人費解：「道可道，非常道。名可名，非常名。」——凡是可以言說出來的道，不是亘古不變的道；凡是可以標注出來的名，不是亘古不變的名。他不但把「道」說得盡善盡美，而且把遠古先民的原始生活理想化。他認為，用結繩記事而不是用文字，那種極樂無知的生活遠比現在美好。他針對當時社會變革的「有為」，鼓吹「無為」，即無所作為。他認為任何社會進步都會招致禍亂，生產發展會增長人們的貪欲，而貪欲是爭鬥的根源；文化提高會增長人們的智慧，而智慧是爭鬥的工具。因此他主張回到沒有文明的時代，回到渾渾噩噩的「小國寡民」世界，回到「老死不相往來」的「無為」狀態。這顯然是一種對現實絕望的復古主義。

　　胡適1954年在台灣大學演講，認為老子提倡的是「無政府主義」。他說，老子主張「天道」，就是「無為而無不為」。老子認為用不著政府；如其有政府，最好是無為、放任、不干涉，這是一種無政府主義的政治理想；有政府等於沒有政府；如果非要有政府

不可，就是無為而治。顯然，老子對於當時的政府很不滿意，所以說了這樣的話：「民之飢，以其上食稅之多，是以飢；民之難治，以其上之有為，是以難治。」意思是說，人民之所以飢餓，是因為政府徵稅太多，所以飢餓；人民之所以難統治，是因為政府太想有所作為，所以難統治。

令人驚歎的是，這種消極無為的思想，用一種充滿哲學思辨的方式陳述出來，閃爍著炫目的火花。他指出，世上的萬事萬物都是對立統一的，如正與奇、福與禍、剛與柔、強與弱、多與少、上與下、先與後、實與虛、智與愚、巧與拙。矛盾的雙方是對立的，也是可以互相轉化的，這就是所謂「有無相生，難易相成，長短相形，高下相盈」，也就是所謂「禍兮福之所倚，福兮禍之所伏」。

西方哲學的熱門話題：「世界從何而來？」老子的《道德經》有這樣精彩的解答：「天下萬物生於有，有生於無」；「道生一，一生二，二生三，三生萬物」。在老子看來，「無」比「有」更加根本，「無」是天下萬物的根源，「無」就是他反覆論述的「道」。

老子說：「有物渾成，先天地生。寂兮寥兮，獨立而不改，周行而不殆，可以為天下母。」——有一種在天地之前生成的東西，它寂然不動，寥然空虛；它獨一無二，自古至今不改變，流行於萬物而不倦怠；它產生天下一切，可以做天下一切之母。這就是「道」。被他闡述得如此深奧莫測的「道」，給中國傳統文化帶來深遠影響，因此後人把他創立的學派稱為道家。

比老子晚200年的莊子，發揮老子的思想，後人並稱他們為「老莊」，成為道家的二巨頭。莊子，名周，在宋國做過漆園吏，拒絕楚莊王的聘請，過著隱居生活。他把老子的深奧哲理用生動的

寓言表述出來，率性、適己、汪洋恣肆。他認爲，「道」是宇宙萬物之源，世上本無事物，由道派生出天地、帝王，派生出一切事物，以及它們的眞僞是非。「彼亦一是非，此亦一是非」，世俗的見解，如儒家、墨家所宣揚的是非，都只是相對的是非，相對的是非不能作爲絕對判斷的標準。「道」是變幻不定的，分什麼彼此，分什麼是非？不如渾渾沌沌，一切聽其自然。這是一種逃避現實的消極思想，主張無己、無名、無功，甚至忘記自身的存在，達到與天地萬物渾然一體的境界，也就是「天地與我並生，而萬物與我爲一」的「無差別境界」。

具體到對於歷史的看法，莊子和老子一樣，都有一種今不如昔的史觀。莊子說：黃帝治理天下，「使民心一」；堯治理天下，「使民心親」；舜治理天下，「使民心競」；禹治理天下，「使民心變」，結果導致「天下大駭」。在他看來，夏禹時代顯然比不上黃帝時代，也比不上堯舜時代。

不過莊子自有他的魅力，道家學說的相對性、神秘性，在他那裡得到淋漓盡致的發揮。最讓人津津樂道的例子是，莊子夢爲蝴蝶，醒來後，竟然不知自己是夢爲蝴蝶的莊子，還是夢爲莊子的蝴蝶？

請看莊子的名言：

——適來，夫子時也；適去，夫子順也。安時而處順，哀樂不能入也。（該來之時，人們應時而生；該去之時，人們順理逝去。人們的生死順時應勢，就不會因此而忽喜忽悲。）

——天無爲以之清，地無爲以之寧。（天無所作爲才清高，地無所作爲才寧靜。）

——予惡乎知說生之非惑邪？予惡乎知惡死之非弱喪而不知歸

者邪？……人生天地間，若白駒過隙，忽然而已。（我那裡懂得貪生不是迷惑呢？我那裡懂得畏死不如後生之視死如歸呢？……人生活在天地之間，就像白馬飛馳著越過一條縫隙，轉瞬即逝。）

　　道家的創始人老子，後來被道教推崇為教主，因此，後世把道家與道教混為一談。其實，兩者之間不啻天壤之別。

2.孔子與儒、儒家

　　孔子是儒家的創始人，但是，「儒」或「儒者」早在孔子之前就已存在。根據許慎《說文解字》的解釋，「儒」的本義是柔，是「術士之稱」。「儒」原本是一種擁有某些技能的術士，並沒有後來那麼光芒四射、令人敬仰。根據墨子的說法，「儒」這種術士，不過是專門操辦紅白喜事的專家而已。墨子說，「儒者」特重禮儀、聲樂，善於操辦喪事，但是他們有一套與繁雜儀式相關的學問，自視甚高，不從流俗。看來「儒」的社會地位並不高，只是有點學問，處世顯得有點特立獨行。

　　孔子自己談起「儒」或「儒行」來，就美化多了。他在回答魯哀公關於什麼是「儒」或「儒行」時，一口氣列舉了16種「儒行」，例如：儒者有宴席上的美酒佳餚等待別人聘請，有刻苦治學得來的學問等待別人諮詢，有忠誠信義這樣的美德等待別人舉薦，有身體力行的精神等待別人錄取等等。孔子總結說，所謂「儒者」，不會因為處境困苦貧賤而灰心喪志，不會因為富貴而得意忘形，不會蒙蔽君王，不會連累長輩，不會使官員糊塗，因為有這樣的美德，所以才叫做「儒」。

　　馮友蘭〈原儒墨〉說得好：「儒家與儒兩名，並不是同一的意

義。儒指以教書相禮等爲職業之一種人，儒家指先秦諸子中的一學派。儒爲儒家所自出，儒家之人或亦仍操儒之職業，但兩者並不是一回事」；「孔子不是儒之創始者，但乃是儒家的創始者」。

孔子名丘，字仲尼，生活在約西元前551年至西元前479年之間。他祖上原是宋國貴族，因內訌逃到魯國。孔子自稱「吾少也賤」，那意思是說，他少年時家境貧寒，出身微賤。不過另一層意思他自己不好意思說出來：他是個私生子。司馬遷在《史記》中說，孔子的父親叔梁紇64歲時與顏家少女「野合而生孔子」。所謂「野合」，按照古人的理解，就是「男女苟合」，「野合而生」當然是非婚生子無疑。以往的儒生都自認爲孔門弟子，本著爲尊者諱的立場，百般否認這點，其實是大可不必的。

孔子20歲當上了魯國貴族季氏的家臣，擔任管理倉庫、牛羊的小差使。他受過良好的傳統武士教育，熟悉禮、樂、射、御、書、數六藝，從小就從事儒者的職業活動──祭祀禮儀，又善於射箭、駕車，孔武有力，並不是一個文弱書生。由於他精通六藝，30歲就開始招收學生講學。其間只有短暫的三年時間擔任魯國的官職：司空（掌管工程）、大司寇（掌管刑獄），其餘時間都在從事教育。然而孔子本人卻十分熱衷於政治，總想當官，可是政見不合時宜，總是蹉跎困頓，懷才不遇。於是，他把鬱積於心中的政見通過講學的途徑，盡情地抒發出來。他的學生把它記錄整理成書，那就是影響中國政治兩千年的《論語》。

孔子爲儒家構建了一個體大思精的政治倫理體系，具有普遍的永恆價值，影響之深遠，是中國任何一個學派或思想家無法望其項背的。

孔子主張「仁」，「仁者愛人」，是他的思想核心。「克己復

禮爲仁」，是他的政治理想；「己所不欲，勿施於人」，是處理人際關係的準則；「節用而愛人，使民以時」，是對執政者的要求。在孔子看來，「仁」應該是「禮」的基礎，應該把「仁」注入「禮」，「禮」才能永保活力。孔子生活的魯國，保存了西周的典章制度，「禮」與「樂」有著深厚的土壤。他崇拜西周的禮樂文明，對當時「禮崩樂壞」現象十分不滿。齊景公向他請教執政的要旨時，他回答：「君君，臣臣，父父，子子。」強調維持貴賤尊卑等級的「禮」，來抨擊破壞禮制奪取政權的田氏。晉國推行法治，鑄造刑鼎，他反對說：晉國要滅亡了，因爲它喪失了治國的度了。

這個「度」，就是周禮的貴賤有序，晉國鑄造刑鼎，依法治國，就是「貴賤無序」。魯國的貴族季氏使用周天子的樂舞，他認爲是「僭越」。季氏徵收土地稅（田賦），他認爲違反了「周公之典」，因爲井田制是「藉而不稅」的。這種捍衛禮樂文明的向後看的政治觀點和思想方法，滲透了懷舊的保守主義傾向，成爲後世儒家堅信不二的教條。

孔子主張學生要學社會、學歷史，所以他說自己「述而不作，信而好古」。近則夏商周三代，遠至大同之世，無所不學。他整理的《詩》、《書》、《禮》、《樂》、《易》、《春秋》，既是他學歷史的憑藉，又是孔門講學的教材，成爲後世的儒家經典——「六經」，成爲中國傳統文化的核心內容。

胡適說：「孔子是了不得的教育家」，「他提出的教育哲學可以說是民主、自由的教育哲學，將人看作是平等的」。那就是「有教無類」，而且教育的目標是「安人」、「安百姓」，把教育個人與社會貫連起來。教育的目標不是爲自己自私自利，不是爲升官發財，而是爲「安人」、「安百姓」，也就是後來儒家之書《大學》

裡所說的「齊家」、「治國」、「平天下」。因爲有這個使命，受教育的人，尤其是士大夫階級，格外有一種尊嚴，願意「殺身以成仁」。

孔子死後，他的弟子出於對他的道德學問的敬仰，以各種方式把它發揚光大，曾子、子思、孟子的著作《大學》、《中庸》、《孟子》，分別發揮了孔子在《論語》中提出的政治倫理。這就是被後世學者奉爲儒家經典的「四書」。

孟子被譽爲「亞聖」，其地位僅次於「聖人」孔子。孟子（西元前390～西元前305年），名軻，是孔子的孫子（子思）的再傳弟子，後人把子思與孟子稱爲「思孟學派」。他生活在中國歷史上最不安定的戰國時代，他在遊說中向各國君主提出的治國方略，極具雄辯力量和理想色彩。由於當時各國都在謀求富國強兵之道，密切關注相互間攻伐的勝負，孟子仍一味大談夏商周三代的德政，幾乎得不到任何當權者的回應。梁惠王聽了他的遊說，以爲他太迂闊——「迂遠而闊於事情」。齊宣王聽了他關於用「仁術」、「恆產」之類「王道」來統一天下的理論，先是笑而不答，繼而勃然變色，「王顧左右而言他」。孟子主張效法先王，實行王道——仁政，這種仁政是以夏商周三代爲楷模的。他在遊說滕文公時，大談「仁政必自經界始」——仁政應該從恢復西周的井田制著手，因爲井田制下人人都有一塊份地，貧富分化不甚顯著，這是仁政的基礎。時代變化了，繼續兜售這套仁政，當然是徒勞的。

其實，當時的梁惠王、齊宣王都想倚重他，利用他的學術聲望，來擴大自己的政治勢力。如果孟子能夠放棄那套迂闊理論，稍加遷就，那麼立刻就可以成爲卿相。一個布衣學者，發表一番意見，便可以改變一國之命運，也可以使自己飛黃騰達。然而孟子並

沒有遷就，當然也沒有騰達，這使後世知識分子感慨不已。明白了這一點，便可了解傳統中國的知識分子，何以始終瞧不起天文曆算醫藥音樂這一類知識，以為是雕蟲小技，不肯潛心研究，因為他們有更大的追求——治國平天下。

孔子和孟子的學說，在當時並不時興，沒有成為官方欽定的御用學說，實在是一個值得注意的現象。美國學者羅茲・墨菲（Rhoads Murphey）在《亞洲史》（*A History of Asia*）中說，孔子成了教育家，偶爾到一些地方統治者那裡當顧問。他從無固定正式職務，也沒有實際的政治權勢。他像柏拉圖那樣想找一個可能按照他的建議行事的統治者，但他也像柏拉圖那樣始終未能找到。他的一些學生成了他的追隨者，儘管從未像柏拉圖學園那樣組織起來。他死後的最著名追隨者和學說注釋人是孟子。孔子和孟子活在紛亂的春秋戰國時代，他們想通過個人道德修養來恢復秩序和社會和諧，這一點與佛教和耆那教的起源背景頗為相似。

這種情況，到了漢武帝時代才發生變化，那就是「罷黜百家，獨尊儒術」，使得孔子、孟子的儒家學說獲得了唯我獨尊的地位。

確實，把孔子、孟子奉為宗師的後世儒生，莫不以「格物、致知、正心、誠意、修身、齊家、治國、平天下」作為追求的理想境界，儘管能夠進入理想境界的人微乎其微，人們依然樂此不疲。儒家思想的魅力，不能不令人歎為觀止啊！

3.墨家與法家

西漢初的司馬談把諸子百家概括為陰陽、儒、墨、名、法、道德等六家，西漢末的劉歆則把諸子百家概括為儒、墨、道、名、

法、陰陽、農、縱橫、雜、小說等十家。這十家中，講文學的小說家，講合縱連橫的縱橫家，講君民並耕和農業技術的農家，講各派學說綜合的雜家，講名、實關係與邏輯的名家，講陰陽五行的陰陽家，其影響遠遠不如儒、道、墨、法四家。儒、道兩家已如上述，下面再介紹墨、法兩家。

墨家和儒家當時都號稱顯學，儒、墨顯學之爭是百家爭鳴的發端。

墨家的創始人墨子，名翟，宋國人，長期居住於魯國。他出身貧賤，生活儉樸，所謂「量腹而食，度身而衣」，與孔子「食不厭精，膾不厭細」的態度截然不同。魯國是儒家的基地，墨翟最初追隨孔門弟子學習儒家學說，後來反戈一擊，批判儒家，另外創立墨家。

墨子提出十大主張：兼愛、非攻、尚賢、尚同、尊天、事鬼、非樂、非命、節用、節葬。墨家主張兼相愛，反對儒家的愛有差等；主張交相利，反對儒家的罕言利；主張非命論，反對儒家的天命論；主張事神鬼，反對儒家的不事神鬼；主張節葬，反對儒家的厚葬；主張非樂，反對儒家的禮樂。

他的「非命」、「非樂」，旨在強調人力的作用，在動亂的社會中，「賴其力者生，不賴其力者不生」；「強必飽，不強必飢」，不能聽天由命。

他的「尚賢」——任人唯賢，主張選拔賢人來治國，所謂賢人，是不分貧富、貴賤、遠近、親疏，即使是農夫與工匠，如果有才能，也可以舉薦。這樣，就可以做到「官無常貴，而民無終賤」——官僚不可能永遠位居顯貴，人民不可能始終地位低賤。

他認為社會動亂的原因在於人與人之間不能互愛互利，因此提

倡「兼相愛，交相利」，以緩和衝突。由「兼愛」發展到「非攻」，認為攻人之國最為不義。在這一點上，墨家與儒家是有共同語言的。孟子就對各國以富國強兵為目的的變法表示強烈反對，說他們是「暴君污吏」，高唱「善戰者服上刑，連諸侯者次之」。

值得注意的是，儒墨顯學最終分道揚鑣，儒家日趨顯赫，而墨家卻日漸銷聲匿跡。原因何在？學者們給出了兩種解釋。

其一是，墨子不僅是思想家，也是科學家，他的門徒在數學、物理學、醫學、邏輯學方面都有所建樹。後期墨家走向獨樹一幟的道路，放棄政治，埋首於科學，取得了卓越的成績，卻淡出了人們的視線。墨家從此不再具有顯學的地位，而日趨衰微。道理很簡單，它已逐漸遠離知識分子關注的焦點——治國平天下，理所當然地被人們淡忘、冷落。

其二是，墨家與儒家合流，墨學被儒學所吸收。蒙文通〈論墨學源流與儒墨匯合〉指出，儒家、墨家同為魯人之學，「六經」是儒家、墨家共有的經典。墨家以極端平等思想，摧破周秦的貴族政治，從此，「墨家之要義，一變而為儒家之大經；自取墨以為儒，而儒之宏卓為不可及也；非入漢而墨翟之學失其傳，殆墨學之精入於儒，而儒遂獨尊於百世也」。

法家的命運並非如此，始終與儒家並駕齊驅，歷代統治者都是「王道」與「霸道」兩手並用，或者說是「儒表法裡」——儒家理論的表面掩蓋著法家理論的實際，因此法家對中國歷史的影響是深遠的。

法家的創始人李悝，被魏文侯任命為相國，主張以法治國，進行變法。他編成中國第一部系統的法典——《法經》，共分六編：盜法（針對侵犯私有財產），賊法（針對侵犯人身），囚法（用於

斷獄），捕法（用於捕亡），雜法（用於懲罰越城、賭博、欺詐、不廉、淫侈等未發行為），具法（根據具體情況加重或減輕刑罰的規定）。《法經》的本意是以法治來保障魏國的變法有序地進行，然而它的影響超越了魏國。商鞅從魏國進入秦國，幫助秦孝公變法，便是遵循《法經》行事的。以後的秦律、漢律都是在《法經》的基礎上逐步擴充而成的。

齊國稷下道家的代表人物，與宋鈃、尹文、田駢齊名的慎到，主張國君「無為而治」，同時極力提倡法治，尤其講求「勢」，用權勢制服臣民。慎到已經不是道家，而是從道家分化出來的法家。

慎到講究「勢」，申不害則講究「術」。申不害被韓昭侯任命為相國，進行變法，使韓國社會安定、國力強盛。申不害的法治，強調「術」——「因任而授官，循名而責實」。君主應該加強對臣下的監督、考核，掌握生殺獎懲之權。

這樣，法家就有三派：「任法」一派以商鞅為代表，講究法律和賞罰的執行；「用術」一派以申不害為代表，講究對官吏選拔、監督、賞罰、駕馭的方法；「重勢」一派以慎到為代表，講究運用國君的權勢，保持國君的地位。

韓非認為，他們各有欠缺。秦用商鞅之「法」，國富兵強，但「無術以知奸」，因而秦強盛數十年而「不至於帝王」。韓昭侯用申不害之「術」，但法令不統一，使奸臣有機可乘，韓國「不至於霸王」。因此，韓非主張取長補短，把「法」、「術」、「勢」三者結合為一體，並由此制訂出治國方略。首先，要加強中央集權——「事在四方，要在中央。聖人執要，四方來效」。其次，必須用「術」——「因任而授官，循名而責實，操殺生之柄，課群臣之能」，才能鏟除私門勢力，選拔法術之士。再次，以法為教，以

吏爲師，禁止私學。

韓非是法家的集大成者。他是韓國的貴族，多次上書勸諫韓王，未被採納。而秦王政（即後來的秦始皇）讀到他的〈孤憤〉、〈五蠹〉等文章，卻極爲讚賞。西元前234年，他作爲韓國使節出使秦國，向秦王提交〈存韓書〉，希望秦國不要兼併韓國。這顯然與既定的國策——掃滅六國、統一天下——是相悖的。秦王政把韓非的〈存韓書〉交給丞相李斯去處理。李斯與韓非都是荀子的學生，在以法治國這點上有著共識，但是李斯對韓非入秦勢必影響自己的仕途有所顧忌，於是出於妒忌而殺死韓非。這實在是一場歷史的誤會。韓非雖死，他的理論卻成了秦的官學。

4. 士、遊說、爭鳴

如果要深入追究的話，百家爭鳴局面的出現，與士的演變有很大的關係。

士，起源很早，經過長期的演變，到了西周已經形成一個龐大的階層，屬於貴族的最低階層，擁有一定數量的「食田」，受過六藝（即禮、樂、射、御、書、數）敎育，能文能武，戰時可以充當下級軍官，平時可以作爲卿大夫的家臣。春秋戰國之際，士這個階層發生了分化，旣沒有了「食田」，又沒有了原先的職守，成爲傳授知識的敎師，或者主持宗敎儀式的贊禮人。於是，士逐漸成爲知識分子的通稱。

當時的大氣候、小氣候都爲學派的蓬勃發展和競爭提供了有利條件。官學的壟斷局面被打破，私學興起，聚徒講學成爲一時風尚，著名學者都在那裡聚徒講學。士這個知識分子群體，也把追隨

名師作爲進入仕途的門徑。由於士的活動能量相當可觀，各國有權勢的大臣都私家養士，培植學派，爲自己製造輿論。當時的名人，諸如齊國的孟嘗君田文、趙國的平原君趙勝、魏國的信陵君魏無忌、楚國的春申君黃歇、秦國的文信侯呂不韋，門下食客（即私家養士）動輒幾千人。這些作爲食客的士，各爲其主，出謀劃策，奔走遊說，著書立說，勢必形成各學派之間的互相詰難、辯論，成爲百家爭鳴的另一個側面。

日本前輩史家內藤湖南在《中國上古史》中，把這種士稱爲「游士」，他認爲，戰國是一個游士活躍的時代，是一個游士以一家之學爲列國所用並且有所成效的時代。這一時代的游士，與孔子之前的子產和晏子作爲國臣而發揮作用，有所不同，他們是被用爲諸侯的賓師而不是臣下，發揮作用的。在「四君」（孟嘗君、平原君、信陵君、春申君）時代就是如此，他們都以養士爲榮，游士們也充滿自信，曾幾何時，陸續走向了墮落。儘管如此，他們在百家爭鳴中的貢獻，依然是不可否認的。

百家爭鳴是在政治、經濟各方面的激烈而深刻的變革，在思想文化領域的反映，各種思潮、學派互相交鋒、激盪，爲中國歷史呈現了一幅群星燦爛的畫面。

所謂百家爭鳴，包含兩種社會現象。一種帶有較強的學術性——某個學派獨立地闡述自己的學說思想，與別的學派進行辯論。另一種帶有較強的政治性——游士們向各國諸侯遊說，兜售自己的政治主張。前一種形式，在介紹道家、儒家、墨家、法家時已經有所交待。以下專門就後一種形式稍加說明。

戰國的諸子百家主張學以致用，必須用自己的學說去遊說諸侯，推出自己的政策主張、治國方略，必須在辯論中說服諸侯及其

大臣。因而各學派的鉅子幾乎都是伶牙俐齒、口若懸河的雄辯家。像韓非那樣口吃，只是個別的例外。

孟子到處遊說，能言善辯，一個叫公都子的人問他：別人都說您喜歡辯論，請問為什麼？孟子答：我是不得不辯論啊！世道衰微，荒謬的學說、殘暴的行為都出來了，臣殺君，子殺父。我要端正人心，消滅邪說，不得已而辯論的。

當時遊說之風很盛。一個很平凡的士，通過遊說，一旦國君賞識，便可提拔為執政大臣。例如：商鞅原本是魏國丞相公叔座的家臣，進入秦國遊說秦孝公，做到了秦國的最高官職——大良造。又如：張儀本是魏國人，進入秦國遊說後，做到了秦惠王的丞相。

商鞅入秦後，與秦國大臣甘龍、杜摯展開了一場關於「法古」與「反古」的大辯論，就是百家爭鳴中最為精彩的一幕。甘龍、杜摯認為效法古代、遵循禮制沒有什麼過錯。商鞅反駁道：每個時代都有各自的教化，為什麼要效法古代？每個時代都有各自的帝王，為什麼要遵循過去的禮制？他認為，治理國家沒有一成不變的道理，必須因時制宜，不必效法古代。因此不必非議反對古代的人，這個時代不需要抓住以往禮制不放的人。他的結論是：「當時而立法，因事而制禮。」——立法必須因時制宜，禮制必須適應具體情況。這種反對「法古」、「循禮」的觀點，反對復古主義、安於現狀的觀點，反映了法家對儒家、道家的交鋒和爭鳴。

在寬鬆的學術政策之下成長起來的稷下學宮，為百家爭鳴推波助瀾。齊國首都臨淄是春秋戰國時代首屈一指的大都市，不僅是一個經濟中心，而且是一個文化中心。《史記·蘇秦列傳》說，臨淄有居民七萬戶，「其民無不吹竽鼓瑟，彈琴擊築，鬥雞走狗，六博蹋鞠者。臨淄之途車轂擊，人肩摩，連衽成帷，舉袂成幕，揮汗成

雨，家殷人足，志高氣揚」。齊國的國君比較開明，在這個萬商雲集的寸土寸金之地發展文化，在臨淄西邊的稷門外的稷下，設立學宮，招徠各派學者前來著書立說，這些人被尊稱爲「稷下先生」。齊威王、齊宣王時代，稷下學宮出現了盛極一時的景況，聚集了一大批著名學者，例如：淳于髡、愼到、宋銒、尹文、田駢、環淵、荀卿等。

　　齊國雖然崇尙黃老之學，但對各家各派相容並蓄，採取「不治而議論」的方針，使稷下學宮成爲百家爭鳴和思想交流的中心。孟子與齊威王、齊宣王政見不同，還是受到禮遇。齊宣王曾多次向他請教大政方針。後來孟子離開時，齊宣王還想挽留他，打算給他豪華住宅和優厚俸祿。鄒衍本是齊國人，因不滿於齊國，到了燕國。齊襄王當政時，他又回到稷下學宮，可以自由地宣揚他的學說。正是這種寬容氛圍，使百家爭鳴蔚爲大觀。

第四講
中華帝國的初建

秦兵馬俑

西方學者把秦朝至清朝的兩千多年，稱爲中華帝國時期。因爲，從秦朝開始有了皇帝制度與帝國體制，而此前的夏商周三代的最高統治者，都不過是「王」，而不是皇帝。西周與東周（春秋戰國）的封建體制下，作爲政治上的「共主」的周王，通過諸侯對王畿以外的地區實行間接的統治。秦朝建立了中央集權的郡縣制，由皇帝直接統治全國所有的郡縣，直至鄉村。這種皇帝制度與帝國體制的建立者，就是「千古一帝」秦始皇。僅就這一點，秦始皇的歷史功績就值得大書特書。

黃仁宇把由秦至清的歷史，區分爲三個階段：秦漢是第一帝國時期，唐宋是第二帝國時期，明清是第三帝國時期。似乎有點套用歐洲歷史的模式。但也不無道理，顯現了這三個時期的歷史特點。

1.秦始皇：皇帝制度與帝國體制

春秋的列國爭霸，戰國的七雄兼併，預示著統一的大趨勢。統一本身已無爭議。孟子在當時指出，整個局勢最後必定是「定於一」，不過這位「亞聖」主張以「仁政」來統一，反對以暴力來統一，這種善良願望終於化作泡影。秦的統一是由一系列充滿暴力的戰爭來實現的，在當時形勢下，戰爭是實現統一的唯一可供選擇的途徑。

秦王政（即後來的秦始皇）斥逐了丞相呂不韋，重用尉繚和李斯，加緊了滅亡六國的戰爭步伐。從西元前230年至西元前221年，陸續滅亡了韓、趙、燕、魏、楚、齊六國，在中華大地上建立了統一的秦帝國，從此，「海內爲郡縣，法令由一統」，中國歷史第一次進入了帝國時期。

秦的統一，反映了春秋戰國時代歷史的大趨勢，具有堅實的基礎。隨著商業與交通的發展，中原地區與周邊地區的聯繫比以前更為密切，正如《荀子》所說，當時已經出現「四海之內若一家」的狀況。各國的變法雖然有程度不同的差異，但總體目標是一致的——打擊舊勢力，扶植新勢力，這種同一性為統一奠定了基礎。秦國的商鞅變法，比其他六國的變法更為徹底，取得國富民強的後果，而且社會體制也顯得更為先進，由它來完成統一是水到渠成的事。

秦始皇實施商鞅變法以來的政策，使統一大業有了成功的可能。這主要表現在以下幾方面。第一，在商鞅廢除井田制，承認土地私有與買賣的合法化的基礎上，頒布「使黔首自實田」政策，要土地所有者自報田畝數字，以便徵收賦稅，進一步從法律上肯定土地私有制，繼續推行「強本弱末」（重農抑商）政策。第二，繼續推行二十等爵制，獎勵軍功，增強軍事實力。第三，聽從李斯的主張，拒絕王綰、淳于越關於分封諸王的建議，在戰爭中兼併的新地區，普遍推行郡縣制，以郡縣制取代封建制。第四，在商鞅變法的基礎上，進一步統一法律、度量衡、貨幣、車軌、文字、曆法。

西元前221年，秦始皇結束了長期的分裂局面，建立了統一的中央集權的秦帝國。它是一個以咸陽為首都，東至大海，西至青藏高原邊緣，南至嶺南，北至河套、陰山、遼東的大一統王朝。

為了顯示這個王朝的史無前例，他把傳說時代三皇、五帝尊號中的「皇」與「帝」結合起來，自稱「皇帝」，以示大一統帝國統治者至高無上的地位。他自稱「始皇帝」，後世子孫世代相承，遞稱二世皇帝、三世皇帝……雖然秦朝二世而亡，以後歷代王朝都沒有廢棄這位「始皇帝」創建的皇帝制度和皇帝這個稱號。

秦始皇創建了前所未有的帝國體制，一個管轄全國的由三公九卿組成的中央政府。從形式上看，秦的三公九卿與西周的三公六卿有些類似，但職責有很大的不同。西周的三公即太師、太傅、太保，類似於後世的宰相，卻並無總理全國政務的權力；六卿即太史、太祝、太卜、太宰、太宗、太士，大多與宗教事務有關。秦的三公九卿則不然。三公即丞相、御史大夫、太尉。丞相協助皇帝處理全國政務；御史大夫是副丞相，協助皇帝掌管圖籍章奏，監察百官；太尉協助皇帝掌管全國軍事。三公之下有九卿：廷尉掌管司法；治粟內史掌管租稅收入和財政開支；奉常掌管宗廟祭祀禮儀；典客掌管民族事務與對外關係；郎中令掌管皇帝侍從；少府掌管皇室財政與官手工業；衛尉掌管宮廷警衛；太僕掌管宮廷車馬；宗正掌管皇室宗族事務。三公九卿分工負責，權力集中於皇帝，大政方針都由皇帝裁決。

　　在行政體制上，廢除西周的封建制，改為中央集權的郡縣制，在地方建立直屬於中央的郡、縣兩級行政區劃。起先把全國分為三十六郡，以後又增至四十餘郡。郡的長官是郡守，其副職是郡尉（分管軍事），另外還配備郡監（監郡御史）——直屬於中央的御史大夫，代表中央監控地方。郡級行政區劃之下，設立若干縣，按照縣的大小，設立縣令或縣長。縣級行政區劃之下有鄉，鄉級官員有三老（掌教化）、嗇夫（掌賦稅訴訟）、游徼（掌治安）。鄉以下還有亭、里的建置，亭設亭長，里設里正。

　　這是一種先秦時代沒有的中央集權體制，皇帝的政令，通過三公九卿，直達於郡、縣、鄉、亭、里。

　　這種中央集權體制，必須有高度統一的保障措施與之配套。

　　首先，全國必須在文化上高度統一。這就是所謂「車同軌」、

「書同文」、「行同倫」，簡言之就是度量衡、文字、貨幣、車道，乃至意識形態，都趨於高度統一，使中央政令可以暢通於各地，地方與中央保持一致。值得注意的是，「車同軌」、「書同文」、「行同倫」的說法首次出現於《中庸》一書中：「子曰：愚而好自用，賤而好自專，生乎今之世，反古之道，如此者災及其身者也。非天子不議禮，不制度，不考文。今天下車同軌，書同文，行同倫⋯⋯」人們必定要問：秦始皇時代的事蹟為什麼出現在《中庸》之中？

日本學者內藤湖南指出，一般認為《中庸》是孔子之孫子思的作品，但從「車同軌」、「書同文」、「行同倫」判斷，它反映了秦始皇的思想，應是秦始皇時代的作品，這些話後來又出現在《史記・秦始皇本紀》中，絕非偶然。它大抵是荀子學派的觀點，由荀子的學生李斯付諸實施。

其次，全國必須在交通上高度統一。馳道與直道的建造，目的就在於此。從西元前220年開始建造以首都咸陽為中心的帝國公路——馳道，向東直通燕齊地區，向南直通吳楚地區。西元前212年，秦始皇又命蒙恬將軍建造北方邊防公路——直道，它起於咸陽北面秦始皇的夏宮雲陽，朝北進入鄂爾多斯地區，然後跨越黃河北部大彎道，到達九原（今內蒙古包頭西北）。

與此相呼應的是開邊與移民。在北征匈奴以後，在新開拓的黃河兩岸直到陰山的廣大地區內，設置34縣，歸三個或四個郡管轄，陸續遷徙有罪官吏與內地民眾前往開發，以增強這些地區與內地的同一性。出於同樣的目的，在南征取得勝利後，在百越地區設置了閩中郡、南海郡、桂林郡、象郡，並把50萬內地囚徒謫戍那裡，戍邊與開發同時並舉。

再次，統一輿論，控制意識形態。這就是遭致後世無窮非議的「焚書坑儒」。其直接起因是，博士淳于越提出恢復封建制的建議，秦始皇讓大臣們討論。於是引出了李斯與淳于越之間的一場大辯論，辯論的主題就是：郡縣制與封建制究竟孰優孰劣？秦國自從商鞅變法以來就開始用郡縣制取代封建制，已是大勢所趨，淳于越企圖開倒車，完全不符合秦的發展趨勢，誰是誰非是很清楚的。李斯取得辯論的勝利後，上綱上線，以為淳于越背後有一批反對現政權的輿論製造者。他認為，搞「私學」的人，「不師今而學古」，「道古以害今」，一句話，就是以古非今，用歷史來反對現實。從這種估計出發，李斯建議焚燒私人所藏的《詩》、《書》等典籍，今後如果再有「以古非今者」，一概滅族。秦始皇批准了這一建議，導致「焚書坑儒」局面的出現。所謂「焚書」，僅指《詩》、《書》之類，絕沒有銷毀全部書籍的意圖，其實際損失也沒有歷來想像的那麼嚴重。所謂「坑儒」，是處死私下誹謗秦始皇的方士與儒生四百六十餘人。秦始皇的本意，是要統一輿論，維護中央集權的皇帝制度的權威，是可以理解的。但是手段過於簡單粗暴，令人反感。

　　事實表明，用「焚書坑儒」的手法來統一輿論，控制意識形態，是不可能成功的。正如一位詩人所說：「坑灰未冷山東亂，劉項原來不讀書。」秦朝是被劉邦、項羽推翻的，但是劉邦、項羽並不是讀書人。奇怪的是，以後的皇帝還是屢屢重犯秦始皇的錯誤，把讀書人視為仇敵，大興文字獄，何其愚蠢乃爾！

2.劉邦：庶民皇帝，布衣將相

項羽和劉邦聯手推翻了秦朝，在爭奪天下的鬥爭中，一個以悲劇告終，一個以喜劇收場，正所謂「成者爲王，敗者爲寇」。這兩個本沒有什麼文化的草莽英雄，都在《史記》中留下了詩歌，不過一個抒發的是失敗的無奈，另一個抒發的是勝利的豪情。

鴻門宴壁畫

西元前202年，劉邦大舉進攻，並約韓信、彭越會師。項羽兵敗，退至垓下，落入漢軍的包圍圈。夜深人靜，漢軍中高唱楚軍士兵家鄉的民謠。項羽陷入「四面楚歌」的境地，無法入眠，起身飲酒，陪伴他的是寵姬虞美人，還有一匹名叫「騅」的駿馬。這位末路英雄面對絕境，慷慨悲歌：

> 力拔山兮氣蓋世，時不利兮騅不逝，
> 騅不逝兮可奈何！虞兮虞兮奈若何！

項羽反覆高歌自己即興創作的詩篇，虞美人在旁應和，淒慘的情景令一代英豪潸然淚下。走投無路的項羽，率八百騎兵突圍，在烏江自刎。

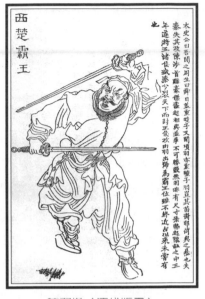

虞姬像（清代版畫）　　　　項羽像（清代版畫）

　　劉邦打敗了項羽，又平定了異姓諸侯王的叛亂，建立大漢帝國已成定局。志得意滿的他路過家鄉沛縣，邀請故人、父老、子弟一同聯歡。酒酣氣益振，劉邦手舞足蹈，敲打樂器，仰天長嘯：

　　　　大風起兮雲飛揚，

　　　　威加海內兮歸故鄉，

　　　　安得猛士兮守四方！

　　劉邦建立的漢朝，最大的貢獻就是「漢承秦制」。也就是說，他雖然推翻了秦朝，卻繼承並維護了秦始皇開創的中央集權的帝國體制。他接受了皇帝稱號，皇帝之下設三公九卿，地方行政系統郡、縣、鄉、亭、里，與秦制完全一樣。郡有郡守（後更名為太

守）、郡尉等，分別掌管政治、軍事、監察之權。縣分大小，萬戶以上設縣令，萬戶以下設縣長，下設丞、尉，分別掌管文書、治安之權。基層組織是里，十里為亭，有亭長；十亭為鄉，有三老(掌管教化)、嗇夫（掌管訴訟、收稅）、游徼（掌管治安）。

然而，漢高祖劉邦在繼承秦的郡縣制時，猶豫不決，進兩步退一步，在郡縣制與封建制之間採取折中主義。他在推行郡縣制的同時，部分恢復了封建制，封建了大批異姓諸侯王、同姓諸侯王。

這當然是有原因的，從客觀上看，當時恢復封建制的呼聲一時甚囂塵上。秦統一後，以郡縣制取代了封建制，確立了以皇帝制度為核心的中央集權體制，但是基礎並不牢固，法律秩序與政治制度並未深入人心，被打敗的六國仍擁有各自的傳統勢力。如果說項羽的恢復封建制，是迎合六國貴族復辟的願望，那麼劉邦的封建異姓諸侯王則是迫於形勢，出於無奈。他為了利用各種勢力，擊敗項羽，封建了楚王韓信、淮南王英布、梁王彭越、趙王張敖、韓王信、燕王臧荼、衡山王（後改稱長沙王）吳芮。這種妥協，埋下了分裂的潛在危險。在消滅了異姓諸侯王以後，又封建了九個同姓諸侯王：燕、代、齊、趙、梁、吳、楚、淮南、淮陽。原因在於錯誤地總結秦朝二世而亡的教訓，以為是廢除了封建制，「孤立而亡」。希望同姓諸侯王起到「屏藩」作用，使皇帝不至於「孤立」。他在封建同姓諸侯王時宣布：「非劉氏而立，天下共擊之。」其目的顯然想仰仗劉氏宗室的血緣關係，構築皇權的屏障。然而事與願違，效果適得其反。這些王國封地大，權力重，儼然獨立王國。郡縣制與封建制同時並存，形成奇特的「郡國制」。這種一國兩制，是歷史的倒退，不久就遭到了懲罰，同姓諸侯王聯手反叛中央，發動了「吳楚七國之亂」。

蕭何像

劉邦建立的漢朝，開創了一個新局面：庶民皇帝，布衣將相。

劉邦曾任沛縣的一個亭長，秦制十里一亭，設亭長，掌治安警衛、治理民事，多以服兵役期滿的農民擔任，相當於現今一個行政村的村長。這種低賤的身分，使他成為歷史上第一個庶民皇帝。他手下的人臣，除了張良是韓國丞相之子，張蒼是秦朝的御史，叔孫通是秦朝的博士，其餘都是一介平民，即所謂布衣。蕭何是沛縣的小吏，曹參是沛縣的牢頭禁子，王陵、陸賈是所謂「白徒」（平民），等而下之，樊噲是殺狗的屠夫，周勃是為人操辦喪事的吹鼓手，灌嬰是一個絲織品小販，婁敬是一個車夫，彭越、黥布則是盜賊出身。這些人在開國以後，都當上了將軍、丞相級別的官僚，所以被稱為「布衣將相」。這是在秦漢之際社會大動亂中形成的大變局，貴族世家紛紛從政治舞台上消失，使平民布衣成為舞台的主

角。這種「庶民皇帝，布衣將相」格局，對漢朝的政治產生了巨大影響。

劉邦鑒於秦朝以嚴刑峻法治國，過於苛暴，當然不會繼續採用法家理論。那麼是否會傾向於儒家理論呢？也不會。出身低賤的他，憑藉武力打天下，一向對高談闊論的儒家嗤之以鼻，常罵儒生是「豎儒」、「腐儒」。秦末高陽儒生酈食其懷才不遇，託沛公（劉邦）麾下騎士引薦，騎士對他說，沛公不喜歡儒生，有戴著儒生高帽子的來客，沛公就把他的高帽子解下來，在裡面小便。對儒生蔑視到這種程度，酈食其還是要去謁見。劉邦召見酈食其時，正坐在床邊讓兩個婢女為他洗腳，極為倨傲不恭。打敗項羽後，劉邦說，打天下那裡用得著腐儒！透露了他始終瞧不起儒生的原因。不過他身邊還是有幾個並不死守教條頗知變通的儒生，如陸賈、叔孫通之流。

劉邦當了皇帝後，陸賈經常在他面前稱讚儒家的《詩》、《書》，劉邦以為陸賈不了解形勢，對他說，我的天下是在馬上打下來的，那裡用得著《詩》、《書》！陸賈申辯說，在馬上打天下，難道還可以在馬上治理天下嗎？劉邦以為他說得有理，就叫他總結秦朝滅亡的原因。陸賈寫成《新語》12篇，說秦朝專任刑法是它迅速滅亡的主因，因而主張，以「教化」勸善，以「法令」誅惡，實行「無為」政治：穩定得像沒有什麼事那樣，安靜得像沒有喧鬧聲那樣，有官府而不擾民像沒有官吏那樣，各村各戶過著恬靜的生活像沒有什麼人那樣。劉邦對此十分欣賞。

漢朝建立伊始，庶民皇帝和布衣將相雖然進入巍峨的宮殿，卻不懂得君臣禮儀。他們起自民間底層，無拘無束慣了，常在大殿上飲酒喧譁，拔劍擊柱，使得劉邦感到「威重不行」，沒有皇帝的威

嚴和架勢。叔孫通是一個頗知變通的儒生，對劉邦說，儒者雖然難與進取，卻可以守成。他為此專門制訂了一套兼采周禮與秦儀的宮廷朝儀制度，實施以後效果很好。劉邦第一次領略了作為皇帝的威風凜凜，不無得意地說：「吾乃今日知為皇帝之貴也。」

劉邦需要一套相容道、法、儒各家之長的治國理論，黃老之學適逢其會。黃老之學原本是齊國稷下學宮的一個學派，是以道家為主兼有法、儒的複合思想。這個學派主張，道生法，守道就是遵法，法和禮並用，達到「清靜無為」的境界。這種「無為而治」，反映了人民厭惡暴政，渴望寧靜安定的願望。劉邦之所以欣賞陸賈的「無為」主張，原因就在於此。劉邦起於社會底層，制訂政策注重符合實際情況。他的主要助手、丞相蕭何，依然保持先前縣衙小吏的作風，不受傳統禮制的束縛，制訂法律、政策都從實際出發。

推行黃老思想的著名人物曹參，同樣是縣衙小吏出身。漢初他在齊國輔佐劉邦的長子齊王時，得到專門研究黃老之學的蓋公的真傳：「治道貴清靜而民自定。」他在齊國做了九年丞相，實行無為而治的結果，齊國大治，政績在各諸侯國中名列第一。丞相蕭何死後，他被調到中央繼任丞相，把「治道貴清靜而民自定」奉為宗旨，實行「無為而治」。曹參向惠帝解釋「無為而治」的緣由，問：「陛下比高皇帝如何？」惠帝說：「我那可比高皇帝！」又問：「陛下看我比蕭何那個能幹？」惠帝說：「你似乎不及蕭何。」曹參說：「陛下說的是。既然陛下比不上高祖，我比不上蕭何，我們謹守他們的成規，無為而治豈不很好？」惠帝說：「很好。」這就是《史記》所說的「蕭規曹隨」、「舉事無所變更」、「一遵蕭何約束」。也是當時民謠所說：「蕭何為法，講若劃一。曹參代之，守而勿失。載其清靜，民以寧一。」無為而治，並非無

所作為,而是遵照漢高祖、蕭何制訂的政策,繼續照辦,不作更張。

高祖死後,惠帝即位,實權操在呂后手中,繼續實行無為而治。司馬遷在《史記》中說:「政不出房戶,天下晏然。刑罰罕用,罪人是希,民務稼穡,衣食滋殖。」文帝時期依然如此。文帝本人「好刑名之言」,屠夫出身的陳平長期擔任丞相,崇尚黃老之術,文帝的皇后竇氏也喜歡黃老之學,甚至強令其子(包括後來的景帝)研讀黃老學派的著作。在文帝與竇氏薰陶下的景帝,繼續採用黃老之學,寬鬆刑法,精簡官吏,輕徭薄賦,提倡農桑。不過也稍有變化,兼採若干法家學說,他所信任的大臣晁錯,就主張以法治國。景帝批准了御史大夫晁錯的「削藩」主張——削弱同姓諸侯王權力。結果,早有謀反企圖的吳王劉濞,聯合其他六個諸侯王,起兵反叛,打出的旗號就是「請誅晁錯,以清君側」。

以黃老思想為指導的無為而治,締造了歷史上有名的「文景之治」,出現了空前富庶的景象。「吳楚七國之亂」結束了無為而治,接下來是漢武帝大展宏圖的時代。

3.漢武帝:大漢帝國的威儀

漢武帝劉徹是秦始皇以後又一位雄才大略的皇帝,他把秦始皇創建、漢高祖重建的帝國體制進一步強化、完善,使大漢帝國盡顯其威儀,並且走向了頂峰。

漢武帝為了提高皇帝的威權,雙管齊下。一方面,有意削弱丞相的職權,擴大太尉的職權,把太尉改為大司馬,又加上大將軍的稱號,大司馬大將軍分割了丞相的軍權。另一方面,建立宮廷決策

班子，任命一些高級侍從（侍中、給事中），可以直接與皇帝討論國家大政方針；還起用高級宦官擔任中書，掌管尚書之職——出納章奏，掌握機要。於是形成宮內的決策班子，稱爲「中朝」或「內朝」，使得以丞相爲首的中央政府機構——「外朝」，淪爲執行一般政務的行政機構。

漢武帝爲了加強中央對地方的控制，創建刺史制度。全國分爲13部，由皇帝向每一部派遣一名刺史，代表中央負責監察地方。這種監察權，包括視察政治狀況，決定官員的任免升降，平反冤假錯案，監察郡國一級長官與地方豪強。西漢有108個郡國一級政區，由中央直接管理似乎鞭長莫及，刺史部的建立解決了這一難題。刺史部就是一個監察區，負責監察若干郡國。然而刺史的地位不高，俸祿僅六百石，而郡國守相俸祿兩千石，以小制大，用小官來監察大官，可謂一舉兩得：既防止監察區成爲變相的一級行政區，又收到中央管理之效。

漢武帝爲了加強中央軍權，改變軍隊分散於全國各地而首都內外沒有重兵的狀況，設立中央常備兵。先是設立期門軍、羽林軍，選拔隴西、天水等六郡所謂「良家子」，訓練成爲精銳部隊；以後又訓練陣亡將士子弟，稱爲「羽林孤兒」，很有戰鬥力。中央常備軍的建立，對於帝國體制具有重要意義，它是歷代王朝「內重外輕」（重中央輕地方）兵制的開創。

漢武帝爲了加強中央財政，任命理財家桑弘羊主管財政，進行改革。首先是「鹽鐵官營」，把生產與銷售鹽鐵的權利收歸國家壟斷，打擊操縱鹽鐵經營的地方豪強勢力。其次是「平準均輸」。平準法是由中央政府在首都長安設置平準官，按照價格波動，收購或抛售貨物，調解供需，控制市場。均輸法是由中央政府在各地設置

均輸官，調節各地運往首都的物資，以保證軍需供給，都市消費，倉庫積儲。平準均輸政策打擊了奸商囤積居奇、哄抬物價，既維護了民眾利益，又加強了中央集權國家的財政基礎。

雄才大略的漢武帝在位的半個多世紀，使泱泱大漢登上了頂峰，帝國已強大到足以向邊陲地區及亞洲腹地不斷地發動軍事遠征。向西南遠征的結果，在雲南和四川設立了牂柯郡、越嶲郡、益州郡；對南越的遠征，把中華帝國的版圖擴大到越南的北部，漢朝在這片地區建立了九個郡；向東北遠征的結果，在朝鮮半島設立了四個郡。很長一段時間裡，集中兵力在北方與西北方。從西元前133年起，在名將李廣、衛青、霍去病的指揮下，向經常騷擾中原的游牧民族匈奴發起攻勢，不久在西北邊陲設立了朔方郡和五原郡。

張騫兩次出使西域，完成了探索中亞的史詩般功業。張騫的第一次出使旨在聯合在阿姆河流域的大月氏夾擊匈奴，第二次出使旨在聯合伊犁河流域的烏孫夾擊匈奴，目的都是「斷匈奴右臂」。張騫歸國後向漢武帝報告了在西域的見聞，關於中亞的第一手資料，其中包括少許有關印度和前往印度的路線等情況，也提到中國絲綢出口的最西面的目的地——羅馬帝國，這是中國首次得到關於羅馬帝國的消息。今人仍可從《史記·大宛列傳》看到當時的盛況。

從當時的首都長安向西，前往河西走廊，再由武威經張掖、酒泉，到達敦煌。從敦煌西行，經玉門關、陽關往西的商路有兩條：一條是南道——從鄯善沿南山（崑崙山）北麓至莎車，西越蔥嶺（帕米爾），到達大月氏、安息諸國，再西去可以抵達大秦（羅馬帝國）；另一條是北道——沿北山（天山）南麓西行，越過蔥嶺的北部，向西可以到達大宛、康居、奄蔡諸國，再往西可以抵達大

秦。這就是彪炳於史冊的絲綢之路。

西域的開通，使絲綢之路在全球歷史上聲名遠揚。中國的使臣和商人到達奄蔡（今裡海東岸）、安息（波斯，即今伊朗）、條支、黎軒（地中海東岸）。中亞、西亞各國的使節和商人來到中國。中國的精美絲綢由中亞、西亞運到羅馬帝國，成爲羅馬元老院議員和貴族夫人的珍貴服裝材料。羅馬人當時僅僅知道中國是絲綢的產地，因此把中國稱爲Seres，即拉丁語的「絲綢」。但是，安息和中亞各國都極力想維持各自在絲綢之路中的利益，不願意中華帝國和羅馬帝國直接接觸。

對此，墨菲《亞洲史》寫道：「於是，中國和羅馬這兩個在領土大小、發展水平、國力和成就方面都相近的帝國，除旅行者講述的故事外，基本上互相不了解。如果中國人與羅馬或印度帝國及其先進文明有過接觸，他們很可能在這種經驗的基礎上形成一種不同的更開放的對待外部世界的態度。與中國一樣，羅馬和孔雀印度都修建了道路、堤防和規劃完善的城市，在擴張主義的世界性體系下融合了不同的文化，與自己帝國邊境的『野蠻人』進行鬥爭。三國之中，漢帝國最大也可能人口最多和最富裕，儘管它的文化發展水平和技術成熟程度也許與古印度和羅馬相當。」墨菲還指出，在中亞塔什干附近的塔拉斯河兩岸，漢朝軍隊擊潰了包括一些雇傭軍的匈奴聯軍。根據中國史書記載，這些雇傭軍可能是羅馬帝國派來的援軍，因此中國人也許看到過羅馬士兵——用盾牌交搭頭上以避箭矢的龜甲形連環盾編隊，這可能是中華帝國與羅馬帝國唯一一次直接接觸。

由此也引申出另一歷史之謎。據說，西元前53年，古羅馬「三巨頭」之一的克拉蘇率領大軍東征安息，在卡萊爾（今敘利亞的帕

提亞）遭到安息軍隊圍殲，統帥克拉蘇陣亡，羅馬軍團幾乎全軍覆沒，只有克拉蘇的長子率領第一軍團六千餘人突圍，以後卻神秘地失蹤了，成為羅馬史上的一樁懸案。

經過中外學者的研究，這批古羅馬人後來在中國西北建立了一個城市——驪靬。有的學者在《漢書·陳湯傳》中發現，西元前36年，西漢王朝的西域都護甘延壽和副校尉陳湯，率領四萬將士西征匈奴，注意到匈奴單于手下有一支奇特的雇傭軍，其獨特的陣法、戰法帶有古羅馬軍隊的特色。這支軍隊可能就是失蹤的羅馬第一軍團。值得注意的是，後來河西地區突然出現了一個叫做「驪靬」的縣，修建了驪靬城堡。這可以在《後漢書》中找到佐證：「漢初設驪靬縣，取國名為縣。」驪靬是漢朝對羅馬帝國的稱呼，所謂「取國名為縣」，就是用羅馬國名為縣名。失蹤的羅馬第一軍團的後裔，以後就在這裡繁衍生息。

驪靬古城位於今甘肅省永昌縣，現在只留下一些遺跡。據考古學家研究，驪靬遺址的古城牆是「重木城」——城牆外加固重木，這種防禦方式是古羅馬所獨有的。當地的村民帶有歐洲人的體格特徵：個子高大，眼窩深陷，頭髮呈棕色，皮膚呈深紅色。最有意思的是，村民至今保留了古羅馬人的鬥牛遺風。

這一驪靬之謎，如果得到證實，可以再現兩千年前世界上東西方兩個帝國之間的密切關係，再現過去和現在之間的對話，讓歷史的魅力顯露得淋漓盡致。不過一些學者認為，要解開這一謎團，歷史依據尚嫌不足。我們不妨寄希望於未來。

4.「罷黜百家，獨尊儒術」
——中央集權的意識形態

漢初奉行黃老思想，無為而治，最大的貢獻是培養國力，但不適合帝國體制的中央集權化傾向。文景之治的太平盛世，國力日趨富強，為漢武帝的「有為」提供了基礎。大有作為的時代當然不需要主張「無為」的黃老之學，「罷黜百家，獨尊儒術」就成為當時的最佳選擇。

儒家學說在秦朝受到壓迫，陳勝起義之後，孔子的八世孫孔鮒前往投奔，為之出謀劃策，儒家的反秦心態由此可見一斑。漢高祖劉邦雖然不喜歡儒家，但對儒家的政策已經比較寬鬆，儒生叔孫通為漢高祖制訂宮廷禮儀，就是儒家學說復興的一個標誌。在魯國，還重演了久已斷絕的大射禮、鄉飲酒禮，講習傳統禮樂之風也已蔚然興起。因此，「罷黜百家，獨尊儒術」是一個逐步演變的過程，漢朝採用儒家學說，並非始於漢武帝時代，而是從漢初時代就已經開始了。文帝、景帝時期，由「無為」到「有為」，由黃老到儒學的轉化悄然進行。

建元元年（西元前140年）漢武帝即位，這位十六歲的少年皇帝頗想有所更張，接連三次下詔向有識之士策問古今治亂之道。景帝時代曾任博士的大儒董仲舒，援引《春秋》「大一統」理論，在三次上書對策——即所謂「天人三策」中，提倡以思想的大一統來保持政治的大一統。他對《春秋公羊傳》的「大一統」，做這樣的發揮：「春秋大一統者，天地之常經，古今之通誼也。今師異道、人異論，百家殊方，指意不同，是以上無以持一統，法制數變，下不知所守。」因此他主張：「諸不在六藝之科、孔子之術者，皆絕

其道，勿使並進。」所謂「六藝之科」，就是儒家的《詩》、《書》、《禮》、《樂》、《易》、《春秋》，也就是「孔子之術」。董仲舒的意思是要運用政權的力量阻止其他各家學說與儒家學說「並進」。

董仲舒是「春秋公羊學」大師，傾心研究《春秋公羊傳》，他的政治理想就是「大一統」，接近於孟子的思想而超越了孟子的思想。他不僅要求政治的大一統，而且要求意識形態的大一統，儒家學說的大一統。「春秋公羊學」的這種政治色彩是漢武帝所需要的。另一位「春秋公羊學」大師公孫弘，以博士的學究身分而出任丞相，預示了一個新局面的出現。漢初的丞相如蕭何、曹參之類，都是縣衙的小吏，其後的丞相大多是有戰功的不學無術之流。公孫弘向漢武帝建議，向儒家學者開闢登上政治舞台的途徑，並且制度化，從而使得儒家學說帶上了濃厚的政治色彩。

其實早在董仲舒對策之前，漢武帝已經採納丞相衛綰的建議，罷黜專治法家、縱橫家學說的「賢良」。以後，漢武帝又用「好儒術」的田蚡為丞相，放手讓田蚡把不研究儒家經典的「太常博士」一律罷黜，把黃老刑名等百家之學排斥在官學之外，以優厚的待遇延攬儒生進入政府。漢武帝為了表彰儒學，設立「五經博士」（專門研究《詩》、《書》、《禮》、《易》、《春秋》的博士），使儒學從此成為官學。他根據董仲舒、公孫弘的建議，在首都長安建立太學（國立大學），教授五經，從學習五經的太學生中選拔官吏。郡縣也設立學校，配備經師，教授五經，培養官吏的後備隊。這一系列措施，就是所謂「罷黜百家，獨尊儒術」。

對於「罷黜百家，獨尊儒術」，一向有所誤解。誤解之一是，以為這一國策是董仲舒一人促成的；誤解之二是，既然是「罷黜百

家」，就以爲從此禁絕了儒家以外的諸子百家。其實不然。近年來中外學者對此做了澄清，漢武帝「罷黜百家，獨尊儒術」並非僅僅採用董仲舒一個人的建議；漢武帝也沒有禁絕儒家以外的各家學說，其本意是確立儒家在官學中的「獨尊」地位，不許其他學派分沾。這些學派依然可以在民間自由流傳，並沒有禁絕。

劉桂生的論文〈近代學人對「罷黜百家，獨尊儒術」的誤解及其成因〉，對此做了深入的檢討，他指出：漢武帝「罷黜百家，獨尊儒術」，至少並非僅僅採用了董仲舒的建議；董仲舒要「罷黜」的不過是那些新來對策的專治雜學的人，並非禁絕儒家以外的各家；其用意只在於確立儒家在官學與朝廷政治中的地位，不許其他學派分沾，而不是禁止諸子百家在社會上流傳；讀書人若要研究，盡可自便，只是不能用來獵取功名富貴。如此而已。但是到了19世紀與20世紀之交，梁啓超、章太炎、鄧實、劉師培等著名學者，共同認定漢武帝時的「罷黜百家，獨尊儒術」就是學術文化上的專制獨裁，是造成中國文化學術落後的禍根罪源，也是導致中華民族瀕於滅亡的重要原因。由此形成定見與成說。此後的胡適、馮友蘭、翦伯贊、侯外廬、郭沫若等著名學者，都沿用此說。劉桂生列舉大量歷史事實證明，這種定見與成說是一種誤解。在我看來，這種誤解，既有對歷史的解讀失誤，更有非學術成分的干擾，加以清算是完全必要的。不管你對此有何異議，他畢竟動搖了先前過於簡單化的思維定勢，無論如何是有啓發意義的。

從漢武帝時代開始，儒學成爲五經博士研究與教授的經學；經學特殊地位的確立，顯示儒學的官學化得以確立，成爲「學而優則仕」的工具。注釋和闡述儒家經典的經學，成爲當時社會獨一無二的顯學，成爲一門政治色彩濃厚的正統學問，成爲知識分子關注的

焦點。通曉經學，就意味著打開了通向高官厚祿的門徑。在長安的太學裡，五經博士對學生的教育，都把「通經」——精通五經及其標準注釋，作爲「致用」——進入官場的途徑。

因此漢武帝以來，經學日趨昌盛。太學中的博士，就是專門研究一部經典的經師，他們以詮釋儒家經典爲終身職業。他們絕不懷疑「五經」中的聖賢言論的絕對正確性，他們一輩子就是讀懂它、注釋它，所謂「皓首窮經」是他們的寫照。這些經師搞的是章句之學，即一字一句的訓詁、解讀、注釋。因此文本就有了「經」、「傳」、「解詁」不同等級之分，例如《春秋公羊傳何休解詁》，「春秋」是五經之一，「公羊傳」是公羊高這個人對《春秋》經文的注釋，「何休解詁」是何休這個人對《春秋公羊傳》的注釋。

董仲舒就是「春秋公羊學」大師，聲稱他的學說都是從《春秋公羊傳》推演出來的。它寫的《春秋繁露》一書，強調「地」必須服從「天」，「卑」必須服從「尊」，「下」必須服從「上」，「臣」必須服從「君」，這就是「禮」。禮的主要原則是「以人隨君，以君隨天」，「屈民而伸君，屈君而伸天」。董仲舒的尊君與大一統主張，最直接地反映了漢武帝時代中央集權帝國體制的政治需求。具體化爲倫理道德，便是「三綱」與「五常」。三綱即君爲臣綱、父爲子綱、夫爲妻綱；五常即仁、義、禮、智、信，提供了社會各色人等的行爲規範和心靈歸依。董仲舒把《春秋》的微言大義系統化，提高了《春秋公羊傳》的地位，神化孔子和《春秋》。從此，儒家走上了宗教化的道路，成爲儒教，孔子的偶像也被請進孔廟（文廟），受到供奉、崇拜。

在現實政治中，漢武帝的「獨尊儒術」是有所保留的。他並不完全依賴儒士，在宗教方面，相當依賴道家方士；在政治方面，相

當依賴法家。儒家拘泥迂腐的作風，和他好大喜功的稟性格格不入。他所用的大臣，大多是既精通儒術又深知刑法的人。他的治國方略可以概括爲「儒表法裡」，即以儒術的外表掩蓋法術的內裡。精通黃老思想的汲黯曾當面揭穿漢武帝「獨尊儒術」是「內多欲而外施仁義」，即仁義掩蓋下的法治。丞相公孫弘精通儒術，也通曉法術，能以儒術緣飾法術，深得漢武帝賞識。

儒表法裡，成爲後世統治者的治國秘訣。漢元帝在做太子時，見其父漢宣帝所用的大臣多是一些精通法律的「文法吏」，以法治國，便勸諫說，陛下治國太偏重於刑法，應該起用儒生，實行德政。漢宣帝勃然變色，斥責道：「漢家自有制度，本以霸王道雜之，奈何純任德教，用周政乎？」那意思是說，漢朝治國的制度，就是霸道和王道兩手並用，不可能純粹使用周朝的那種德政。從中透露出，所謂「獨尊儒術」的背後，王道和霸道，亦即儒術和法術並用的秘密。

看得出來，漢武帝「罷黜百家，獨尊儒術」，是爲了中央集權尋找意識形態的支撐。運用政權力量控制意識形態，其實是法家的發明，商鞅、韓非、李斯都精於此道，秦始皇根據他們的理論，用「焚書坑儒」的手段控制意識形態，並不成功。漢武帝用功名利祿來引誘士人——只有精通儒家經學才可以進入仕途，把士人的聰明才智束縛於儒家經學之中，專注於詮釋章句，而無暇旁騖，終於達到了目的。他的這套衣缽，爲後來很多治國者所繼承。

經學、讖緯、清議、玄學

《漢書‧儒林傳》說：「自武帝立五經博士，開弟子員，設科射策，勸以官祿，訖於元始，百有餘年，傳業者浸盛，支葉蕃滋。一經說至百餘萬言，大師衆至千餘人。蓋祿利之路然也。」按：元始是漢平帝年號，即西元1年～5年。從漢武帝建元5年（西元前136年）設置五經博士，到漢平帝元始年間，將近140年，在功名利祿的刺激下，儒家經學獲得突飛猛進的發展，兩個資料是令人吃驚的：一部篇幅不大的儒家經典，對它的注釋竟然長達一百多萬字；以此爲專業的經學大師竟然多達一千餘人。由於功名利祿之所在，士人們樂此不疲，博士弟子由武帝時期的50人，逐步遞增，昭帝時期增至100人，宣帝時期增加了一倍，即兩百人，元帝時期增加至一千人。對於這個數量，成帝並不滿意，當年孔子以一介平民而有弟子三千，皇帝的博士弟子只有一千人太少了，於是博士弟子增加到三千人。到了東漢順帝時期，太學的博士弟子增加到了三萬人，還有不少人不遠萬里來到京師，在太學附近的私塾裡學習經學，在帳冊上有紀錄可查的人數不下萬人。兩者相加共計四萬人，儼然一支浩浩蕩蕩的經學大軍。

1.古文經學與王莽「託古改制」

　　比數量的增加更值得注意的是，經學向政治的滲透，達到了無孔不入的地步。漢元帝雖然多才多藝，精通書法、音樂，會作曲、演奏樂器，但毫無政治才幹。他所用的大臣，多是迂腐的經學家。朝廷上討論大政方針，處理軍國大事時，無論皇帝還是大臣，只會引用儒家經典語錄，來判斷是非曲直，根本不從實際出發進行決策。漢成帝更加沉迷於經學，任用劉向整理儒家經典，就是突出表

現。他一味按照儒家經典的教導來包裝自己，儀容端莊，不左顧右盼，外表上一派帝王氣象，卻不知如何執政。當大臣們引用儒家經典語錄，批評他作爲皇帝的「失德」時，儘管內心不以爲然，還是不得不屈從於經學，誠懇地接受，以顯示納諫的雅量。

如此衆多的人在經學中討生活，競爭之激烈可想而知，由此激化了經學內部的學派之爭。這就是所謂今文經學（經今文學）與古文經學（經古文學）持續不斷的爭論。

何謂今文經學（經今文學）？原先五經博士講解儒家經典所用文本，是用「今文」——當時通行的文字（隸書）書寫的。漢武帝所立的「五經」十四博士，都是今文經學家，由於當時通行全國，沒有必要特別標明「今文」的名稱。

何謂古文經學（經古文學）？所謂古文，是指戰國時代東方地區的文字，漢代已經不通行。這些古文書寫的儒家經典文本，大體是漢武帝末年魯共王爲了擴建王府，拆毀孔子故宅，在孔府牆壁中發現了一批「古文經」，即古文《尚書》、《禮記》、《論語》等。孔子的後代孔安國向漢武帝敬獻這批「古文經」，希望把它們也列爲太學的欽定教材。從事校勘古籍的經學家劉歆，向漢哀帝提出，應該把「古文經」立於學官，作爲太學的教材，引起了一場爭論，使得今文經學與古文經學兩大學派的對立，勢如壁壘。今文經學始終占據上風，可以在官方的學校裡正式傳授，古文經學只能在民間私人傳授。

令人難以預料的是，處在劣勢的古文經學，被王莽利用來篡奪漢室政權，成爲其進行「託古改制」的手段。

好大喜功的漢武帝，轟轟烈烈的一生以悲劇告終，征伐匈奴的慘敗，國內的饑饉動亂，使他處在內外交困之中，他的晚年是在懺

悔痛恨中度過的。西元前87年，他在巡行途中一病不起，永別了他統治了54年的大漢帝國。此後的漢昭帝、漢宣帝還算稱職，能夠維持先前的鼎盛局面。以後的繼承人每況愈下，相繼即位的漢元帝、漢成帝、漢哀帝、漢平帝，一代不如一代。終於導致外戚在宮廷政治中的作用逐漸擴大，王莽篡奪政權就是這種形勢的產物。

王氏的外戚地位來源於漢元帝的皇后王政君（王莽的姑母），王莽憑藉這一特殊背景，以大司馬大將軍身分掌握宮廷大權。他從步入政壇到當上皇帝，用了31年時間。這一段歷史，在東漢官方的《漢書》裡，完全被扭曲了，王莽被寫成亂臣賊子，他在篡漢前所做的好事被寫成虛偽做作、收買人心。其實王莽深受儒學薰陶，很注意「正心誠意」、「修身齊家」，處處以周公為榜樣。如果王莽的改革能夠成功，他所建立的新朝得以延續，那麼對他的評價也許會是另一個樣子。

王莽的悲劇在於，過分迷戀於已經風靡一時的儒家經學，企圖用儒家經學重建一個理想世界。漢朝遺留下來的社會問題十分嚴峻地擺在他面前，為了擺脫困境，他立志改革。然而這種改革的著眼點不是向前看，而是向後看，被史家稱為「託古改制」。改革的一切理論根據就是一部儒家經典《周禮》。《周禮》一書是周朝制度的彙編，古文經學家認為是周公親自編定的作品，但是其中充斥了戰國時代儒家的政治理想，很可能是戰國時代的作品。

王莽本身就是一個經學家，對經學十分癡迷，他言必稱三代，事必據《周禮》。為他提供經學顧問的是西漢末年的經學大師劉向的兒子，後來成為新朝「國師公」的劉歆。還在平帝時代，王莽就支援劉歆，把古文經立於學官，設立古文經學博士。王莽篡漢後，劉歆成為四輔臣之一，以「國師公」的身分，用古文經學為新朝建

立一套不同於今文經學的理論，用來「託古改制」。王莽似乎有意效法孔子，事事處處學習周公，把周公視為政治的楷模，使他的改革顯得迂腐不堪，與時代格格不入。看來他完全忘記了當年漢宣帝對太子（即後來的漢元帝）的教訓：「漢家自有制度，本以霸王道雜之，奈何純任德教，用周政乎？」時代不同了，把周公治理周朝的德政，用來治理漢朝，未免過於迂腐、背時。

何況王莽「託古改制」企圖解決的首要問題，是長期困擾社會的土地問題和農民問題，也就是土地兼併及其所帶來的貧富兩極分化問題。這是一個根本無法用儒家經典的教條解決的問題。早在漢武帝時代，董仲舒就把當時出現的「富者田連阡陌，貧者無立錐之地」的狀況，歸結為廢除井田制、土地私有化的結果。因而他的解決方案的最高理想，就是恢復井田制。但是，井田制由於不合時宜早已退出歷史舞台，要恢復它無異於癡人說夢！他退而求其次提出一個折中方案：「限民名田」——限制人民占田超過一定數量。在土地私有化，並且可以自由買賣的時代，企圖「限民名田」，是經學家按照儒家教條炮製的平均主義空想，寫在紙面上很好看，根本無法實施，董仲舒不過是一陣空喊而已。哀帝的輔政大臣師丹，繼續重彈董仲舒的老調，再次提出「限田」建議，得到哀帝的批准，丞相孔光、大司空何武制訂了「限田限奴婢」的具體條例，企圖限制人民占有土地與奴婢的數量。在那個時代，土地與奴婢是權勢地位的象徵，那些有權有勢的人豈肯自動放棄土地與奴婢！師丹、孔光之流的「條例」，也是一陣空喊，引起了社會震動，終於不了了之。

王莽的改革比董仲舒、師丹更為雄心勃勃，不僅要「限田」，而且要恢復井田制。他在詔令中宣布：「更名天下田曰王田」，也

就是恢復井田制，實行土地國有化；按照《周禮》記載的井田模式，把全國的土地重新平均分配——人均不得超過一百畝。這純粹是經師們的空想，如果按照人均一百畝的標準平均分配土地，全國的土地根本不夠分配。更何況土地的私有和買賣，是當時蓬勃發展的小農經濟的基礎，取消土地私有，禁止土地買賣，顯然是倒行逆施，得不到任何社會階層，包括農民的支援。三年後，王莽不得不承認土地國有化改革的失敗，承認原先存在的一切都是合理的。

王莽還按照《周禮》，企圖實行西周的「官商」政策，由專職官員代表國家對工商業和物價進行控制，主要的經濟部門與物資由國家專營、專賣。結果是官商的弊端顯露無遺，把社會經濟搞得一團糟。王莽不得不在垮台前一年宣布廢除這項改革。至於按照《周禮》，恢復古代的貨幣、官制，弄得整個社會亂七八糟，完全是一班腐儒在上演一齣又一齣鬧劇。

王莽妄圖按照儒家經學重建一個「大同」世界，一勞永逸地解決社會問題。其初衷似乎無可厚非，關鍵在於向前看還是向後看？要解決社會問題，倒退是沒有出路的，倒行逆施的結果，不但無助於社會問題的解決，反而使社會瀕臨崩潰的邊緣，引來了綠林、赤眉起義，王莽的新朝僅僅存在了十幾年，就壽終正寢，根本原因就在於此。

2.光武中興與讖緯

西元25年，赤眉軍逼近首都長安時，打著「復高祖舊業」的漢朝皇室後裔劉秀，在鄗縣（今河北柏鄉北）南面的千秋亭，登上皇帝的寶座，宣告光復漢朝。不久，劉秀攻下洛陽，在此定都。史家

把以長安為首都的前漢稱為西漢，把以洛陽為首都的後漢稱為東漢。劉秀就是東漢的第一個皇帝——光武帝，對於漢朝而言，這就是「光武中興」。

劉秀是漢高祖劉邦的八世孫，他的六世祖長沙王劉發是漢景帝之子，劉發之子劉買被封為春陵侯。到父親劉欽時，家道中落，劉秀隻身闖蕩社會，進入太學，專心攻讀《尚書》。他不像劉邦那樣粗魯，而是有文化修養，也不像劉邦那樣有英雄氣概，而是並無宏大志願。他的願望就是：「仕宦當作執金吾，娶妻當得陰麗華。」執金吾不過是負責京都治安的小官，陰麗華則是出身南陽富家的絕色美女。後來他不僅娶到了陰麗華，而且當上了東漢的開國皇帝，出乎他自己的預料。由於他的皇室後裔背景，以及文化修養，在那個群雄紛爭時代，明顯高於農家出身的草莽英雄之上。當他的車隊進入洛陽時，劉秀的隨員儀表堂堂，兩旁迎候的父老們喜極而泣：沒有想到今日還能重見「漢官威儀」！

劉秀要再現「漢官威儀」，必須對王莽的倒行逆施進行撥亂反正，重建漢高祖、漢武帝所確立的大漢體制。

當務之急是「解王莽之繁密，還漢世之輕法」，也就是廢除王莽新設立的繁苛細密的法令，恢復漢初的法簡刑輕、務用安靜的局面。使得東漢光武一朝刑法寬鬆，社會穩定。

其次是必須清除王莽恢復的西周官制，繼承和發展漢武帝強化的中央集權的帝國體制。西漢末年，丞相、太尉、御史大夫所謂三公，改稱大司徒、大司馬、大司空，由於外戚專權，總是占據大司馬大將軍之位，大司徒形同虛設。劉秀為了削奪大司馬大將軍的權力，恢復大司馬的原來名稱——太尉，把大司徒、大司空的「大」字去掉，削弱三公的權力。但是矯枉過正，使得三公成了一個擺

設，三公的職責都轉移到本來替皇帝掌管文書的尙書台。皇帝通過尙書台控制中央政府，使得三公成爲沒有實權的虛位，日常政府事務由尙書台處理，直接對皇帝負責。於是形成了這樣的奇特局面：三公高高在上，享受一萬石的俸祿，卻沒有權力，叫做「有位無權」；尙書台的長官尙書令掌管朝廷大權，卻沒有三公的地位，俸祿只有一千石，叫做「有權無位」。中央的最高官僚不是「有位無權」就是「有權無位」，皇帝「集權」的目的自然達到了。

與此同時，代表中央控制地方的刺史制度得到強化。西漢末年，把刺史改稱州牧，俸祿從六百石增至兩千石，但職權沒有變化，仍無固定治所。劉秀定制，把州牧恢復爲刺史，擴大它的權力，一是讓刺史有固定的治所，向12個州派遣12名刺史，使得刺史成爲州一級行政區的最高長官，每年年底回京述職，朝廷據此對地方官做出升降任免的決定。這毫無疑問是加強了中央對地方的控制，但是刺史權力的擴大，州成爲管轄若干郡縣的大行政區，爲日後的地方割據埋下禍根，是當初始料不及的。

劉秀推翻了王莽，依然面臨王莽企圖解決的社會問題——限田限奴婢，也就是限制土地兼併以及農民淪爲奴婢的問題。王莽做了嘗試沒有成功，劉秀力圖以另一種形式來解決它。在東漢初建的十幾年中，它六次頒布詔書，解放奴婢；三次頒布詔書，禁止虐殺奴婢，收到了明顯的效果。但是在解決土地問題時，遇到了強大的阻力。他下令「度田」——檢核耕田面積，遭到豪強地主的百般阻撓，地方長官懾於豪強的壓力，並不認眞「度田」。更爲嚴重的問題在於，劉秀的近親、近臣都是豪強地主，又是最有權勢的特權階層，儘管田宅逾制，卻無法檢核。事情終於不了了之。原因很簡單，掌握政權的特權階層不可能推行一種剝奪自身權益的政策。

劉秀的太學生出身，以及精深的經學修養，使得他在推行漢武帝的「獨尊儒術」這點上，尤為得心應手。東漢建立之初，他就下令恢復漢武帝的五經博士，《易》立四博士，《尚書》立三博士，《詩》立三博士，《禮》、《春秋》各立兩博士，共五經十四博士，在太學教授學生。東漢的太學，規模大於西漢。考古發現的洛陽太學遺址有兩處，一處東西長200米，南北寬100米，另一處南北長200米，東西寬150米。有內外講堂各一座，講堂長十丈、寬八丈，講堂附近有太學生宿舍。太學生稱為博士弟子或弟子，也稱諸生，每年都要考試——射策與對策。為了營造文化氛圍，在太學周圍建造一批圖書館，例如辟雍、東觀、蘭台、石室等。

劉秀精通經學，也愛好讖緯。讖緯其實是經學的衍生物。漢朝思想的主要特點是儒家學說與陰陽五行學說相結合，以一種神秘主義的方式解釋五經，於是形成一種讖緯之學。讖是假托神靈的預言，常附有圖畫，也稱圖讖；緯是與經相對而得名的，是假托神意解釋五經的書。有學者認為，讖緯的出現，與漢武帝的封禪有關。所謂封禪，是用宗教的辦法來操辦古代相傳的祭祀禮儀，於是就導致讖緯的產生。也有的學者說，讖是預言，在西漢這種預言之學十分盛行。緯是經書傳注之外的書，西漢末年人荀悅說，緯書大約形成於西漢末年、光武中興之前。東漢人張衡認為，緯書產生於西漢哀帝、平帝之際，據說西漢末年流傳的讖緯圖書有35種，這得益於王莽的提倡。王莽為了當上皇帝，所使用的主要策略，就是利用讖緯。東漢初年，讖緯更為盛行，讖緯圖書增加到81種。這和劉秀信奉讖緯有關。劉秀這個人很有學問，卻對讖緯深信不疑。具有諷刺意味的是，王莽當上皇帝，利用了讖緯，劉秀推翻王莽當上皇帝，也是利用了讖緯。看來，讖緯比經學還要神通廣大。劉秀不僅稱帝

時利用讖緯《赤伏符》，證明他做皇帝合乎天命；而且在施政時，任用官員時，都要引用讖緯，幾乎言必稱讖，事必依緯。中元元年（56年），光武帝宣布圖讖於天下，使讖緯成爲與五經同等地位的法定經典。爲此他下令在首都洛陽建造宣揚讖緯之學的禮教性建築——明堂、靈台。

在這一點上，劉秀與王莽頗爲相似，不過劉秀略遜於王莽一籌。王莽雖然迂腐，但是爲了政治目的而利用讖緯時，心裡很明白那是假的，實際上並不相信讖緯。劉秀爲了政治目的利用讖緯，卻是發自內心的，他對讖緯深信不疑。日本學者內藤湖南說：「充分利用這種讖緯學說的是王莽。他通過僞造讖而奪取了漢室。讓人不可思議的是，光武帝也以讖緯爲武器，推翻了王莽，使漢室中興，這眞是因果報應。光武帝是讖緯的虔誠信奉者，他無論做什麼事都要靠讖緯來決定。學問固然是很重要的，但同時他又把讖緯視爲聖人創造的東西，認爲它與經書有同樣的價值。不管是怎樣的學者，只要他不喜歡讖緯，便不能得到光武帝的信任。當時也有反對讖緯的人，桓譚便是其中之一，其所著的《新論》沒有流傳下來。這個人是堅決反對讖緯的，因此沒有得到光武帝的任用。鄭興也不相信讖緯，當光武帝問到他時，他委婉地說自己沒有學過讖。後漢時期，讖緯之學相當盛行。王符的《潛夫論》中有〈卜列〉、〈巫列〉、〈相列〉、〈夢列〉等篇，他抨擊了當時盛行的這些事物。總之，就連後漢末年的大學者鄭玄也爲緯書做過注釋。從某種意義上講，由於以往學問的普及，當人們把學問變成一種已經玩熟的玩具時，便不再滿足於對經書的一種解釋，而開始依據不同的知識來加以穿鑿附會。」

說得多麼好啊！

讖緯有如巫師出祟，經學彷彿走火入魔了。

3.東漢的清議與太學生運動

中元2年（57年），光武帝還沒有來得及祭祀明堂、登臨靈台，就與世長辭。他的中興大業由明帝、章帝所繼承，最為耀眼的是，水利專家王景治理黃河成功，出現了持續八十多年沒有災害的盛況，成為歷史上罕見的一頁。與此相映成趣的是，班超出使西域，穩定了邊境形勢。這些鏡頭從一個側面顯示，東漢雖然平淡，也有輝煌的一面。

明帝、章帝時代中興氣象繼續發展，和帝以後，中興氣象消失，外戚、宦官的爭權奪利是一個關鍵。

光武帝為了加強皇權、削弱相權，在宮中任命一些宦官擔任中常侍、黃門侍郎等官職，傳達皇帝的詔令，批閱尚書進呈的公文，使宦官的權力陡然膨脹。和帝以後，皇帝都是幼年繼位，由母后臨朝聽政。這兩種因素與皇權加強、相權削弱相互作用，為外戚、宦官挾主專權提供了方便。

外戚專權自然與皇后有很大關係。西漢的皇后大多出身微賤，難以形成有勢力的「后黨」。東漢則不然，皇后大多出身名門之家，例如，明帝的馬皇后的馬氏家族、章帝的竇皇后的竇氏家族，都是世家大族；和帝的陰皇后的家族是皇親國戚，和帝的鄧皇后出身於功臣世家。其後的皇后，莫不如此。與此相關聯的是，東漢的皇后大多有較高的文化水平。最突出的是明帝的馬皇后（明德皇后），一向好學，精研儒家經典，儼然一位女經學家。此人極有文才，親自為明帝撰寫《起居注》，被後世視為皇后的楷模。明代編

（宋）皇妃浴兒圖

撰女性教材《閨範》時，把明德皇后列為開篇第一人，絕非偶然。其他如竇皇后、陰皇后、鄧皇后都很有學問。當時後宮有皇后與嬪妃的教師——赫赫有名的班昭（《漢書》編者班固的妹妹），是當時著名的才女，人稱「大家」。她不僅把班固未完成的《漢書》續修完成，而且教授馬融等通讀《漢書》，把馬融培養成著名的經學家。由她出任後宮的女教師，反映了皇后嬪妃追求學問的強烈欲望，這種盛況後世似乎很難看到。

　　但有一利必有一弊，由於學問的興盛，皇帝從名門望族中挑選皇后，結果導致了外戚勢力的興起。為了摧毀這種勢力，皇帝不得不起用宦官，於是導致宦官專權。如此循環往復，形成了東漢政治的一大特色。

　　光武帝、明帝鑒於西漢末年外戚專權的前車之鑒，對此有所提

防，皇后陰氏家族、馬氏家族成員，都難以染指權柄。加之光武帝享年62歲、明帝享年48歲，皇后臨朝稱制的可能性極小。此後的皇帝大多短命，為母后臨朝、外戚干政提供了較大的空間。

和帝10歲即位，竇太后臨朝稱制，他的哥哥竇憲以大將軍頭銜出任侍中，掌握內廷和外朝大權，他的三個弟弟同時封侯，掌握機要部門，於是乎竇氏黨羽都成了朝官或刺史，劉家天下幾乎成了竇家天下。深居宮中的和帝與內外臣僚隔絕，要從外戚手中奪回政權，只能依靠最親近的宦官。宦官鄭眾利用所掌握的禁軍權力，翦除了竇氏勢力。和帝為了酬謝鄭眾，封他為侯，讓他參與朝政，開創了宦官封侯專權的先例。和帝死，臨朝稱制的鄧太后不立和帝的長子劉勝，而立才一歲的劉隆作為傀儡，是為殤帝。殤帝在位不到一年即夭折，鄧太后立13歲的安帝為傀儡，自己與兄弟鄧騭把持朝政。鄧太后一死，安帝利用宦官李閏、江京翦除鄧氏勢力，而皇后閻氏的兄弟閻顯等人也乘機身居要職，形成外戚與宦官聯手掌控朝政的奇特局面。安帝死，宦官孫程等擁立11歲的濟陽王劉保為順帝，處死閻顯，把持朝政。順帝為了抑制宦官，先後任命皇后梁氏之父梁商及其子梁冀為大將軍。順帝死後，梁太后與梁冀先後立沖帝、質帝、桓帝，梁冀專擅朝政達20年之久。桓帝羽翼豐滿後，利用宦官單超等人之手，翦除梁氏勢力，此後宦官獨攬朝政。如此循環往復，外戚和宦官走馬燈似地交替把持政權，結黨營私，以謀取小集團利益為指歸，朝廷政治勢必日趨腐敗。

外戚與宦官為了奪取權力，都必須拉攏一批官僚為幫手，形成政治的幫派，即所謂朋黨。這種朋黨又與士人的門生故吏集團發生千絲萬縷的關係。當時的士人通過察舉、徵辟進入仕途，官僚利用察舉、徵辟的權力，與被他察舉、徵辟的門生故吏結成集團，號稱

門生故吏遍天下。經學的發展形成學派門戶之爭，當時的士人崇尚名節，弟子以堅守老師的學派門戶壁壘爲最高榮譽。太學裡面的學生有三萬多人，他們都有各自的學派門戶與老師，砥礪名節，壁壘分明。朋黨之爭因此而複雜化。

在政治腐敗的濁流之中，官僚士大夫中有一批獨立不羈，不隨波逐流的清流名士，他們品評人物、抨擊時弊，號稱「清議」。這種「清議」，在腐敗成風的當時，起到了激濁揚清的作用，實屬難能可貴。

順帝陽嘉2年（133年），洛陽發生強烈地震，順帝下詔求言。清議派李固上書指責外戚宦官專權的弊端，批評權勢顯赫的梁氏家族，建議削奪外戚權力，還政於帝。太史令張衡也呼籲把威權還給皇帝。

三萬多名太學生是清流派的同盟軍，他們熟讀經書，卻又不忘時政，在輿論上支持清議派。桓帝永興元年（153年），冀州刺史

地動儀模型

朱穆彈劾貪官污吏及宦官黨羽，無端遭到貶官。太學生劉陶等數千人遊行到皇宮，上書請願，迫使桓帝赦免朱穆。幾年後，劉陶出任諫議大夫，依然保留太學生時代的鋒芒，上書言事，直言不諱地指出，「天下大亂，皆由宦官」，遭到宦官詆毀，被迫害致死。

在太學生看來，國家命運繫於閹宦之手是奇恥大辱，因此他們最爲推崇的官僚就是敢於反對宦官的李膺、陳蕃、王暢等清議派，稱李膺是「天下楷模」，陳蕃是「不畏強禦」，王暢是「天下俊秀」。李膺作爲清議派的首領，抨擊弊政無所顧忌，公卿以下大小官僚莫不害怕他的「貶議」。他出任河南尹，巫師張成之子殺人，他不顧大赦令毅然將犯人處死。張成得到宦官的後援，到處揚言，李膺結成朋黨，諷議朝政。張成的弟子牢修甚至上書誣告李膺：「養太學游士，交結諸郡生徒，更相驅馳，共爲部黨，誹訕朝廷，疑亂風俗。」桓帝不辨青紅皂白，勃然震怒，下令全國「逮捕黨人」，「布告天下」。李膺等兩百餘人被捕，漏網者懸賞捉拿，一時間，緝捕人犯的使者四面出擊，相望於道。次年，由於尚書霍諝、城門校尉竇武出面營救，李膺才得以赦免回鄉，但是以「黨人」的名義禁錮終身，永遠不許爲官。這就是第一次「黨錮」之禍。

有意思的是，當時社會輿論都傾向於「黨人」，把那些遭到迫害的清議派人士尊稱爲三君、八俊、八顧、八及、八廚，引爲社會楷模。《後漢書・黨錮傳》寫道：「自是，正直廢放，邪枉熾結，海內希風之流，遂共相標榜。」社會輿論如此品評那些清議派人士：

陳蕃等爲「三君」——「一世之所宗」；

李膺等爲「八俊」——「人之英也」；

范滂等爲「八顧」——「能以德行引人」；

張儉等爲「八及」——「能導人追宗」；

度尚等爲「八廚」——「能以財救人」。

朝廷的本意是企圖以「黨錮」的手段打擊清議，左右輿論，結果適得其反。「黨人」范滂出獄還鄉，南陽士大夫自發出城迎接，車輛達幾千輛之多，顯然把他看作衣錦榮歸的英雄。度遼將軍皇甫規仰慕「黨人」的高風亮節，竟以自己不在黨籍爲恥辱，上書朝廷自請按照「黨人」治罪。

這是多麼具有諷刺意味的一幕！

幼小的靈帝即位後，竇太后臨朝稱制，外戚竇武以大將軍身分掌權，與太傅陳蕃合作，起用被禁錮的「黨人」，企圖一舉消滅宦官勢力。宦官發動宮廷政變，劫持竇太后，挾制靈帝，竇武兵敗自殺。陳蕃率領僚屬及太學生，衝入宮門援救，被捕後死於獄中。宦官乘機誣告「黨人」謀反，大肆鎮壓，凡是「黨人」及其門生、故吏、父子兄弟及其親屬，都遭到牽連，終身禁錮。這是第二次「黨錮」之禍。

黨錮事件毫無疑問是對持不同政見者的鎮壓，所謂「黨人」，其實並沒有結成什麼「黨」，所謂「共爲部黨」云云完全是誣陷不實之詞。李膺、陳蕃、劉陶、范滂等人，不畏強暴，伸張正義的氣概，爲後人所景仰。正如《後漢書》所說：「咸能樹立風聲，抗論昏俗，而驅馳險厄之中，與刑人腐夫同朝爭衡。」他們忠於職守，抨擊弊政，極力反對宦官專權，寧願丟官喪命，也不屈從於他們的淫威。這種清流，這種清議，不獨令古人，也令今人感慨繫之。

4.魏晉風度與玄學

在中國歷史上，很多好的東西，被後人一借用，立即變味，甚至變得面目全非，成為障人耳目的幌子。「禪讓」就是一個典型。它的本意是對堯舜時代權力交接時「傳賢不傳子」的美德的一種褒獎。後世的野心家卻把它用作篡奪政權的一塊遮羞布。220年，曹操之子曹丕威逼漢獻帝讓出皇位，自己稱帝，為了掩人耳目，美其名曰「禪讓」。歷史似乎在開玩笑，好像真有因果報應。266年，司馬炎模仿曹丕篡奪漢室政權的把戲，篡奪曹魏政權，迫使皇帝「主動」讓位，自己假惺惺推卻一番，篡位終於美化成了「禪讓」。於是乎，雙方都成了堯舜般的聖君。

關鍵人物就是那個臭名昭著的司馬昭。曹魏的皇帝曹髦不甘心受其挾制，發牢騷說：「司馬昭之心，路人所知也。」他企圖有所反抗，結果被殺身死。司馬昭另立曹奐為傀儡皇帝，魏國的曹氏政權實際已成為司馬氏政權。

當時不少基於正統觀念的士人，多對司馬昭的政治野心極為反感，又怕在改朝換代中招來殺身之禍，不得已採取玩世不恭的態度，迴避現實政治的敏感問題，明哲保身。所謂「竹林七賢」——嵇康、阮籍、山濤、阮咸、向秀、王戎、劉伶，就是他們的代表人物。他們有的崇尚虛無，蔑視禮法；有的縱酒昏睡，放浪形骸。表面看來非常清高灑脫，內心卻極其痛苦。他們越想遠離政治，政治越加不放過他們。司馬氏深知這些知名人士的份量，對他們分化瓦解，軟硬兼施，逼迫他們公開表示與司馬氏合作的政治態度。山濤、阮籍、向秀等人不得不先後屈服於司馬氏。山濤在曹爽被殺

後，隱居不出，迫於司馬氏的政治壓力，違心地出來做官。生性高傲、放蕩不羈的阮籍，爲了保全自己，故意裝作「不與世事」。無奈抵抗不住司馬昭的威逼利誘，違心地寫了「勸進表」，替司馬氏歌功頌德。在險惡的政治風雲的歷練下，阮籍竟然做到「口不臧否人物」的地步，爲了保全自己，寧肯人格分裂，成爲一個假面人。

嵇康卻全然不變，寧折不彎。結果，阮籍得以終其天年，嵇康則喪命於司馬氏之手。嵇康也有不得已的苦衷，他因爲與曹氏宗室聯姻，故而不肯倒向司馬氏。山濤引薦他出來做官，他憤然寫了一封絕交信，表明自己淡泊寧靜的心態：「但欲守陋巷，教養子孫，時時與親舊敘離闊，陳說平生，濁酒一杯，彈琴一曲，志意畢矣。」即使這樣，司馬昭仍不放過他，捏造一個罪名，把他處死。嵇康死時才40歲，臨刑還彈了一曲《廣陵散》。原先和嵇康一起打鐵（避禍的幌子）的向秀，見嵇康被殺，無可奈何地前往洛陽，投靠司馬昭。

司馬昭多年苦心經營，取而代之的條件成熟了。265年，司馬昭死，其子司馬炎重演曹丕篡漢的「禪讓」故事，廢魏帝曹奐，自立爲帝，改國號爲晉。這一切竟然是在「禪讓」的幌子下進行的。「禪讓」的含義完全異化了。

這是一個動亂而黑暗，迷惘而絕望的時代，名士們懾於統治者的淫威，苟全性命於亂世，講自己不想講的話，做自己不想做的事，心靈完全被扭曲了。這就是「魏晉風度」。魯迅的名篇〈魏晉風度及文章與藥及酒之關係〉，是一篇講演稿，對此有精闢而詼諧的論述。

名士們對天下對自己陷入了絕望，對人生對未來喪失了信心，於是好走極端，擺脫名教而自命通達。根據《三國志》的說法，這

種「通達」和曹操有很大的關係，所謂「魏文慕通達，天下賤守節」。其實後來名士們的「通達」完全是懾於政治淫威的偽裝，和曹操無關。

魏晉風度大致有三種形式。

第一種是以放浪形骸的怪誕，顯示特立獨行。儒家一向講究儀表端莊，儒冠儒服，循規蹈矩，道貌岸然。魏晉名士卻一反常態，或者過分講究化妝，使男人女性化；或者不修邊幅，放浪形骸。史書上說：「士大夫手持粉白，口習清言，綽約嫣然」，一副娘娘腔。儘管有些做作，人們還能夠接受。另一些人就令人吃驚了，他們放浪不羈，以醜為美，說醜話做醜事，不以為恥，反以為榮。他們接待賓客時故意穿破衣爛衫，「望客而喚狗」；參加宴會時，故意不拘禮節，「狐蹲牛飲」。更有甚者，客人來訪時，赤身裸體，一絲不掛，美其名曰「通達」。「竹林七賢」之一的阮籍酒醉之後，脫光衣褲，岔開雙腿坐在床上，稱為「箕踞」。當時人席地而坐的一般坐姿，或是跪坐，或是盤腿坐，在現代日本人那裡還可以看到。兩腳伸直岔開，形似簸箕的「箕踞」坐法，是對禮法的極大蔑視。另一「竹林七賢」劉伶，在室內一絲不掛，面對來訪的友人，竟然辯解說：我把天地當作建築物，把房間當作褲子衣服，諸君為什麼走進我的褲子中來？

他們為什麼要這樣？表面上看來似乎是對儒家禮教的背叛，深層的原因在於，不滿於黑暗的社會現實，又無力改變它，只得以一種「佯狂」的樣子，逃避現實。當時人把他們看作瘋子、狂人，其實他們內心十分清醒而極其痛苦，用怪誕的言行來宣洩不願同流合污的心情。

第二種是飲酒與服藥，麻醉自我以求解脫。魏晉名士的飲酒沒

有一點詩意，而是爲了躲避政治災禍，阮籍就是一個突出的例子。司馬昭之子要迎娶他的女兒，阮籍極不願意，又不能公開拒絕，於是乎大醉60日，使得司馬昭無從開口，又不能把他處死。他爲了避免在政治上表態，經常酩酊大醉。鍾會多次用敏感的時事話題詢問，企圖抓住把柄，都是由於阮籍「酣醉」，無功而返。正如《晉書・阮籍傳》所說：「籍本有濟世志，屬魏晉之際，天下多故，名士少有全者，籍由是不與世事，遂酣飲爲常。」

服藥是變相的服毒，與飲酒有異曲同工之妙，追求的是自我麻醉。當時名士們流行服食寒石散（五石散），從眼前講，爲了忘卻人世間的煩惱；從遠處講，嚮往神仙生活，追求解脫。何晏就喜歡服藥，表面的結果是「心力開朗，體力轉強」，實際是慢性中毒，內熱難耐，多天也要用冷水澆身才能緩解。所以魏晉名士大多身穿寬大的舊衣服，腳拖木屐，爲的是服藥後容易散熱又不損傷皮膚。名士們如此自討苦吃，目的無非是暫時忘卻社會的煩惱和精神的痛苦。

第三種是逃離現實，隱居山林。這是逃避現實、保全自己最瀟灑最安全的方式。潔身自好的高士們，既可以保持正直的人格和氣節，又可以委婉地顯示與當權者的不同政見以及不合作的態度。陶淵明的〈桃花源記〉構建了具有詩情畫意的烏托邦，從另一個側面反映了這種傾向。「桃花源」並非純屬虛構，而是當時中原地區占據山險平敞之地的堡塢共同體的理想化。陳寅恪〈桃花源記旁證〉指出，「陶淵明〈桃花源記〉寓意之文，亦紀實之文」。士人隱逸的目的，「或隱居以求其志，或曲避以全其道，或靜己以鎭其躁，或去危以圖其安，或垢俗以動其概，或疵物以激其情」。王安石關於桃花源的詩，如此吟詠道：「世上那知古有秦，山中豈料今爲

晉。」在社會動亂不定，改朝換代頻繁進行的時世，令人無所適從，與世無爭的隱逸生活，成爲高士們的最佳選擇，是可以理解的。

《晉書・隱逸傳》記載隱士孫登的事蹟，說他在汲郡北面的山上，挖掘一個土窟居住，夏天把草編爲衣裳，冬天則把長髮披在身上禦寒。平時喜好閱讀《易經》，彈一弦琴自娛。他從來不發脾氣，有人把他投入溪水中，想看他發怒的樣子，不料孫登上岸後大笑不止。司馬昭知道後，派阮籍前往觀察，阮籍與他搭話，他竟一言不發。嵇康和他交往三年，始終不回答問話，令嵇康感慨歎息不已，臨別前對他說：先生眞的沒有話可說嗎？孫登說：火要用其光，人要用其才，用才在乎識眞，你才多而識寡，在這個世界上很難立足。後來嵇康果然遭致非命，死前作憂憤詩曰：「昔慚柳下，今愧孫登。」

在這種情況下，士人們的精神支柱分崩離析，紛紛跳出儒家經學的圈子，尋求新的信仰，於是玄學應運而生。

漢朝的經學弊端叢生，一是沉迷於繁瑣的傳注，二是經生只知墨守家法，只以師傳之說爲標準，三是迷信讖緯，使經學神秘主義化。三者的共性是拘泥，是僵化，是敎條。這樣的經學，在動亂的時代，毫無可取之處，旣不能治國安邦，又不能消災避禍。人們紛紛尋求代替它的東西，於是出現了用道家思想詮釋儒家經典的怪現象，儒道合流，形成魏晉時期一種特殊的意識形態——玄學。

何晏、王弼以老莊學說解釋《易經》、《論語》，是玄學的第一階段。何晏的《論語集解》、《論語正義》、《論語義疏》，王弼的《論語釋疑》、《周易注》、《易略例》，是這一時期的代表作，反映了魏晉名士喜好老莊，喜歡獨立思考的風格。何晏雖然標

榜淡泊名利，卻始終喜好世俗的功名，結果死於司馬氏之手。王弼英年早逝，只活了24歲，但他的思想受到世人敬佩，王弼生長的正始年間，正是魏晉新思潮勃興之際，士人們固然可以自由思想，卻又倍感失去信仰的痛苦，便借談玄說道的清談來抒解心中的鬱悶。才思敏捷的王弼，開魏晉玄學風氣之先，披著儒家外衣的道家思想一時風靡天下，名士無不以談玄成名。

阮籍、嵇康以老莊爲師，反對名教，崇尙自然，是玄學的第二階段。高傲的阮籍會用靑白眼看人，順心的用靑眼（黑眼珠）看，不順心的則翻白眼，視而不見。《晉書·阮籍傳》說他「見禮俗之士，以白眼對之」，「由是禮法之士疾之若仇」。阮籍卻安之若素，他非常蔑視那些「惟法是修，惟禮是克」，用禮法來約束自己的假名士，在〈大人先生傳〉中，稱他們爲「褌中之虱」。阮籍把自己的本性僞裝起來，裝成惡人的樣子，目空一切地故作豁達，根本的原因就在於此。嵇康標榜「老子、莊周吾之師也」，《晉書·嵇康傳》說，嵇康「不涉經學，又讀《老》、《莊》，重增其放」。因此，他敢於「非湯武而薄周孔」，指斥「六經未必爲太陽」，高唱「越名教而任自然」。

向秀、郭象使儒、道合而爲一，主張名教即自然，是玄學的第三階段。向秀作《莊子注》，被譽爲「解義妙析奇致，大暢玄風」。郭象發展向秀的研究，另寫一本《莊子注》，宣揚「物各自生而無所待」的理論。顯然這一階段玄學的思想鋒芒已經大不如前了。

第六講
胡人漢化與漢人胡化的時代

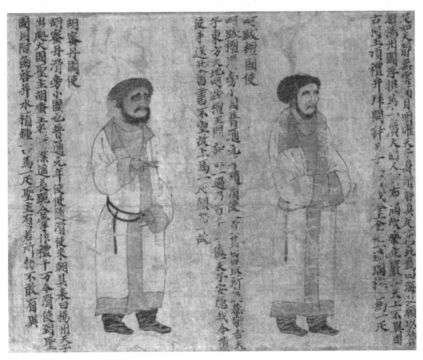

蕭繹《職貢圖》（局部）

西晉八王之亂以後，北方游牧民族南下，紛紛建立割據政權，中原地區陷入分裂狀態，直到北魏統一北方，長達130多年，歷史上稱爲五胡十六國時期（304～439年）。這一時期表面上看來，似乎是一個大分裂大動亂時期，其實深入探究起來，應該說是由分裂走向統一的時期。關鍵就是胡人漢化與漢人胡化，各民族在融合中求同存異，爲大一統帝國的重建奠定了基礎。

1.五胡十六國時期的漢胡互化

　　北方游牧民族南下，進入漢族農業區，必然爲先進的社會所同化，這就是所謂漢化。它當然是一個緩慢的過程，匈奴及其他民族的漢化都是如此。

　　從東漢初年南匈奴進入山西，到西晉初年匈奴部衆的南遷，持續了兩百多年，匈奴逐步漢化。以至於匈奴人建立的政權，稱之爲「漢」，是「十六國」之一。大約在曹操晚年，匈奴貴族因上代是漢朝皇帝的外孫，而改姓劉。漢國的建立者劉淵，在學習漢族傳統文化方面很卜功夫，他師事著名經學家崔游，學習《毛詩》、《京氏易》、《馬氏尙書》，尤其愛好《春秋左氏傳》。他能背誦孫、吳兵法，熟讀諸子百家以及《史記》、《漢書》，頗爲自負，自命漢初辯士隨何、陸賈與名將周勃、灌嬰四人才幹集於一身。304年，他起兵反晉，爲了爭取漢人的支持，宣稱自己是「漢氏之甥，約爲兄弟」，因此他立國號爲「漢」，自稱漢王，追尊蜀漢後主劉禪爲孝懷皇帝，以示自己的政權是漢朝宗室的延續。劉淵建立漢國後，任用他的經學老師崔游爲御史大夫，東漢大儒盧植的曾孫盧志則被任命爲其子劉聰的太師。由此不難看出，十六國的第一個政權

的建立者——匈奴人劉淵——漢化程度之深。

建立後趙國的羯族人石勒，漢化程度也很深。他認識到羯族力量有限，要鞏固後趙政權，必須爭取漢人合作，盡量利用漢人的治理方略。他重用「博涉經史」的漢人張賓為謀主，言聽計從，下令胡人不得凌辱衣冠華族（漢人），派官員到各地勸課農桑。他不識字，卻喜歡聽人講經、誦讀史書，雖在戎馬倥傯之中，也不稍懈怠。他設立太學和郡國學，用儒家經學培養包括羯族將領子弟在內的人才，並且建立秀才、孝廉試經之制，用儒學選拔官員。

氐族建立的前秦國的君主苻堅，重用漢族寒門士人王猛，按照漢法改革政治，發展經濟、文化，對王猛主張「宰寧國以禮，治亂邦以法」，十分欣賞與支持。他廣修學宮，親臨太學考試學生經義優劣，獎勵儒生，爭取漢族士大夫的支持。他對博士王寔說，朕一月之內三次親臨太學，發現人才，躬親獎勵。其目的在於，不使周公、孔子的微言大義在我手裡失傳，是不是可以追上漢武帝、漢光武帝了？王寔回答道，陛下神武撥亂，開庠序之美，弘儒教之風，漢武帝、漢光武帝不值得相提並論。

這樣的事例可以舉出很多。他們的共同之處在於，胡人漢化，中原的儒學起到了關鍵作用。魏晉南北朝史專家何茲全說：西晉末年，隨著士族上層的渡江南下，裝在他們頭腦裡的玄學也被帶過江去，原先影響甚微的經學士族留在北方，他們保持著漢朝經學重禮儀的傳統。而胡族政權武力占據北方，要立國中原，必須熟悉儒學傳統，崇尚中原文化，以漢法治漢人。胡族君主與漢人士族在這種背景下，進行了卓有成效的合作，儒學顯示了強大的生命力與同化作用。

民族的同化總是雙向進行的，胡人漢化的同時，就是漢人胡

化。所謂漢人胡化，是在長期的交流中，漢人在生產、生活中潛移默化地吸收了胡人的習俗。這種變化，從東漢末年已經開始，《後漢書·五行志》寫道：「靈帝好胡服、胡帳、胡床、胡坐、胡飯、胡箜篌、胡笛、胡舞，京都貴戚皆競爲之。」你看，皇帝對胡人的一切生活方式都很感興趣，包括胡人的服裝、胡人的帳篷、胡人的高足家具、胡人的飲食、胡人的樂器、胡人的舞蹈等等。由於皇帝的倡導，京都的達官貴人都競相仿效，興起了漢人胡化的之風。這種風氣到五胡十六國時期達到高潮。

特別值得一提的是「胡床」——胡人發明的高足座椅。中原漢人一向的習慣是席地而坐，或是跪坐，或是盤腿坐，並無坐椅子、凳子的習慣。所以竹林七賢雙腳前伸的坐法被稱爲「箕踞」，是極不恭敬的失禮舉動。胡人發明的座椅，被漢人稱爲「胡床」，它還有這樣一些別稱：繩床、交椅、交床、逍遙座、折背樣、倚床。胡床自北而南廣爲流行，促使高足家具的興起，終於改變了漢人席地而坐的習慣。「筵席」一詞與席地而坐的習俗緊密相連，舉行宴會時，在地上鋪上大的「筵」，再鋪上小的「席」，作爲座墊，中間有矮足的稱爲几、案的桌子。這種筵席方式，至今在日本、韓國依然可以見到。胡床及高足家具流行後，人們不再席地而坐，宴飲搬到了高高的桌子上，但「筵席」的說法一直沿用下來，不過已經失去了它的本意。

十六國時期，隨著騎馬民族的南下，把畜牧及與其有關的生產技術帶到了中原地區。據北魏賈思勰《齊民要術》記載，牛、馬、騾、羊等牲畜的飼養、役使方法，獸醫術、相馬術，以及製作毛氈、乳酪、油酥的技術，逐步爲漢人所接受。《齊民要術》還談到胡人的飲食習慣對漢人的影響，它提到的「胡物」有：胡餅、胡椒

酒（篳撥酒）、胡飯、胡羹、羌煮等，看來中原地區的漢人已經把胡人的飲食習慣吸收到自己的生活中，逐步採用燒烤獸肉、乳酪爲飲料的胡人習俗。

胡語、胡歌、胡樂、胡舞、胡戲的流行，給中原文化增添了新的活力和色彩。北方漢人子弟以學習胡語爲時髦之舉，久而久之，北方漢語中充斥了「胡虜」之音。胡樂對中原音樂的影響是深遠的，胡笳、羌笛、琵琶等樂器，隨著民族大遷徙，從漠北、西域以及其他地區傳入中原，使傳統音樂顯得更加豐富多彩。西晉後期，天竺國送給涼州刺史張軌樂工22人，樂器一部，其中有笛子、琵琶、箜篌、五弦琴、銅鼓、皮鼓等，還帶來了天竺調等樂曲。前秦末年，呂光遠征西域，又獲得篳篥、腰鼓、答臘鼓，以及龜茲樂曲。

我們不難從中窺知，當年中原胡歌、胡樂盛行的斑斕景象，漢胡互化的累累碩果。我們先人的這種大智慧，令人敬佩，也令人感動。

2.漢化色彩濃烈的北魏改革

北魏文明太后、孝文帝的改革的最大特點在於，把胡人的漢化進程納入政治體制，使之法制化、常規化，使北方地區的胡人與漢人的差別日趨縮小，以至於融爲一體。這是北魏改革最爲了不起的成就。中國歷史上的改革多得數不勝數，但是像這樣的改革卻爲數不多，因此特別值得重視。

北魏道武帝定都平城（今山西大同）後，日趨強盛，到太武帝時結束了十六國的混亂局面，於439年統一北方，與接替東晉的

宋——南朝的第一個政權相對峙，歷史進入了南北朝時期。這就使北魏統治者面臨嚴峻的挑戰：曾經一度統一北方的前秦，淝水之戰失敗後分崩離析，北方出現了更大的分裂局面；北魏應該採取何種對策來鞏固統治，才不至於重蹈覆轍。矛盾集中在改革鮮卑舊俗和加速漢化這兩大焦點上。文明太后馮氏和孝文帝拓跋宏的大膽改革，成功地解決了這一矛盾。

文明太后馮氏是北魏第四代文成帝的皇后，第五代獻文帝在位時開始左右朝政，在她的控制下，鬱鬱不得志的獻文帝傳位給五歲的兒子拓跋宏。不久，馮氏毒死獻文帝，自己以太皇太后的身分臨朝稱制，成為當時改革的最重要決策人。改革的核心就是鮮卑的漢化，這和她的漢族出身有著密切關係。

馮氏是北燕王室的後裔，長樂信都（今河北冀縣）人，曾祖馮安於4世紀末遷徙至昌黎（今遼寧朝陽東南）。407年，馮安子馮跋自立為北燕王，據有遼東一帶，以後由於內訌而被北魏吞併。馮氏被擄入宮中，因為其姑母是魏太武帝的貴妃（左昭儀），使馮氏得以借光，她先是被選為魏文成帝的貴人，兩年後立為皇后。以後她臨朝稱制十多年，表現出非凡的政治家才能。《魏書·皇后傳》說：「自太后臨朝專政，高祖雅性孝謹，不欲參決，事無巨細，一稟於太后。太后多智略猜忍，能行大事，生殺賞罰，決之俄頃。」一看便知，這是一個頗有政治才幹的女強人，可以和後來的武則天相媲美。

她第一次臨朝聽政時，就下令在全國各地普遍建立學校，不僅表現出對於文治的重視，而且規定學生「先盡高門，次及中第」，正式承認漢人門第，邁開了漢化的第一步。她第二次臨朝聽政時，以孝文帝的名義發布詔書，向各級官吏及百姓徵求意見，希望直言

極諫，凡是有益於統治、有利於人民，可以端正風俗的意見，一定予以採用。表示要大張旗鼓地開展一場政治改革運動。

這場政治改革圍繞一系列制度建設而展開。

頒布官吏俸祿制度。 北魏早期的官吏沒有俸祿，實行一種落後的供給制，弊端甚大，貪贓枉法盛行。太和八年（484年）頒布官吏俸祿制度，按季發給俸祿，並且規定：從此以後，再有貪贓絹一匹以上者，立即處以死刑。

頒布均田令。 太和9年（485年），文明太后馮氏根據漢人官員李安世的建議，頒布均田令，由中央政府派出官員，前往各個州郡，與地方官一起「均給天下之田」，到一定年齡可以受田，超過一定年齡則要還田，其目的在於「勸課農桑，興富民之本」。這就是影響中國歷史幾百年的均田制度。所謂均田，並非不顧土地關係現狀，重新平均分配土地，而是對荒地、無主地以及所有權不確定的土地，由政府按照勞動力加以分配。15歲以上的男子可以受露田（不栽樹的土地）40畝，婦女受露田20畝；男子每人還可以受桑田（栽桑、棗、榆樹的土地）20畝，作為世業（可以世代相承），不宜栽種桑樹的地區，男子給麻田10畝，婦女5畝。

實行三長制。 太和10年（486年）文明太后馮氏根據漢人官員李沖的建議，在地方基層建立三長制（即五家立一鄰長，五鄰立一里長，五里立一黨長），代替原先以宗族為單位的宗主督護制。已經實行了七十多年的宗主督護制，最大的弊端就是「民多隱冒」，宗主蔭庇依附人口，「三十、五十家方為一戶」，不利於中央政府對地方的控制。為了進一步鞏固北魏對中原的統治，必須擯棄這種落後的宗主督護制，建立地方基層行政體制。當李沖提出廢除宗主督護制建立三長制的建議時，文明太后大力支持，召見公卿百官前

來議論，明確表態：「立三長，則課有常準，賦有恆分，苞蔭之戶可出，僥倖之人可止，何為而不可！」

實行租調制。這是與均田制配套的措施，它是以每戶受田已足的假定為依據的，也就是說，在每戶（一夫一婦）受田已足的情況下，每年向政府繳納帛一匹（麻布之鄉則為布一匹）、粟兩石。從西魏大統十三年計帳文書可知，租調的徵收率，與各戶實際受田狀況無關，同一戶等的丁男或丁妻，不論受田已足、未足，都是課取劃一的租調。由此可見，均田制的實施致力於調整土地關係，但根本的出發點是便於政府向農戶徵收劃一的租調，作為中央集權體制的財政基礎。

太和14年（490年）文明太后死，魏孝文帝親政，進一步強化改革，重點是改革鮮卑舊俗、實行全面漢化。

遷都洛陽。太和十八年（494年），孝文帝把首都從平城（大同）遷往洛陽，促成鮮卑人的一次大規模南遷，以及隨之而來的全面漢化。以平城為中心的代都地區的惡劣自然條件，決定了它對人口的承載量是有限的。為了擺脫這一困境，一向熱衷於漢化的孝文帝義無反顧地決定遷都洛陽，走向全面漢化之路。由平城一帶遷往洛陽的移民約108萬左右，其中包括鮮卑文武百官及士兵20萬，以及這些人的家屬。為了緩和部分鮮卑貴族不願離開故土的情緒，孝文帝特許他們「冬則居南，夏便居北」，也就是說，他們可以冬天住在洛陽，夏天回到平城一帶，這些人被稱為像候鳥一樣南北遷徙的「雁臣」。這當然是不得已的過渡方式，南遷與漢化的最終目標是不變的。孝文帝後來規定，遷居洛陽的鮮卑人，死後一律葬在洛陽，不許歸葬代北，逐漸以洛陽為籍貫，割斷與代北的聯繫。遷居洛陽的鮮卑人，經過30年，大體上已經漢化。一個統治民族僅僅經

過30年時間，就與被統治民族相融合，不能不說是孝文帝漢化政策的極大成功。

改革鮮卑舊俗，推行全面漢化政策。孝文帝本人在北魏諸帝中漢化色彩最濃，漢文化修養最深，深知鮮卑族必須漢化才能鞏固政權，統一南北。《魏書·高祖紀》說他：「雅好讀書，手不釋卷。『五經』之義，覽之便講，學不師授，探其精奧⋯⋯才藻富贍，好爲文章，詩賦銘頌，任性而作。有大文筆，馬上口授，及其成也，不改一字。」他以大儒自居，以儒學治國，在這點上，比南朝的君主有過之而無不及。

其一是恢復孔子的「素王」地位，尊孔祭孔活動的規格逐步升級，迎合中原士大夫的夙願，籠絡大批漢族士人。

其二是實行禮治，改革鮮卑舊俗。其中最爲突出的是語言改革，禁止30歲以下官員說鮮卑話，犯禁者一律要受到降級的處分。這一改革措施，孝文帝稱爲「斷諸北語，一從正音」，他的意思就是，斷絕「北語」即鮮卑話的流傳，而把「正音」即漢語作爲官場通行的普通話。與此相關聯的是，孝文帝下令，把鮮卑複音的姓氏改爲音近的單音漢姓，他自己帶頭，把皇族的姓氏「拓跋」改爲「元」，他的姓名由原先的「拓跋宏」改爲「元宏」。其他如「丘穆陵」改爲「穆」，「步六孤」改爲「陸」，「賀賴」改爲「賀」，「獨孤」改爲「劉」，「賀樓」改爲「樓」，「勿忸于」改爲「于」，「紇奚」改爲「嵇」，「尉遲」改爲「尉」，「達奚」改爲「奚」等，一共118個複姓改爲單姓。

其三是鮮卑的門閥化。孝文帝親自擬訂條例，規定鮮卑的穆、陸、賀、劉、樓、于、嵇、尉八姓，與漢族士族中的范陽盧氏、清河崔氏、滎陽鄭氏、太原王氏四姓的門第相當，使鮮卑八姓迅速門

閥化。

其四是促使鮮卑人與漢人通婚，孝文帝自己帶頭，迎娶崔、盧、王、鄭以及隴西李氏之女入宮，並且強令六個兄弟都聘娶漢人士族之女爲正妃。鮮卑皇族和漢人士族通婚，一般鮮卑人便群起而仿效，入居中原的鮮卑人很快被漢族融合了。

孝文帝的全面漢化政策，使胡族政權不但在政治上而且在文化上被中原文明所同化，正如《魏書》所說：「禮儀之敘，粲然復興；河洛之間，重隆周道。」原先胡人與漢人的差別，逐漸轉化爲士人與庶人的差別。日本學者谷川道雄在他的論著中指出，力求突破種族血緣的阻礙，建立一個更具有公共性的國家，是北魏孝文帝漢化政策的目的及意義所在。從這種宏觀視野考察漢化政策的觀點，不僅獨具隻眼，而且富有理論穿透力。

北魏一代，從經學角度看，儒學無可稱道；從政治文化角度看，儒學的作用非常了不起，它加速了胡漢差別的消失，加速了民族融合的進程，也使中原傳統文化得以發揚光大。割江而治的南朝已不再是正統的代表，恰恰是北魏統治下的中原才是傳統文化的中心。

梁武帝派陳慶之護送魏北海王元顥回洛陽，在宴會上陳慶之大言不慚：「魏朝甚盛，猶曰五胡。正朔相承，當在江左。」言詞中充滿對北魏的蔑視，自以爲長江以南才是「正朔」的所在。但是當他護送元顥到達洛陽，親眼目睹洛陽舊貌換新顏，一派欣欣向榮的景象，回到梁朝後對人談起「正朔」時，觀點大變：「自晉、宋以來，號洛陽爲荒土。此中謂長江以北，盡是夷狄。昨至洛陽，始知衣冠士族，並在中原，禮儀富盛，人物殷阜，目所不識，口不能傳。」你看，原先對北魏帶有偏見的南朝官員，面對事實，不得不

承認「衣冠士族，並在中原」，南朝方面自愧不如。

3.門閥政治的東晉南朝

歷史的發展確實如此，和蓬蓬勃勃、欣欣向榮的北朝相比，東晉南朝顯得死氣沉沉、委靡不振。爲什麼呢？一言以蔽之，門閥政治把一切腐朽引到了極致。

南朝的宋、齊、梁、陳繼承了東晉的所謂正統，與北朝相抗衡，然而它們繼承正統的同時，也繼承了東晉以來門閥政治的一切腐朽方面。

所謂門閥政治，是一種講究門第閥閱的貴族政治，是東晉以來的政治傳統。內藤湖南認爲，六朝是貴族政治時代，六朝的貴族不是上古的氏族貴族，也不是歐洲中世紀的領主貴族，只是一種具有地方名門出身的貴族。由漢朝官僚經過多次蛻變而成長起來的六朝貴族，是士大夫集團——以儒學爲核心的漢文化向地方普及而形成的新興士大夫集團，累世爲官而形成望族，其基礎就是門第。

田餘慶《東晉門閥政治》一書指出：沒有東漢的世家大族就不可能出現魏晉的士族。世家大族雖然帶有時代承襲的性質，但其身分地位與具有法律保障的世襲封君畢竟有所不同。無論東漢的世家大族，抑或魏晉的士族，其成員大多已經變換。促成這一變換的主要原因就在於政治：一是社會大動亂，二是頻繁的易代糾紛。東晉士族——門閥士族的當權門戶，有琅邪王氏、穎川庾氏、譙國桓氏、陳郡謝氏、太原王氏，在當時起著舉足輕重的作用，形成門閥政治。東晉只有皇室司馬氏與王氏共治天下，平衡和秩序才得以維持，於是形成了「王與馬，共天下」的局面，並被皇室與士族共同

接受，成爲東晉一朝門閥政治的模式。此後執政的庾氏、桓氏、謝氏，背景有所不同，但有一點是共同的，都必須與司馬氏「共天下」。

所謂門閥，有門與閥兩層意思，門即門第、門戶，閥即閥閱，門閥即門第等級。當時又有「門地」之說，地指地望，即宗族的籍貫。以地望別姓氏，以地望別貴族，是當時社會等級結構的一個外部特徵。例如：西晉士族高門王氏，有太原王氏與琅邪王氏之分，當時太原王氏累世身居高官，成爲首屈一指的高門；到了東晉，琅邪王氏有開國之功，歷任宰輔，一躍而爲僑姓士族之首領，第一流的高門。這兩個王氏的區別就在於地望。

門閥政治的腐朽性在於，士族高門的子弟，只要憑藉顯貴的家世，不必憑藉自己的才能，就可以穩穩地做上高官。琅邪王氏、太原王氏、陳郡謝氏等莫不如此。王湜出身於太原王氏家族，僅僅因爲他的「華族」出身，使他年紀輕輕就當上了光祿寺的高官。庾冰出身於潁川庾氏家族，他自己不無得意地說：「因恃家寵，冠冕當世」，僅僅憑藉門第，當上了宰相。至於琅邪王氏中王導這一支，從東晉到南齊，一直官運亨通，身居高位，所謂「六世名德，海內冠冕」，當宰相的接二連三。

這就是說，只要是士族高門，甚至是白癡也可以出任高官。因此帶來了嚴重的弊端：一方面，高級士族憑門第而不必憑才能就可以坐至公卿，於是不思進取，終日沉湎於清閒、放蕩的生活，而不關心政治，拒絕擔任繁雜而辛苦的工作；另一方面，只要門第不垮，榮華富貴唾手可得，養成了高級士族在王朝更迭的鬥爭中畏葸退縮，明哲保身，甚至見風使舵，隨聲附和。趙翼《陔餘叢考》指出，六朝的忠臣中沒有殉節的人。這是因爲每個人都把自家的門第

看得最爲重要，無論怎樣改朝換代，高門大族依然是高門大族，它與皇帝和官位沒有關係，因此任何時候都不會考慮爲皇帝而殉節。這是極其危險的負面因素，東晉南朝的無可救藥，這恐怕是一個最值得注意的關節。

何況這些高門大族的子弟，越來越顯得一無是處。他們長期縱情聲色，過著驕奢淫逸的生活，對實際事務一無所知。後人這樣描述他們：「處廟堂之下，不知有戰陣之急；保俸祿之資，不知有耕稼之苦；肆吏民之上，不知有勞役之勤。」他們愈來愈文弱，寬衣、博帶、高冠、大屐，悠哉遊哉。許多人「出則車輿，入則扶持」，一刻也離不開別人的侍候。有的人玩物喪志，甚至連漢魏以來士大夫必須掌握的傳統文化知識也完全荒廢了，成爲高級文盲。

士族高門爲了維護自己的社會地位和特權，不僅把持官場，不讓寒門庶族插足，而且在婚姻上也有嚴格限制。士族高門只能和士族高門通婚，如果和圈外人士通婚，就被看作婚姻失類——門不當戶不對。因此士族高門非常重視家譜，講究郡望，譜學成了一門新興學問。在這種政治氣候下，出現了譜學巨擘賈、王二氏。東晉武帝命賈弼之編撰《姓氏簿狀》712篇，收集了18州116郡的士族姓氏。自東晉至宋、齊、梁、陳四朝，賈氏家族世傳譜學，六代人中五代都有譜學著作。梁武帝任命王僧孺在賈弼之《姓氏簿狀》基礎上編撰《十八州譜》（後改稱《梁武帝總集境內十八州譜》）710卷，成爲門閥政治和譜學的集大成之作。那些名門望族，利用這種新興的譜學，標榜自己家族源遠流長的光榮歷史。名門望族的譜牒被官府收藏，作爲任命官員的重要依據。劉宋時，劉湛爲了便於選官而編撰《百家譜》2卷；蕭齊時，王儉掌管吏部，又把它擴充爲《百家集譜》10卷。凡是出任吏部官職者，都必須精通譜學，否則

便難以稱職。蕭梁時，徐勉編撰《百家譜》20卷，使官員任命「彝倫有序」——與門第郡望相匹配。

然而，門閥政治在南朝逐漸顯露頹勢。士族腐朽不堪，不能擔任武職，庶人出身的人便以武職爲升官的階梯。南朝的四個開國皇帝——宋武帝劉裕、齊高帝蕭道成、梁武帝蕭衍、陳武帝陳霸先，都是庶族出身，先掌握軍權，而後奪取政權。庶族出身的皇帝自然要提拔庶族官員作爲自己的輔佐，因爲士族沒有處理實際事務的能力，只能擔任清閒之職享受高官厚祿。

劉宋時，「手不知書，眼不識字」的農家子弟沈慶之官至侍中，都督三州軍事；小販出身的戴法興成了宋武帝的南台侍御史、兼中書通事舍人，專管朝廷內務，權傾一時。蕭齊時，出身寒微的紀僧眞當上了中書舍人，齊武帝力排衆議爲之辯護說：「人生何必計門戶？紀僧眞堂堂，貴人所不及也。」紀僧眞卻有點心虛，向皇帝吐露眞心說，自己是出身於低下的武官，今日升任高官，乞求成爲士族。齊武帝回答說，做士族的事，皇帝也不能決定，必須自己去找士族商量。紀僧眞去拜訪姓江的士族，遭到蔑視，喪氣而歸。梁武帝時，侯景從北齊歸降梁朝，向梁武帝提出，要同南朝的名門望族王、謝兩家聯姻，梁武帝勸誡說，王、謝兩家的門第太高了，你還是同門第低一些的家族聯姻吧。

這些事例表明，南朝雖然已經「寒人掌機要」，對門閥政治進行衝擊，但是門閥政治的餘威尚存，門第依然是難以逾越的屏障。

侯景之亂使門閥政治受到致命一擊，從敗象叢生中迅速走向衰微。史籍如此描述當時的情況：「梁朝全盛時，貴遊子弟多無學術」，「明經求第，則雇人答策；三九公宴，則假手賦詩」；「及侯景之亂，膚脆骨柔，不堪行步，體羸氣弱，不耐寒暑，坐死倉猝

者，往往而然」。瀰漫頹廢氣氛、號稱六朝金粉之地的南朝都城建康，在侯景之亂中被燒掠一空。梁武帝的子孫們分別投靠西魏、北齊，相互火拼。陳霸先取而代之，建立南朝的最後一個政權——陳，所能控制的地盤，僅僅限於江陵以東、長江以南的狹小地區，南朝已經搖搖欲墜了。

4.隋：統一帝國的再建

北朝與南朝的對峙，不過是走向再統一的過渡階段，短暫的分裂爲新的統一提供了可能。這種統一，當然不可能由死氣沉沉、委靡不振的南朝來實現，而必然是由充滿朝氣與活力的北朝來實現。

北魏分裂爲東魏、西魏，由軍人分別扶植了兩個傀儡皇帝。後來東魏被高氏所挾持，建立北齊；西魏被宇文氏所挾持，建立北周。高氏是漢族與鮮卑族的混血家族，他們希望馴服胡族王公大人，而又不得罪中原士大夫。宇文氏是匈奴族與鮮卑族的混血家族，反對元宏（孝文帝）的過度漢化，希望得到胡族的支持。然而胡人漢化已是大勢所趨，一旦條件成熟，以孝文帝的路線達成統一，是順理成章的。

北周武帝宇文邕滅北齊，使分裂的北中國再度歸於一個政權的統治之下。武帝死，宣帝宇文贇繼位，一年後傳位於其子靜帝宇文闡。楊堅以左大丞相、都督內外諸軍事的名義，總攬朝政。

楊堅是北周的軍事貴族，其父楊忠是北周的重臣，其妻獨孤氏出身於北方非漢族中勢力最大的門第，其女又是宣帝的皇后。這種特殊身分，把他捲入了權力鬥爭的尖端。他由隋國公一躍而爲隋王，進而廢除靜帝，建立隋朝。那是581年。八年以後，他伐陳成

功，統一南北，結束了斷斷續續的分裂局面。隋文帝楊堅有著漢族與鮮卑族的混合血統，在他身上兼具漢人胡化、胡人漢化的雙重色彩，這種漢人與胡人相容的身分，使他建立的隋帝國具有與先前的漢帝國截然不同的特徵。日本學者谷川道雄在《隋唐帝國形成史論》中指出，胡族與漢族人民否定門閥主義身分秩序，追求平等自由身分的努力在東魏、北齊政權下沒有成功，但在西魏、北周那裡卻得到了實現。繼承北周政權的隋唐是一個保障胡漢民族融合和自由的公共性國家。

歷史常常有驚人的相似之處。隋朝與秦朝都是結束分裂、建立統一的王朝，可惜的是國祚短促，二世而亡。然而在歷史上卻有著不可磨滅的功績，漢承秦制和唐承隋制，便是明證。也就是說，泱泱大漢得益於秦的奠基，而盛唐氣象離不開隋的創制。

隋的創制是圍繞著中央集權的統一帝國的重建而展開的。

第一，創建帝國中央政府的三省六部制度。

隋文帝即位後，採納大臣的建議，廢除北周官制，恢復漢魏舊制。事實上，隋的大部分官署和職稱都模仿北齊，而北齊制度則是北魏全面漢化政策的反映。不過「恢復漢魏舊制」的命令，透露出隋朝有雄心使自己成為一個比南北朝割據政權更偉大的統一政權。

三省六部制，是一個偉大的創舉。中央政府設立內史省（中書省）、門下省、尚書省，內史省即中書省是決策機構，門下省是審議機構，尚書省是行政機構。凡是國家大政方針，先由內史省（中書省）研究，做出決定，再由門下省審核，如有差失，可以駁回。尚書省則執行中書省和門下省通過的政令。尚書省的長官是尚書令，副長官是僕射，下設吏部（掌管官員銓選）、禮部（掌管禮儀）、兵部（掌管軍事）、都官部（即刑部，掌管刑法）、度支部

（即民部、戶部，掌管戶口錢穀）、工部（掌管營建）。六部分工明確，統管全國的政治、經濟、軍事等各個方面。這種三省六部的帝國中央政府體制，經過唐朝的改進，一直為後世所沿用，實在是一個了不起的創制。

第二，創建帝國的文官考試制度——科舉制。

六朝時代，用九品官人法選拔官吏，選拔的標準是門第而並非學識，故而民間諺語說：「上品無寒門，下品無士族。」隋朝初年，為了削弱門閥政治，廢除了地方長官辟舉本地士人擔任官吏的陋習，明確規定九品以上地方官一律由尚書省所屬吏部進行考核；以後又規定，州縣官吏三年一換，不得連任，不許本地人擔任本地官吏。這樣就把官吏的任用權，集中到中央，改變了長期以來士族控制地方政權的局面。與此同時，選舉（其本意是選賢舉能）權也集中到中央。於是廢除按照門第高低選用官吏的九品官人法，代之以科舉制的條件成熟了。

科舉制的創造性在於，用考試來選拔人才，是前所未有的進步。首先設立秀才科、明經科，參加考試的有太學（國子學）、州縣學的生徒，也有各州按規定舉薦的貢士。考試統一的課程，一律按照才學標準錄取；錄取和任用權完全掌握在吏部手中。由於秀才科需要廣博的學識，除了考試策論，還要加試各體文章，能夠錄取的人選極少；因此隋煬帝增設了進士科，放寬錄取標準。明經科主要測試對某一儒家經典的熟悉程度，進士科只考試策論，看他的文才如何。於是，一般讀書人，都可以通過科舉考試而進入仕途。科舉制經過唐朝的發展，被西方學者譽為世界上最早的文官考試制度，一直沿用到清朝。

第三，創建帝國的人口管理制度——戶籍制。

黃仁宇《中國大歷史》指出，中國從西元前一直到20世紀，中央政府能向每個農民直接徵稅，是世界上唯一的國家。秦漢時代中央集權體制可以控制地方基層組織鄉、亭、里，必須有嚴密的戶籍制度與之相配合。隋朝建立伊始，戶籍極為混亂，一方面存在「詐老詐小，規免租賦」的現象；另一方面存在強宗大族蔭庇戶口的現象，重整戶籍制度便成為當務之急。首先整頓地方基層組織，設保、里、黨，由里正、黨長負責檢查戶口，進行戶籍整理。以北齊、北周舊制為基礎，制訂戶籍新法，把人口按照年齡區分為：

黃——3歲以下；

小——3～10歲；

中——10～17歲（以後改為10～20歲）；

丁——18～60歲（以後改為21～60歲）；

老——60歲以上。

在這些年齡段中，最重要的無疑是「丁」，即成年勞動力，國家賦役的承擔者。有家室的丁男，每年服徭役20日，繳納租粟3石、調絹2丈、綿3兩。為了防止戶籍年齡上的弄虛作假，州縣官吏必須經常檢查戶口，稱為「大索貌閱」。地方官每年要親自實地查驗戶口、年齡、疾狀（健康狀況），稱為貌閱（或稱貌定、團貌），就是親自察看一下人口的相貌，把為了逃避徭役租調的「詐老詐小」者清查出來。

第四，創建帝國的控制體系——開鑿以洛陽為中心的大運河。

隋文帝以漢朝古都長安為首都，在這塊古老而破落的土地上，重新建造一個碩大無比的大興城，是世界上罕見的都城。但是要由它來控制新建的帝國，似乎有鞭長莫及之感。隋煬帝即位後，決定遷都洛陽。其主要原因是以洛陽為中心便於控制全國，它是水陸運

輸的自然中心，儲藏與轉運物資的樞紐，以後成為溝通南北的大運河的交會點與輻射點。洛陽不僅是一個都城，而且是整個帝國最大的商業城市，有東市（豐都市）、南市（大同市）、北市（通遠市）等商業區，其中東市（豐都市）就有120行、三千餘肆，市上「重樓延閣，互相臨映，招致商旅，珍奇山積」。因此大運河以洛陽為中心，絕不是偶然的。

運河的開鑿，從隋文帝時代已經開始，例如開鑿廣通渠（從潼關到長安）、山陽瀆（通向揚州），不過這些小規模的運河對於統一大帝國而言，顯然不相稱。隋煬帝花了六年時間連續開鑿以洛陽為中心的貫通全國的大運河：

通濟渠——從洛陽西苑引穀水、洛水進入黃河，由黃河沿線的板渚進入汴水，由汴水進入淮水沿線的盱眙；

邗溝——由山陽（淮安）抵達江都（揚州），進入長江；

江南河——由京口（鎮江）抵達餘杭（杭州）；

永濟渠——引沁水至黃河，東入衛河，北至涿郡（北京）。

由這四條運河連接而成的大運河，把由西向東的五大水系——沽水（海河）、河水（黃河）、淮水（淮河）、江水（長江）、浙江（錢塘江），互相連接，形成一個完整的水運體系。對於加強首都洛陽與新興經濟重心——江淮、江南地區的聯繫，對於加強首都洛陽對北方邊防的控制，具有重大的作用。這一運河網路把長江流域、黃河流域以及北方長城沿線，連成一體，使隋帝國能夠以南方的糧食和其他物資供養政治中心洛陽，並且給北方邊境提供戰略後勤保障，為再建的統一大帝國提供具體而堅實的物質基礎。

經過隋文帝、隋煬帝兩代的發展，帝國呈現一派富庶強盛之勢。人們或許會因為隋二世而亡，國祚短促，而斷定它既貧且弱，

其實不然。隋的「國富」歷來爲傳統史家所津津樂道,最有代表性的要數馬端臨在《文獻通考》中所說:「古今國計之富莫如隋」,「隋煬帝積米其多至兩千六百餘萬石」。

馬端臨並未誇大其詞。隋文帝在衛州(今河南汲縣)設置黎陽倉,在洛州(洛陽)設置河陽倉,在陝州(今河南陝縣)設置常平倉,在華州(今陝西華陰)設置廣通倉,囤儲從各地運來的糧食、物資。隋煬帝又在洛陽附近設置洛口(興洛)倉、回洛倉。這些倉庫十分龐大,例如洛口倉,周圍20多里,有3000個地窖,每個地窖可以儲藏糧食8000石;又如回洛倉,周圍10里,有300個地窖,每個地窖可以儲藏糧食8000石。僅此兩座倉庫所儲存的糧食即達2600多萬石,此外太倉、永豐倉、太原倉所儲存的糧食也在數百萬石以上。長安、洛陽、太原等地的倉庫還儲存了幾千萬匹布帛。直到唐朝初年,這些倉庫中的糧食布帛還未用盡。

果然是「古今國計之富莫如隋」!

第七講

唐：充滿活力的世界性帝國

唐代宮樂圖

伊佩霞（Patricia Buckley Ebrey）《劍橋插圖中國史》（*The Cambridge Illustrated History of China*）第五章的標題是「世界性的大帝國：581年至907年的隋唐」，其引言寫道：「隋朝（581～618年）於6世紀末統一了中國，但卻很短命；其後的唐朝（618～907年）則將中國擴展成一個充滿活力的世界性帝國。國家的統一、南北大運河的開通、兩座宏偉京城的修建和國內貿易的擴大，均刺激了經濟發展。唐朝京城長安發展成世界上最大的城市，有居民百萬，吸引著來自亞洲各地的商賈、留學生和朝拜者……唐朝的中國人眼界格外開闊，對其他文化廣採博收，音樂和藝術尤其受到異國影響，來自中國本土之外的學說與儀式繼續豐富著佛教。」

1.李世民與武則天

唐朝的第二代皇帝唐太宗李世民，毫無疑問是秦始皇、漢武帝以來最有雄才大略的皇帝，大唐帝國的聲望是和他的名字聯繫在一起的。

但是任何事情都有一個度，不能講過頭。由於李世民是殺兄逼父取得帝位的，不合乎儒家倫理，因此即位後便致力於篡改國史，為自己辯護，御用文人把太原（晉陽）起兵時的李淵（李世民之父）寫成無所作為的庸碌之輩，李世民則成了唐朝的締造者。其實，李淵絕不是庸碌之輩，而是一個有政治遠見和軍事才能的開國君主。

唐朝的締造者李淵出生於北方山西地區一個有著漢人與胡人混合血統的貴族之家，他是西魏貴族李虎之孫，本人又世襲唐國公，憑藉自己的政治優勢，利用隋末的動亂形勢，取而代之，建立新的

王朝。隋、唐的建立者與西魏有著千絲萬縷的關係。西魏宇文泰創建府兵，最高長官有八柱國、十二大將軍，隋朝締造者楊堅之父楊忠是十二大將軍之一，唐朝的締造者李淵的祖父李虎是八柱國之一。而且宇文泰、楊忠、李虎透過突厥望族獨孤信維繫著一種聯姻關係：獨孤信的大女兒嫁給了宇文泰之子（即北周明帝），四女兒嫁給了李虎之子李昞，七女兒嫁給了楊忠之子楊堅（即隋文帝）。李淵透過其母獨孤氏，與北周及隋兩家皇室有著密切的關係。所以李淵取代隋，有如楊堅的取代北周，是貴族政治的產物。

李淵世襲唐國公，任太原留守（指揮部設在晉陽），執掌軍政大權。大業13年（617年），他見隋王朝已無可挽救，便率部從太原起兵，南下占據長安及渭水一帶。這就是反對隋朝的關鍵之舉——太原起兵（或曰晉陽起兵）。為了掩人耳目，李淵暫時捧出隋煬帝的孫子作為傀儡，遙尊隋煬帝為太上皇，李淵則成為事實上的皇帝。第二年，隋煬帝被反隋武裝力量處死，李淵便正式稱帝，建立唐朝。說李世民是唐朝的締造者，顯然與歷史事實不符。

值得關注的另一點是，李世民在「玄武門之變」中所扮演的角色。

唐高祖李淵的皇后竇氏生了四個兒子：三子李元霸早死；長子李建成通常留居長安，協助父皇處理軍國大事；次子秦王李世民領兵出征在外。隨著李世民在征戰中屢建戰功，威望日益提高，與皇位的法定繼承者李建成爭奪皇位的鬥爭，日趨明朗化。在這場鬥爭中，四子齊王李元吉一直站在李建成一邊。

李建成與李元吉企圖削奪李世民的兵權，唐高祖李淵同意這一預謀，但是由於軍事行動未停，暫時不便下手。武德9年（626年），李建成、李元吉加劇了預謀活動，想以李元吉擔任出征元

帥，削奪李世民的兵權。李世民獲悉後，與他的親密顧問、內兄（妻兄）長孫無忌等人商量，採取先發制人的對策，發動玄武門之變，殺死李建成、李元吉，逼唐高祖李淵立自己爲太子。這一事變充滿血腥，令人觸目驚心：李建成被李世民用弓箭射死，李元吉則死於埋伏；李世民連李建成、李元吉的兒子也不放過，一併殺死。在殺死了他的對手之後，到了葬禮的那天，李世民還假惺惺地在公衆面前，裝出一副哭得很傷心的樣子。兩個月之後，唐高祖被迫放棄皇位，李世民終於成了唐朝的第二代皇帝——唐太宗，改年號爲貞觀，唐高祖被尊爲太上皇。李世民的上台充滿如此之多的陰謀和血腥，讓人心寒；然而唐太宗的御用文人千方百計地粉飾歷史，力圖掩蓋歷史的眞相，關於玄武門之變便有了不同的說法。

之所以講這些史實，意圖是辯證地看待那些傑出帝王，少一些形而上學，不要一說好就一切皆好。看到了李世民的另一面，並不影響我們對他的雄才大略的肯定。

唐太宗即位後，果斷地採取與民休息、不得罪民衆的明智政策——「去奢省費，輕徭薄賦，選用廉吏，使民衣食有餘」。他深知自己雖然貴爲天子，卻並不可以爲所欲爲，道理就在於：

「天子者，有道則人推而爲主，無道則人棄而不用，誠可畏也」；

——「爲君之道，必須先存百姓，若損百姓以奉其身，猶割股以啖腹，腹飽而身斃」。

尤爲難能可貴的是，他能夠虛心聽取臣下的反對意見，也就是所謂善於納諫。他的謀士魏徵是一個敢於不看皇帝臉色而講眞話的大臣，提反對意見無所顧忌。唐太宗和魏徵之間，一個虛懷博納，從諫如流；一個直言極諫，面折廷諍，形成中國歷史上少見的君臣

關係和政治風氣。這大概就是被史家所津津樂道的貞觀之治出現的根本原因吧。

　　君臣們同心同德締造的貞觀之治，確實大有可觀之處。

　　一是完善三省六部制度。中央政府設立政事堂，作為宰相的議事機構，一切重大事務，都由政事堂會議討論，經皇帝批准後頒行。三省的首長——中書省的中書令、門下省的侍中、尚書省的左右僕射——都是宰相，此外，凡是參加政事堂會議的其他官員，如參知機務、參知政事，也是宰相，人數多至一、二十人。內藤湖南在《中國近世史》中談到唐朝三省制度時說：「中書省為天子的秘書官，司掌起草詔書敕令、批答臣下的奏章。這些詔書的頒發或敕令的下行，要取得門下省的同意。門下省有反駁的權力，若中書省起草的文稿有不當之處，門下省可以批駁，甚至將其封還。因此，中書省和門下省須在政事堂上達成協定才成。尚書省是接受上述決議的執行機關。……當然，中書、門下、尚書三省中的要員，皆係貴族出身，而貴族並不完全服從皇帝的命令。因而天子對臣下的奏章批示時，所用的文字，都很友好溫和，絕不用命令的口吻。」錢穆在《國史新論》中縱論漢唐宰相制度的差異時也有類似的議論：「漢代宰相是首長制，唐代宰相是委員制。最高議事機關稱政事堂，一切政府法令，須用皇帝詔書名義頒布者，事先由政事堂開會議決，送進皇宮畫一敕字，然後由政事堂蓋印中書門下之章發下。沒有政事堂蓋印，即算不得詔書，在法律上沒有合法地位。……在唐代，凡遇軍國大事，照例先由中書省中書舍人（中書省屬官）各擬意見（五花判事），再由宰相（中書省）審核裁定，送經皇帝畫敕後，再須送門下省，由給事中（門下省屬官）一番複審；若門下省不同意，還得退回重擬。因此必得中書、門下兩省共同認可，那

道敕書才算合法。……皇帝不能獨裁，宰相同樣不能獨裁。」

二是完善科舉制度。貞觀元年，唐太宗通過科舉考試選取才士，常舉科目有秀才、進士、明經、明法、明書、明算等六科，明法、明書、明算是關於法律、書法、算學的專門科目，取士有限，而且難以進入政界；秀才科須博學的人才能應考，唐太宗時幾乎瀕於廢除；真正成為常舉科目的是明經與進士兩科。明經科主要考帖經、經義及時務策；進士科主要考時務策、經義，唐高宗時加試雜文（詩賦），唐玄宗時改為考詩賦為主。進士科日益受到重視，大多數官員出身於進士科，因此當時的官員多擅長詩賦文章。貞觀晚年，唐太宗擴大進士科，提高進士的進身之階，起到了推動作用。唐太宗在金殿端門看到新進士魚貫而出的盛況時，情不自禁地說：「天下英雄，入吾彀中矣。」

三是完善法制建設。唐太宗即位後，多次組織名臣研究立法，採納魏徵的建議，確立寬仁、慎刑的宗旨。他命長孫無忌、房玄齡等修訂法律，寫成《唐律》（即《貞觀律》）五百條，涉及名例、衛禁、職制、戶婚、廄庫、擅興、賊盜、鬥訟、詐偽、雜律、捕亡、斷獄等法律。唐高宗時，由長孫無忌領銜，對《唐律》條文加以注疏，編成《唐律疏議》12篇30卷。《唐律疏議》對當時的高句麗、日本、安南等國有重大影響，也是宋、明各朝法典的範本。

唐律體現了唐太宗寬仁、慎刑的宗旨，以死刑條目為例，比前朝法律幾乎刪減了一半，也比號稱簡約的隋朝《開皇律》更為寬簡，把斬刑減為流刑的有92條，把流刑減為徒刑的有71條，還廢除了鞭背等酷刑以及斷趾等肉刑。斷獄律還規定，徒刑以上罪，斷案後，如果罪犯不服可以提出再審；死罪則必須經過「三複奏」，三日後才可以執行。法律的本意是為了制止犯罪，寬仁慎刑是一個很

高的境界。據說，貞觀4年，判處死刑的全國總共才29人。法簡刑輕，成爲太平盛世的標誌。貞觀一代，君臣上下守法成風，正如《貞觀政要》所說：「由是官吏多自清謹制馭，王公妃主之家，大姓豪猾之伍，皆畏威屛跡，無敢侵欺細人。商旅野次無復盜賊，囹圄常空，馬牛布野，外戶不閉。」

晚年的唐太宗爲接班人問題所苦惱，爲了避免玄武門之變的悲劇重演，他以長子李承乾有「謀反」嫌疑，而廢掉了他的太子身分。四子魏王李泰有文學才華，深得唐太宗喜愛，但是由於他圖謀奪取太子地位，斷斷不能立爲皇儲，否則將爲後世所仿效。儘管九子晉王李治軟弱無能，唐太宗還是選擇他作爲接班人。這就是貞觀23年即位的唐高宗。

唐太宗選擇優柔寡斷的唐高宗作爲皇位繼承人，爲武則天這位「鐵娘子」臨朝稱制，提供了有利條件，使她從幕後走向前台，行使皇帝的權力。這在當時政壇引起了極大的震動，初唐四傑之一的駱賓王代徐敬業寫的《討武氏檄》如此聲討武則天：

——「僞臨朝武氏者，性非和順，地實寒微」；

——「穢亂春宮，潛隱先帝之私，陰圖後房之嬖」；

——「掩袖工讒，狐媚偏能惑主」。

話語十分尖酸刻薄，但也並不全是誣陷不實之詞，武則天的品德操守與私生活確有不少令人非議之處。最受人非議的是「狐媚偏能惑主」——她成爲唐太宗、唐高宗父子兩代皇帝的妻子。貞觀11年，14歲的武則天成爲唐太宗的才人（嬪妃）。唐太宗死，她依照慣例到感業寺削髮爲尼，本應與世隔絕度過餘生。不料，她早已爲唐高宗看中，即位不久，就召入宮中，成爲他的昭儀（嬪妃）。一個女人能夠成爲父子兩代皇帝的妻子，在中國歷史上恐怕絕無僅

有，如果沒有「狐媚偏能惑主」的本領，斷然難以做到。此人不但狐媚，而且詭計多端，在與王皇后、蕭淑妃的爭寵鬥爭中，深得唐高宗寵信，儘管老臣長孫無忌、褚遂良極力反對，高宗還是冊封她爲皇后。

當上了皇后，高宗鑒於健康原因委託她處理朝政，於是形成了這樣的局面：「天下大權，悉歸中宮，黜陟殺生，決於其口，天子拱手而已，中外謂之二聖。」武則天對於大權在握的「二聖」地位並不滿足，她的目標是要當皇帝。高宗想禪位給太子李弘（武則天所生長子），武則天不顧母子之情，用毒酒殺死李弘，改立次子李賢爲太子。由於李賢有才幹又有文采，在士人中聲望很高，武則天恐怕難於控制，就找個藉口把他廢爲庶人，改立三子李顯爲太子。高宗死，李顯即位（即唐中宗），武則天以皇太后的名義臨朝稱制，第二年就廢掉中宗，另立她所生的四子李旦爲唐睿宗。武則天以「革命」、「維新」爲旗號，借助佛教宣揚她受命於天，唆使一批人上表「勸進」。690年，武則天正式宣布廢掉唐睿宗，改唐朝爲周朝，自稱聖神皇帝，終於使自己成爲中國歷史上罕見的女皇。問題不在於女人做皇帝，而在於她爲此採用的手段無所不用其極。無怪乎《舊唐書・則天皇后紀》的評語，對她沒有一句好話，什麼「觀夫武氏稱制之年，英才接軫，靡不痛心」；「吾君之子，俄至無辜被陷，引頸就誅」；「武后奪嫡之謀也，振喉絕襁褓之兒，菹醢碎椒塗之骨，其不道也甚矣」。

當代的歷史學家卻顯得較爲寬容。西方學者如此評價：武則天摧毀了她的主要反對派老貴族，爲此她把首都東遷至洛陽，並從東部地區選用官吏，以制衡與李唐宗室休戚相關的西北士族的力量。她頒布《大雲經》，預言女皇是彌勒佛轉世，爲她的皇位尋找合法

依據。她雖然殘忍，卻是一位性格堅強能力卓異的統治者。中國學者則充分肯定武則天執政時期的積極貢獻，給她以全面的評價。她雖然一度篡奪了唐朝政權改爲周朝，但貞觀之治仍得以延續，社會經濟是向上發展的。她的最大貢獻在於，順應歷史潮流，打擊士族壟斷政治的局面，把政權向一般庶人開放。

從李世民到武則天，唐朝的政治格局已經明朗化，儘管依然是貴族政治，但是東晉南朝的門閥士族的特權逐漸喪失，社會上重視門第郡望的傾向受到了遏制，在實際政治運作中，更加重視功臣良將，重視功名事業，顯現出一種新的氣象。

2.盛唐氣象：海納百川的博大胸懷

唐人既不是魏晉以前漢人的簡單延續，也不是胡族單向地融入漢族，而是漢胡互化產生的民族共同體。這個民族共同體在唐朝近三百年中，又繼續不斷地與域外、周邊的胡人，以及來唐的外國人融爲一體，不斷汲取新鮮血液，因而更加生機勃勃，充滿活力，以氣吞日月的磅礡聲勢，海納百川的博大胸懷，刻意求新的獨創精神，締造出中華文明史上光彩奪目的一頁。

唐朝前期充滿了文化寬容氣概，跨越國界的貿易遠遠超過了漢朝的盛況，與周邊或遠方國家的文化交流也躍上了新高度，表現出對外來文明異乎尋常的歡迎與接納。唐文化特別是盛唐文化的繁榮昌盛，仰賴於一種積極的文化政策——立足於我、夷爲我用，這是必須以充分的自信心爲底蘊的。伊佩霞《劍橋插圖中國史》指出：「與20世紀前中國歷史上任何其他時代相比（除了20世紀），初唐和中唐時的中國人自信心最強，最願意接受不同的新鮮事物。或許

是因爲來自異邦的世界性宗敎使中國同波斯以東的所有其他亞洲國家建立了聯繫，或許是因爲當時很多士族豪門爲胡人後裔，或許是因爲中國有強大的軍事力量鎮守絲綢之路，保證了商旅暢通無阻……總之，這個時期的中國人非常願意向世界敞開自己，希望得到其他國家優秀的東西。」

在繼承傳統文化的基礎上，大量吸收外來文化，爲唐文化提供了融合的廣度與深度，在這方面，以樂舞、服飾的引進與更新最爲突出。

唐初的祖孝孫把南樂與北曲融爲一體，協調「吳楚之音」和「周齊之音」，其成果就是《大唐雅樂》。這是對於傳統音樂的整理與融合。唐太宗平定高昌，引進高昌樂，豐富了唐的「十部樂」。其中燕樂、清商樂是傳統的雅樂、古樂，其餘如龜茲樂、天竺樂、西涼樂、高昌樂、安國樂、疏勒樂、康國樂、高麗樂都是從邊疆或域外引進的。例如：開盛唐音樂風氣之先的《秦王破陣樂》就充分體現了這種特色，奏樂時，「擂大鼓，雜以龜茲之樂，聲震百里，動盪山嶽」，這種氣勢，是先前的雅樂所不具備的。

唐玄宗是一個音樂皇帝，元稹、白居易都推崇他「雅好度曲」，是出色的作曲家，一生作曲無數。他嗜好樂舞大曲、法曲，善於吸收來自西域的胡樂，稱爲「胡部新聲」，加速了華夷音樂的滲透與融合，特別是胡音唐化的步伐。唐玄宗完成了佛曲的改造，發展爲舞曲，使胡音一躍而爲純粹的唐舞，千古傳頌的《霓裳羽衣曲》便是其代表作。它源於印度佛曲《婆羅門曲》，唐玄宗立足於傳統的清商樂，對原曲進行改編，形成了唐樂舞的傑作——《霓裳羽衣曲》。它描寫仙女奔向人間的瞬間，把天上與人間、神話與現實融爲一體，創造了格調極美的意境。

如果說從《婆羅門曲》到《霓裳羽衣曲》是唐玄宗的創作，那麼，從樂曲發展爲舞蹈則要歸功於楊貴妃。據專家研究，楊貴妃是《霓裳羽衣曲》的編舞者。舞姿極爲優美，白居易《霓裳羽衣歌》這樣描繪他的觀感：

> 飄然轉旋回雪輕，嫣然縱送遊龍驚。
> 小垂手後柳無力，斜曳裙時雲欲生。
> 煙蛾斂略不勝態，風袖低昂如有情。

傳說楊貴妃的侍女張雲容「善爲霓裳舞」，楊貴妃極爲欣賞，贈詩一首：

> 羅袖動香香不已，紅蕖裊裊秋煙裡。
> 輕雲嶺下乍搖風，嫩柳池塘初拂水。

多麼富有詩情畫意，絲毫看不到《婆羅門曲》的痕跡了。

當時盛行來自西域的「胡舞」，舞步輕快，旋律活潑，在都城長安風靡一時。出於西域的「胡旋舞」，以快速旋轉而著稱。楊貴妃、安祿山都擅跳此舞。安祿山是個大胖子，體重三百多斤，腹垂過膝，跳起胡旋舞來，動作敏捷有如旋風。白居易〈胡旋女〉寫到由於楊貴妃與安祿山的帶頭，京城人人跳胡旋舞的景象：

> 天寶季年時欲變，臣妾人人學圓轉。
> 中有太眞外祿山，二人最道能胡旋。

從敦煌莫高窟壁畫中，我們可以看到當時跳胡旋舞的場景，給人一種親臨現場的感受。敦煌壁畫記錄了大量樂舞場景，相當多的部分是從國外傳入的，如220窟的樂舞是「阿彌陀淨土變」，其中的胡騰舞來自中亞，天女們佩瓔珞、纏飄帶，上身半裸，微扭腰身，舞姿婀娜曼妙。敦煌壁畫所顯示的樂器達四十多種，打擊樂器、吹奏樂器、彈撥樂器、拉絃樂器門類齊全，琵琶、阮咸、箜篌、篳篥、塤、羯鼓、答臘鼓等，大多從西域等地傳入。

西京長安、東都洛陽作為全國的政治、經濟、文化中心，引領時代潮流，當時最突出的潮流就是胡風盛行，胡樂、胡舞以外，首推胡裝。正如元稹詩所說：「女為胡婦學胡裝，伎進胡音務胡樂。」漢人婦女仿效胡人婦女的服裝與裝扮，成為時髦風尚。

大將高仙芝遠征中亞，帶回當地的柘枝舞，舞女的服式——「香衫窄袖裁」，一下子流行起來。入唐的胡旋舞女身穿窄口褲，腳登「小頭鞋履」，於是窄口褲、小頭鞋履成為流行式樣。「小頭鞋履窄衣裳」，在當時號稱「天寶末年時世裝」，風行一時。一般貴族與士民都競相仿效，「好為胡婦及胡帽」。

更進一步就是胡服的唐化，即胡服的中國化。文獻記載，楊貴妃有「鴛鴦並頭錦褲襪」，又名「藕覆」，是最為時髦的打扮，類似今日的連褲襪。一時間，從上到下，新潮服飾大為流行。楊貴妃喜歡「披紫綃」，其姐姐虢國夫人愛穿「羅帔衫」，都是袒肩露頸的寬鬆服裝，完全擯棄了初唐宮人遮蓋全身的裝束之風，使中原服飾趨向開放。

外來文化從各個方面影響人們的物質生活與精神生活。在長安的東市和西市，以及城中開闊地和指定劇場，中外藝人，表演戲劇、滑稽劇和其他娛樂節目。時髦婦女誇耀她們別出心裁的衣裳和

彩繪騎馬擊球陶俑

髮式。男人和女人，最喜歡的消遣之一是從波斯傳來的馬球，流傳下來描繪馬球遊戲的畫作清楚表明了這一點。從中亞各國以及日本、高麗來的使臣、商賈和香客，促進了人們對中國以外的世界的了解。來自這些遙遠地區的物品——馬匹、珠寶、樂器和織物——激起了宮廷和京城貴族無窮的興趣。外來文化對中國藝術產生了深遠的影響。臻於完美的銀製品，就設計和做工而言，頗有波斯風格。從印度、波斯和中亞傳入的新樂器、新曲調，使中國音樂發生了重大變化。

這種對外來文化兼收並蓄、爲我所用的胸襟與氣度，是唐朝有別於其他朝代的高明之處。正如魯迅所說：「那時我們的祖先們，對於自己的文化抱有極堅強的把握，絕不輕易動搖他們的自信力；同時對於別系的文化抱有恢廓的胸襟與極精嚴的抉擇，絕不輕易地崇拜或輕易地唾棄」；「凡取用外來事物的時候，就如將彼俘來一樣，自由驅使，絕不介懷」。

盛唐社會的自由開放、放任自流，藝壇的思想奔湧、百花齊

放，培育了一大批藝術天才，這個時期的詩歌、音樂、舞蹈、書法、繪畫都是空前絕後的，它們交相輝映，勾勒出美妙絕倫的盛唐氣象。

唐朝是古典詩歌的繁榮時代。原因可能很多，最主要的一條就是進士科考試詩賦，這就意味著作詩成爲獲取功名的捷徑。唐高宗時，進士科加試的「雜文」，就是詩賦，爲擅長寫詩者提供入仕的正途。唐中宗時，明確了詩賦試與策論試、經義試的同等地位。及至盛唐，以詩賦取士更見推重，唐玄宗時進士及第而位極卿相者，如蘇頲、張說、張嘉貞、張九齡等，都精於詩賦。唐朝文人幾乎無一不是詩人，其中相當一部分是通過科舉考試進入官場，官僚中詩人多如牛毛，爲歷代所罕見。清朝康熙年間，曹雪芹的祖父曹寅編輯《全唐詩》，收集詩作四萬八千九百多首，作者達兩千三百多人，說它空前絕後，也不算太過分。

書法在這個時代也登上了藝術的高峰。初唐書壇極力推崇王羲之的瘦硬俊俏筆法，出現了歐（陽詢）、虞（世南）、褚（遂良）、薛（稷）四大家，都從師法王羲之入手。唐太宗激勵人們學習王羲之的書體，簡化筆劃，書寫省力，使「王書」從藝術鑒賞

王羲之・蘭亭序

品，普及於政府文牘部門，進而流布於市井社會。到了盛唐，書法為之一變。顏真卿的書法方正雄健，渾厚莊嚴，一掃初唐的娟媚風氣，創造了與盛唐氣象相適應的新書體，不僅終唐之世盛行不衰，而且為以後歷代奉為正統書體。

3.東西方文明的交會中心——長安

唐朝的都城長安，以其雄偉博大的氣勢、海納百川的精神，被當時的人們看作世界的中心，吸引著世界各國的人民，前來一睹其神秘的風采，因而成為東西方文明的交會中心。

費正清（John K. Fairbank）和賴世和（Reischauer, E.）的《中國：傳統與變革》（*China: Tradition and Transformation*）一書指出：長安城是高度集權的唐帝國的中心和象徵。作為橫跨中亞陸上商路的東端終點，以及有史以來最大帝國的都城，長安城內擠滿了來自亞洲各地的人。長安的整個規劃和結構表現出唐朝對社會的嚴密控制，城市的規模和壯麗體現了唐王朝的力量和財富。7世紀的中國雄踞於當時的天下，超過了漢朝，與地中海世界並駕齊驅。唐朝作為當時最大帝國，受到許多鄰近民族的極力仿效。人類中有如此大比例的人注意中國，不僅把它視為當時首屈一指的軍事強國，而且視為政治和文化的楷模，這在唐以前從未有過，以後也不曾再有。

長安由宮城、皇城和郭城三部分組成，北面的宮城是皇宮所在地，宮城南面的皇城是中央政府所在地，位於宮城、皇城的東、西、南三面的郭城是官民住宅與工商市肆所在地。周邊的城牆周長36.7公里，城牆內的面積達84平方公里。整個郭城有13座城門，從皇城的朱雀門到郭城正南的明德門，有一條位居正中的朱雀大街，

寬達150～155米。長安城規模之宏大，氣勢之壯闊，在當時世界上無與倫比。

確實，它的規模和它的地位是相稱的。長安不僅是唐朝的首都，全國的政治、文化、經濟中心，而且是舉世聞名的國際都會，東西方文明的交會中心。各國使節和商人頻繁來此，從事政治和經貿活動，向這裡傳播域外文化，又從這裡帶回中國文化；域外傳來新聲佳曲，經過教坊上演，迅即傳遍京城，影響全國。

羅茲・墨菲在《亞洲史》的第七章「中國的黃金時代」中，關於「盛唐時期的長安」有這樣的描寫：長安是連接中國和中亞及更遙遠國家的貿易路線的東端終點，它統轄著甚至超過漢帝國和羅馬帝國的世界有史以來最大的帝國。從亞洲各處來的人——突厥人、印度人、波斯人、敘利亞人、越南人、朝鮮人、日本人、猶太人、阿拉伯人，甚至聶斯脫利派基督教徒和拜占庭人——充塞著它的街道，增添了它的國際色彩。它可能是到那時為止已經建成的、經過全面規劃的最大城市，在它那雄偉城牆以內居住著約一百萬人，另有一百萬人住在城牆以外的市區。皇宮面朝南，有一條500英尺寬的中央大道通向南門，這條大道供大多數來訪者和一切正式使節或信差使用。這種布局是要讓所有來長安的人對帝國的權威和偉人產生難忘的敬畏之情。

絲綢之路在唐朝進入了全盛時期，它東起長安，中經河西走廊，越過蔥嶺，西至地中海以達歐洲。唐高宗至唐玄宗時期，從事國際商貿的昭武九姓，承擔著東西交流的仲介使命。

所謂昭武九姓，是中亞粟特地區來到中原的粟特人或其後裔的泛稱，有康、安、曹、石、米、史、何等姓。粟特人素以經商著稱，長期操縱著絲綢之路上的轉運貿易。不僅如此，祆教、摩尼教

以及中亞音樂舞蹈與曆法的傳入中原，中原絲綢、造紙技術的傳往西方，昭武九姓是重要的仲介。

美國學者謝弗（C. H. Schafer）在《唐代的外來文明》（*The Golden Peaches of Samarkand: A Study of Tang Exotics*）中說：「在唐朝統治的萬花筒般的三個世紀中，幾乎亞洲的每個國家都有人曾經進入過唐朝這片神奇的土地⋯⋯前來唐朝的外國人中，主要有使臣、僧侶和商人這三類人。其中包括突厥人、回鶻人、吐火羅人、粟特人、大食人、波斯人、天竺人。他們帶來了各自的信仰和宗教。」

波斯的祆教（拜火教），於6世紀傳入中國，它和伊斯蘭教、摩尼教、景教一起在初唐傳播。唐朝前期、中期，來經商的胡商日益增多，長安、洛陽兩京都有祆教寺院。

阿拉伯帝國（大食帝國）的第三任哈里發奧斯曼派使節來到長安，朝見唐高宗，這是伊斯蘭國家和中國的第一次正式外交往來。伊斯蘭教隨之傳入中國。

東羅馬帝國（拜占庭帝國）在唐朝被稱爲拂菻，唐朝長安與拂菻之間，西突厥汗廷與拂菻之間，都有使節和商旅往來，景教（基督教聶斯脫利派）隨之傳入中國。唐太宗下令在長安城中的義寧坊爲景教建立寺院。這就是所謂景教寺或大秦寺。以後吐火羅人出資在那裡建立〈大秦景教流行中國碑〉，一直流傳至今。

唐朝與東鄰朝鮮、日本的交往則是另外一種景象。

唐文化東傳朝鮮，佛教起了媒介作用，其中圓光和尚的貢獻最值得注意。南朝時他在金陵（今南京）受戒，隋朝時來到長安，逗留40年。回國後，深得新羅國王信任，傳播佛教，主張五戒（事君以忠、奉親以孝、交友以信、臨陣勿退、愼於殺生），把儒家政治

倫理融入佛教教義之中，被尊為聖人。原先的「花郎」（貴族少年）深受影響，身體力行「世俗五戒」，形成所謂「花郎魂」。新羅不斷派遣留學生來到唐朝，先後達兩千人之多，有時一年就有兩百名留學生來唐。在晚唐時期的幾十年中，在長安科舉考試中金榜題名的新羅留學生有58人，他們回國後，傳播唐朝的政治、文化。新羅國模仿唐朝的國子監，建立國學制度，兼及經學與算學，與傳統的花郎教育相結合。

早在隋朝，日本就有「遣隋使」前來，著名的小野妹子使團，以及隨行的學問僧、留學生，於唐初學成歸國，成為大化革新的中堅力量。唐初以後，日本的「遣唐使」更是絡繹不絕。據日本學者研究，日本曾派遣19批遣唐使，其中兩次任命「遣唐使」，一次任命「送唐客使」，僅限於任命而未成行；餘下的16批中，又有3批是「送唐客使」，一批是「迎入唐大使」，因此正式遣唐使是12批。這種遣唐使陣容龐大，有正使、副使等官員，有隨行的水手、神職人員、醫師、畫師、樂師、翻譯，還有學問僧、留學生。每一次都有五、六百人，需要四艘大船載運。遣唐使每次一般在長安學習一年，部分成員延長一年甚至更長時間。學問僧、留學生在長安學習唐朝的政治制度、文化與佛法，吸收天文、曆法、音樂、美術、雕刻以及生產技術，形成唐文化輸入的極盛時期。日本仿效唐朝的三省六部設立二官八省，根據唐律制訂《大寶律令》，參照唐朝的均田制，實行「班田收授法」。

大化革新是在遣唐使的推動下實行的。大化革新的一大舉措是在浪速（大阪）按照長安的模式建立新的首都與政府部門，確立唐朝式的賦稅制度。以後又遷都平城（奈良），平城完全仿照唐朝都城長安設計建築，也有朱雀大街、東市、西市等，不過面積只有長

安的1/4。以後遷都到琵琶湖南岸的平安（京都），仍仿照長安的街市布局。此後一千多年，平安（京都）始終是日本的首都與天皇的駐地。

入唐留學生有姓名可考的二十餘人，學問僧見於文獻的多達九十餘人。

吉備眞備，在長安學習17年，由留學生而升任遣唐使，回國後官至右大臣，致力於推廣唐文化。

留學生阿倍仲麻呂，中國名晁衡，在唐朝擔任官職，與李白、王維等詩歌唱和。後隨遣唐使藤原淸和回國。

學問僧空海，在長安三年，潛心學習，回國後採用漢字偏旁創造日本字母片假名。空海還把佛教眞言宗（密宗）傳入日本，並且在奈良附近的高野山建造了一座寺院，它的大部分建築物至今猶存。

日本文化的魅力之一，就是大量移植並保留唐朝文化，例如：唐朝宮廷的行爲規範，宮廷音樂、舞蹈，以及唐朝的建築風格等等，許多已經在中國絕跡，而在日本卻保留至今。有人戲言，如果想了解唐朝中國是什麼樣子，應該去日本看一看，此話有相當的道理。

遣唐使的事蹟被後人傳爲佳話，象徵著跨越亞洲腹地的絲綢之路的經濟文化交流，越過海洋，向東延伸到東北亞鄰國，而長安正是這條金色紐帶的中心。這是一種多麼令人心嚮往之的景象！

4.佛經的翻譯與佛教宗派的繁榮

中國的宗教很多，但土生土長的宗教只有道教，佛教、伊斯蘭

教、基督教、祆教、摩尼教等，都是外來宗教。值得注意的是，所有的外來宗教中，沒有一個像佛教那樣為民眾所廣泛接受，無論是高層的統治者還是下層的窮苦百姓都虔誠地皈依佛門；並且能夠與中國傳統文化相融合，在政治、文化、思想、社會各個方面產生深遠影響。關鍵在於，佛教傳入中國後，徹底地中國化了。

佛教起源於印度，傳入中國的是佛教的一個部派，即大乘佛教。佛教的創始人釋迦牟尼被奉為超自然神，主要神祇是菩薩，其中最著名的就是阿彌陀佛（西方第一救世主），以及慈悲女神觀世音菩薩。

佛教認為，每個人的生、老、病、死過程，始終貫穿著痛苦，人世間是苦海，是火宅，是穢土。芸芸眾生都按照前世「業績」，在苦海中無休止地六道輪迴。為了超脫，必須虔誠信佛。佛經指出脫離苦海的道路是「四聖諦」——苦諦、集諦、滅諦、道諦，其中最重要的是滅諦，又叫涅槃。涅槃是一種神秘而微妙的狀態，簡單地說，就是經過長期修練，能夠「寂滅」一切煩惱，「圓滿」一切功德。

佛教經過南北朝時期的發展，到了唐朝進入了蓬蓬勃勃的高潮時期，它的標誌就是佛經的翻譯與佛教宗派的繁榮。

由於《西遊記》而家喻戶曉的西天取經的唐僧，即唐初高僧玄奘，俗名陳禕，13歲在洛陽淨土寺出家，法號玄奘。貞觀元年（627年），他從長安出發西行，最終抵達佛教發源地印度，先後巡禮佛教的六大聖地，在那爛陀寺拜戒賢為師，學習五年。以後遍訪各地，講習佛法。貞觀19年，攜帶657部佛經的玄奘回到長安，唐太宗派宰相前往迎接，自己則在洛陽接見了他。隨後唐太宗下令組織規模宏大的佛經譯場，調集高僧協助玄奘翻譯佛經。先後共譯

經74部，1335卷。在譯經的過程中，玄奘培養了一批弟子，如圓測（新羅人）、窺基、慧立、玄應等。

唐朝政府非常重視佛經的翻譯工作，譯場由官方主持，從初唐到晚唐，譯經工作不曾間斷，著名的譯經家數不勝數，玄奘以外，還有義淨、實叉難陀、菩提流志、金剛智、不空、般若等。

佛教在唐朝進入了全盛時代，門戶派系逐漸分明，師徒之間不僅傳習本派佛學，廟產也由嫡系門徒繼承，形成宗法式的嗣法世系——佛教宗派。各有各的特色，各有各的傳承，各有各的理論體系、規範制度，各有各的宗內繼承權和宗法世系，並且憑藉各自的一所大寺院作為該宗派的傳教中心。影響最大的是淨土宗、禪宗。

淨土宗——信徒們虔誠地膜拜阿彌陀佛，以及他的主要幫手大慈大悲觀世音菩薩，以便在西方淨土（相對於現世的穢土）——阿彌陀佛的極樂世界，得到再生。這一宗派的創始人善導認為，企圖依靠個人力量解脫現世的苦難是不可能的，必須依靠佛力的接引，才能脫離現世的穢土，往生西方的淨土。它宣稱人世間是穢土，阿彌陀佛的極樂世界，沒有一切身心憂苦，只有無量清淨喜樂，這就是西方淨土。它還宣稱，人世間窮苦人之所以今生有聾啞盲癱之類苦難，是前世不肯為善的報應，而富人們之所以享受優越生活，都是前世修善積德的結果。

它鼓吹成佛最容易的法門，宣稱：只要口中念稱阿彌陀佛，就能除去八十億劫生死之罪，得到八十億微妙功德。因此淨土宗在民間下層廣為流行。善男信女不必苦念佛經艱澀的字句，只要不斷稱念南無阿彌陀佛（「南無」，梵音讀作「那嘛」〔Namo〕，意為皈依；「阿彌陀」，梵語譯音，意為無量），同時為營造塔廟出錢出力，大修功德，就可以往生西方淨土。

禪宗——與流傳於下層民衆的淨土宗不同，禪宗主要流行於有學識的士大夫之中，它的信徒儘管文化程度很高，卻並不埋首於佛經文本，而是講究內心的領悟。禪宗強調的是，通過一代一代的祖師，把佛學的要義通過心靈溝通的方式，傳遞下去。

禪宗的創始人是從南天竺來到北魏的菩提達摩（一祖）。禪宗的眞正形成是在唐朝，實際創始人是中國高僧慧能（六祖）。慧能並不識字，卻能對佛法眞諦大徹大悟，由此證明信徒是能夠通過發自本性的內省而幡然省悟的。據說，慧能的師父弘忍爲了選拔傳人，考試弟子。弟子神秀作了一首偈句：

　　身是菩提樹，心爲明鏡台。
　　時時勤拂拭，勿使惹塵埃。

另一弟子慧能以爲神秀對佛的眞諦理解不深，就請人代他書寫一首偈句：

　　菩提本無樹，明鏡亦非台。
　　本來無一物，何處惹塵埃。

弘忍法師對慧能關於禪宗的徹底領悟極爲賞識。慧能認爲，一切萬法盡在衆生自身心中，衆生自身之心本來清淨；所謂佛、淨土，就是世人心性本淨的狀態；所謂地獄、煩惱，就是世人心性沉淪的狀態。既然佛性就在心中，心外本無一物，那麼不必修行、布施，也可以頓悟成佛。慧能的徒子徒孫們把六祖的省悟進一步發展，在精神上、意志上改造佛敎，改造禪宗，實在算得上是一場宗

教革命。禪宗分為北派（漸悟派）與南派（頓悟派），以後南派
（頓悟派）盛行，主張不立文字，教外別傳，直指人心，見性成
佛。所謂「頓悟」，就是不要念經，不要坐禪，不要持齋拜佛，不
要一切繁瑣的步驟，只要有決心，便可以忽然覺悟。胡適在關於禪
宗的演講中說，禪宗是中國佛教內部的一種革命運動，使佛教中國
化、簡單化，才有中國的理學。宋明理學的昌明，正是禪學的改
進。

　　禪宗的這一特點，使得佛教儒學化，是佛教中最具有中國化、
世俗化的宗派。范文瀾說，禪宗僧徒所作語錄，除去佛徒必須的門
面語，思想與儒學少有區別。影響及於後世的理學（道學），所謂
「佛向性中作，莫向身外求」，以及「淨心」、「自悟」，為後世
理學家所吸收。「淨心」即心中沒有任何妄念，不染塵埃；「自
悟」即自己頓悟，一切皆空，沒有煩惱。如果達到這一境界，能
淨、能悟，佛性就在心中，心外本無一物，只要堅定主觀信仰，相
信自己內心，就可以解脫苦難，有了這樣的覺悟自然頓時成佛。後
世理學家的思想與此極為近似。

　　此外還有**天台宗**（因為以《法華經》為主要經典，又稱**法華
宗**）、**唯識宗**、**華嚴宗**等宗派，由於教義深奧、繁瑣，流傳不廣。

　　佛教在唐朝進入全盛時期，原因就在於它的中國化，與儒家、
道家不但不衝突而且融為一體，簡而言之，就是儒、道、佛三教合
流。禪宗就是一個典型，它在儒學化的同時，強調佛在每個人心
中，採用非經院式的口頭傳教，崇尚自然、簡樸，使佛教帶上明顯
的道家色彩。儒、道、佛就這樣非常自然地合流了。唐朝一流詩人
中，有杜甫這樣的儒家詩人，李白這樣的道家詩人，也有王維這樣
的佛教禪宗詩人，絕不是偶然的。

佛教深深地進入了人民生活的各個層面。

佛教對唐朝藝術滲透可以說是無以復加的，石窟藝術在這時得到大發展。敦煌莫高窟、雲崗石窟和龍門石窟中的絕大部分，都開鑿於唐朝。著名畫家吳道子、閻立本、李思訓、周昉等畫派的作品，在石窟的壁畫上都有所反映。石窟的彩塑佛像，寫實而浪漫，端莊而優美，被後世視爲楷模。

佛教對經濟的介入是令人驚訝的。唐朝的寺院經濟十分發達，它們大多擁有莊園。寺院莊園田地的來源，與一般莊園相比，有共同性，也有特殊性。共同之處是通過購買與典押等經濟手段獲得田地，不同的是，寺院還有皇帝的賞賜、信徒的施捨。值得注意的是，信徒的施捨是寺院莊園田地的最大來源，這是宗教與經濟的巧妙結合。寺院莊園的管理方式與世俗莊園相似，只是名稱稍有不同，管理莊園的僧徒稱爲「知莊」、「知事」、「知寺」，另外還有寺僧每年輪流的「直歲」——主管莊園中的碾磨、田園、房舍、油坊；還有「莊主」、「莊頭人」——主管向政府繳納賦稅、錢穀收支以及農業生產；此外還有「園子」、「看園人」、「耕園人」等勞動者。寺院的莊田，少量由寺院僧衆自種，大多租佃給佃戶耕種，自己收取地租。寺院莊園憑藉地租收入，從事借貸事宜。西方漢學家伯希和、斯坦因在敦煌等地發現的文書契約表明，寺院莊園借貸給附近農民糧食、金錢的事非常普遍，成爲地方上重要的經濟力量。

佛教終於成爲中國人生活中不可分割的組成部分。佛教寺院附設教育兒童的學校，在偏遠地區爲過往行人提供食宿；在城市中，佛寺是文人墨客聚會之所，常舉辦送別宴會一類活動。在改變中國人的想像力方面，佛教也發揮了舉足輕重的作用。唐代佛經故事流

傳極廣，膾炙人口。

舉一個最常見的例子，陰曆7月15日的盂蘭盆節（也稱鬼節），始於南朝，而盛於唐朝。「盂蘭盆」一詞，是梵文Ulambana的音譯，本意是「解倒懸」——解救在地獄受苦的鬼魂，它來自佛經中的目連救母故事。據《盂蘭盆經》記載，目連爲了報答母親哺育之恩，用「道眼」觀察陰間，看到亡母在一群餓鬼之中，沒有飲食，骨瘦如柴。目連用鉢盛飯送給母親，母親拿到後，還沒有吃，就化成了火炭。目連悲痛哭泣，向佛祖陳述。佛祖告訴目連，7月15日那天，用盆器供奉飯菜水果、香油錠燭、床鋪臥具，供養十方大德衆僧。目連立即照辦，母親果然脫離餓鬼之苦。事後，目連對佛祖說，將來所有佛門弟子，都應該奉盂蘭盆，救度現在父母以及七世父母。佛祖聽了大悅，便傳言弟子，每年7月15日爲現在父母與七世父母作盂蘭盆。這就是「盂蘭盆節」的由來。7月15日那天，不論學識淵博的僧侶，還是一字不識的普通村民，都擺出食物爲在陰間受苦的餓鬼充飢。838～847年生活在中國的日本僧人圓仁目睹了這一場景，在他的書中寫道：揚州的四十餘所寺廟在盂蘭盆節那天，競相製作不同尋常的蠟燭、糕餅和花卉，供奉在佛寺前面，城中每個人都到寺廟中去祭拜。這種風俗一直流傳了一千餘年。7月15日中元節，地官赦罪之辰，和尚到各家記錄亡者姓名，遍送檀越，謂之關節。入夜，搭台放焰口，施捨食物，沿河放燈，謂之照冥。此種習俗，稱爲「盂蘭盆會」，無論北方、南方都習以爲常。

佛教對於文化生活、經濟生活、精神生活等方面無孔不入的影響，由此可見一斑。

第八講
帝國的衰落與分裂

韓熙載夜宴圖（局部）

1.開元、天寶時期的由盛轉衰

從唐太宗的貞觀時期，到唐玄宗的開元、天寶之際，唐朝一直處在蒸蒸日上的盛世之中。但是當人們還陶醉於盛唐氣象時，唐朝開始從頂峰上跌落下來，踏上了由盛轉衰的道路。這一轉折，就發生在風流皇帝唐玄宗在位的幾十年裡面。在他的前期，出現了開元之治，那是「依貞觀故事」的結果，也就是說，在貞觀之治的軌道上繼續滑行而已。唐玄宗雖然多才多藝，但是政治素質遠不如唐太宗，不知「守成難」，沒有「慎終如始」的憂患意識，一旦取得盛世的成就，便忘乎所以，在一片「萬歲」聲中，忙於封禪泰山，忙於奢侈的「千秋節」（他自己的生日慶典）。他身邊的宰輔大臣一味阿諛奉承，推波助瀾，使他逐漸驕縱昏庸。正如《資治通鑑》所說，唐玄宗「在位歲久，漸肆奢欲，怠於政事」。這種情況在開元晚期已經初露端倪，到了天寶時期則日趨嚴重。

這一轉折，和一個人物有著密切關係，他就是奸相李林甫。出身於李唐宗室的李林甫，品行不佳，卻機靈乖巧，善於鑽營，因而官運亨通。朝中大臣都看出此人外表「巧言似忠」，其實口蜜腹劍，陰險奸詐。唐玄宗卻對他深信不疑，提升他為宰相，任禮部尚書、同中書門下三品。不久，他排擠了元老張九齡，登上中書令要職，專擅朝政達十六、七年之久。李林甫的升官訣竅就是，把迎合皇帝的旨意作為他唯一的宗旨，一切順從上意，讓他放心縱欲。唐玄宗沉迷於聲色之中不能自拔，更加仰賴李林甫。一言以蔽之，唐玄宗的驕縱助長了李林甫的奸惡，李林甫的奸惡助長了唐玄宗的昏庸。其中最突出的一點就是，李林甫巧妙地利用了唐玄宗對絕代佳

人楊玉環的癡迷。

　　楊玉環原本是唐玄宗爲他的兒子壽王李瑁選擇的王妃，這位芳齡16歲的美少女，不僅轟動了洛陽，而且讓唐玄宗墮入情網。開元28年（740年），56歲的唐玄宗與22歲的楊玉環在驪山溫泉宮幽會，從此一發而不可收。唐玄宗爲了跨越公公與兒媳這一難關，別出心裁地命壽王妃楊玉環出家爲道士，道號太眞。這樣她就可以用女道士的身分，而不是兒媳的身分，進入宮闈。不到一年，唐玄宗就把她冊封爲自己的妃子——太眞妃；到了唐玄宗61歲生日那天，他宣布把27歲的楊玉環冊封爲貴妃。

　　楊貴妃的美豔絕倫、雍容大度使唐玄宗傾心沉迷，共同的音樂歌舞方面的素養、愛好使他們情趣相投，兒女情長，纏綿悱惻，唐玄宗已經無心日理萬機。白居易〈長恨歌〉寫道：

　　——回眸一笑百媚生，六宮粉黛無顏色。

　　——春宵苦短日高起，從此君王不早朝。

　　——承歡侍宴無閒暇，春從春遊夜專夜。後宮佳麗三千人，三千寵愛在一身。

　　雖然楊貴妃並沒有直接干預朝政，但她的特殊地位所形成的裙帶風，使她的遠房堂兄楊國忠得以登上政治舞台。李林甫一死，唐玄宗就讓楊國忠成爲李林甫的接班人。對於楊國忠而言，可以說是一步登天。這個政治暴發戶當了宰相後，身兼四十多個職務，飛揚跋扈，忘乎所以。如果說李林甫是「養成天下之亂」，那麼楊國忠便是「終成其亂」，甚而至於導致「海內分裂，不可復合」的後果。

　　當然，應該負主要責任的毫無疑問是唐玄宗本人。

　　首先，唐初宰相多至一、二十人，重大事務都由政事堂會議討

論，為什麼開元、天寶之際會形成李林甫、楊國忠擅權亂政的局面？變亂制度的正是唐玄宗，由於他寵信個別宰相如姚崇、宋璟，以及李林甫、楊國忠之流，使得唐朝前期的三省長官合議制，向宰相專權化方向發展。前期的姚崇、宋璟德才兼備，他們的專權促成了開元之治。此後只知專委而不重選相，終於造成李林甫、楊國忠專權亂政之弊。於是乎，皇權跌落——皇帝不親理朝政，三省制度變形——捨棄三省合議制原則，由個別宰相專擅朝政，導致政局日趨敗壞。

其次，唐玄宗自以為國力雄厚，軍隊強盛，一味追求開邊擴張，不斷挑起邊境戰爭，正如杜甫〈兵車行〉所說：「邊庭流血成海水，武皇開邊意未已。」為此，不得不加強邊鎮節度使的軍備。邊境的十個節度使，不僅擁有強大的軍權，而且擁有地方的行政權、財政權，幾乎成為地方割據勢力。節度使很少得到中央政府的財政津貼，必須由自己在防區內籌措軍費，使得節度使對中央政府的離心力日漸增大。天寶年間，唐朝軍隊在西域被阿拉伯軍隊打敗，邊防危機日趨嚴重。在中央兵力不足的情況下，不得不仰賴節度使的重兵，使節度使日漸尾大不掉，驕橫跋扈。原先節度使由文官擔任，李林甫當政時，唯恐大臣「出將入相」，對自己不利，便違反「蕃將」不委以統帥重任的原則，大量任用「蕃將」為節度使，使得邊鎮蕃將勢力愈加膨脹。開元、天寶年間，邊鎮軍隊占全國總兵力的85%以上，東北地區、西北地方更是猛將精兵集中之地。這種潛在的危險是致命的。

再次，盛唐時期，國家殷富，西京長安、東都洛陽，以及各地州縣的倉庫，都堆滿了糧食布匹。唐玄宗被這種繁榮沖昏頭腦，奢侈浪費，揮金如土。《資治通鑑》說他「視金帛如糞土，賞賜貴寵

之家，無有限極」，例如：把全國各地一年進貢的物品全部賞賜給李林甫。楊國忠猶有過之而無不及，史籍記載：「開元以來，豪貴雄盛，無如楊氏之比。」再加上連年戰爭使得軍費激增，開元初年軍費僅200萬貫，開元末年軍費增至1000萬貫，天寶末年軍費增至1500萬貫。一個盛世，即使再殷富，也禁不起如此折騰。

2.安史之亂

安史之亂之所以值得注意，就因為它是唐朝由盛轉衰的轉捩點。

天寶初年，唐朝傾全力對付吐蕃，分不出兵力來對付東北邊疆的奚、契丹，於是起用蕃將安祿山為平盧節度使。兩年後，安祿山兼任范陽節度使，七年後又兼任河東節度使，成為統率20萬精兵的邊鎮統帥，東北、華北最大的軍閥，與西北軍閥哥舒翰遙相呼應，雄鎮一方。

安祿山是混血胡人，父親是康姓粟特族人，母親是突厥族人，因母親改嫁安姓突厥人，改姓安。這個出身行伍的大老粗，精通升官的訣竅：賄賂與獻媚。賄賂李林甫，巴結楊貴妃，博得唐玄宗的寵信。在這方面，這個混血胡人很有手腕。

——他善於獻忠心以取媚於皇帝。此人身材高大而肥胖，腹垂過膝，唐玄宗開玩笑地問他：你這個胡人，肚子裡有什麼東西，大到如此程度。安祿山當然不會放過獻媚的機會，巧妙地回答：沒有多餘的東西，只有赤膽忠心而已。如此赤裸裸地阿諛奉承，唐玄宗居然沒有看穿他的虛情假意。

——為了獲得唐玄宗的寵信，安祿山在楊貴妃身上下功夫。最

突出的例子就是，45歲的安祿山竟然拜29歲的楊貴妃爲「養母」，進出宮廷都以楊貴妃的「養兒」（義子）自居。這是安祿山極爲高明的一手，他深知貴妃受皇上無比寵愛，走夫人路線，是最有效的捷徑。

——東北邊疆的奚、契丹經常叛亂，唐玄宗束手無策，安祿山出兵平定了奚、契丹，使唐玄宗喜出望外，多次嘉獎，稱讚他是「萬里長城」。自稱「年事漸高」的唐玄宗爲了追求逍遙，一手把朝廷政務交給宰相，一手把邊防軍務交給邊將。在李林甫、楊國忠獲寵的同時，安祿山也獲得特殊的寵信。在唐玄宗心目中，這個胡人邊將的地位與宰相不相上下，可以從邊關來到京都，出入宮禁。

安祿山「外若癡直，內實狡黠」，是一個野心家。他一身兼任三鎮節度使，又帶有尚書左僕射、驃騎大將軍的頭銜，管轄東北、華北地區，號稱「兵雄天下」。天寶初年，三鎮總兵力已經有18萬，當安祿山身兼三鎮節度使時，兵力可能已經超過20萬，當時中央直轄軍不過10萬而已。這是一個極其危險的力量對比，一旦與中央分庭抗禮，後果將不堪設想。

當時人已經有所察覺，他們指出，安祿山憑藉強大的軍事力量，「日增驕恣」，「包藏禍心，將生逆節」，意思是他將要反叛。事實正是如此。他積極囤貯武器、馬匹、糧草，還訓練了一支私家武裝，絕對效忠於他個人。李林甫死後，安祿山加緊了反叛的步伐。

可悲的是，唐玄宗對安祿山依然深信不疑。楊國忠多次向唐玄宗指出，安祿山必反，唐玄宗根本不信。就在安祿山反叛前幾個月，唐玄宗還派官員帶親筆書信給安祿山，說朕已經爲你修建溫泉，10月間，朕在華清宮接待你。好昏庸的快活天子，大禍臨頭還

渾然不覺，竟然邀請安祿山來華清宮同洗溫泉浴。

唐玄宗等來的不是來洗溫泉浴的安祿山，而是舉起反叛旗幟的安祿山。

自從漢朝的吳王劉濞發明「請誅晁錯，以清君側」的策略以來，歷代的野心家都把「清君側」奉爲至寶，作爲反叛的遮羞布。安祿山也不例外，天寶14年（755年）11月初九，當他在薊城（今北京西南）南郊誓師時，爲反叛打出的幌子就是「奉密詔討楊國忠」，起兵「平禍亂」。似乎他不但不反對皇帝，而且是接到了皇帝的秘密詔書，命他發兵討伐楊國忠。事實完全不是如此。特地修建溫泉湯池要爲安祿山洗塵的唐玄宗，接到安祿山反叛的消息，既震驚又憤怒，立即任命安西節度使封常清爲范陽、平盧節度使，就地防禦；緊接著任命他的第六子、榮王李琬爲元帥，大將軍高仙芝爲副元帥，率領大軍東征平叛。

白居易〈長恨歌〉寫道：「漁陽鼙鼓動地來，驚破霓裳羽衣曲。」緊急戰報打破了唐玄宗與楊貴妃的歌舞昇平。形勢急轉直下，兵敗如山倒。叛軍如秋風掃落葉般節節勝利，只用了短短的34天，就從范陽打到洛陽，東都洛陽遭受一百幾十年來未有的浩劫。守衛洛陽的封常清，駐屯陝州的高仙芝一起退守潼關。唐玄宗輕信監軍太監的誣告，以「失律喪師」罪，在潼關處死高仙芝、封常清。臨陣斬帥的嚴重失誤，是平叛戰爭的不祥之兆。

次年正月初一，安祿山在洛陽稱帝，國號大燕，把天寶15年改爲聖武元年，一派改朝換代的架勢。這一下叛亂謀反的面目大暴露，先前所謂「奉密詔討楊國忠」的幌子，完全是騙人的。

這時的形勢對安祿山十分不利。第一，顏杲卿、顏眞卿兄弟在河北聯絡各地忠義之士，抗擊叛軍，騷擾洛陽與范陽之間的交通，

給安祿山帶來了後顧之憂。第二，朔方節度使郭子儀、河東節度使兼河北節度使李光弼奉朝廷調遣，在平叛戰爭中取勝，切斷安祿山大本營洛陽與根據地范陽之間的通道。第三，唐玄宗任命哥舒翰為統帥，鎮守潼關。哥舒翰也是胡人，此時身兼河西、隴右節度使，威名顯赫，而且與安祿山素有宿怨，由他鎮守潼關，足以與安祿山相抗衡。

然而，唐玄宗指揮失誤，導致滿盤皆輸。他想盡快平定叛亂，命令堅守潼關的哥舒翰，從潼關出兵進攻洛陽，並且要各路兵馬圍攻洛陽。在當時形勢下，堅守潼關是上策，可保長安無虞。在河北戰場的郭子儀、李光弼向皇帝指出，如果從潼關出兵，有戰必敗，潼關失守，京師長安危急，天下之亂就不可平了。唐玄宗拒不接受。楊國忠對哥舒翰有所猜忌，極力慫恿唐玄宗命令哥舒翰出關東征。

這一錯誤決策，無異於自投羅網，20萬大軍一戰即潰，哥舒翰逃回潼關時，被部將抓獲，獻給叛軍。一向瞧不起安祿山的哥舒翰，在洛陽向被他罵為「野狐」的安祿山投降。

潼關陷落，長安失去屏障，唐玄宗於6月13日逃離長安。次日中午抵達馬嵬驛，皇帝的扈從部隊發動兵變，殺死奸相楊國忠，迫使唐玄宗命令太監高力士在佛堂縊死楊貴妃。當時唐玄宗已72歲，楊貴妃才38歲。舊史家渲染楊貴妃是敗壞朝政的禍水，意在為唐玄宗開脫，其實形勢發展到這一地步，完全是唐玄宗的責任。在馬嵬驛的楊貴妃墓地，不少文人墨客留下了題字，共同的主題就是替楊貴妃鳴冤叫屈，多少反映了一點與正史不同的民間意識。

太子李亨看到人心所向，和執意向西逃跑的父皇分道揚鑣，在太監李輔國的扈從下，奔向朔方節度使所在地靈武，並且在那裡登

上皇帝寶座（即唐肅宗），遙尊唐玄宗爲太上皇。郭子儀、李光弼率領五萬軍隊從河北趕赴靈武，河西、北庭、安西節度使也派兵前來會合。形勢有了明顯的轉機。叛軍內部則明爭暗鬥，分崩離析。安慶緒殺死父親安祿山，搶得皇帝寶座，卻只知縱酒享樂。唐軍乘機反攻，收復淪陷一年多的長安，繼而收復洛陽。

此後安史之亂進入另一個階段，它的主角就是留守范陽的安祿山的部將史思明。他不願受安慶緒節制，率八萬軍隊向朝廷投降，出任范陽節度使。時隔半年，史思明反叛，與在鄴城（今河南安陽）的安慶緒遙相呼應。唐軍包圍鄴城，安慶緒以出讓皇位作爲交換條件，向史思明求援。史思明解鄴城之圍後，設計殺死安慶緒，留下兒子史朝義留守鄴城，自己引兵北還，在范陽自稱大燕皇帝，並且在半年以後再度攻陷洛陽。唐朝方面再度陷入被動局面。正在此時，叛軍內訌，史朝義殺死父親史思明。唐軍乘機收復洛陽，史朝義逃往范陽，遭到守軍拒絕，走投無路，自縊而死。

長達七年零三個月的安史之亂終於平息。

安史之亂是開元、天寶時期腐敗政治導致的後果。唐肅宗、唐代宗都積極鼓勵叛軍自動投降，准許他們繼續爲唐朝效力，在原地任官。因此，與其說是中央政府平定叛亂，還不如說是以妥協方式結束叛亂。這種妥協的代價是高昂的，它使全國處於混亂多事和分裂割據的狀態之中。

3.藩鎮、宦官、黨爭

安史之亂爆發後，朝廷方面爲了平定叛亂，把邊地的軍鎮制度擴展到內地，重要的州設立節度使，指揮幾個州的軍事；次要的州

設立防禦使或團練使，扼守軍事要地。這些軍事官職成為地方州一級權力機構，被稱為藩鎮。

藩鎮並非全是割據勢力，在今陝西、四川以及江淮以南的藩鎮，大多服從朝廷指揮，向中央政府繳納賦稅。但是，在今河北及其周邊地區的所謂「河朔三鎮」，割據一方，不接受朝廷命令，不向中央繳納賦稅。在今山東、河南、湖北、山西一帶，也有類似「河朔三鎮」的割據勢力。

藩鎮割據本質上是安史之亂的延續與發展。安史之亂是邊地藩鎮反對中央的鬥爭，叛亂平定後，那些參加平叛戰爭的藩鎮擁兵自重，有意保存安史舊部，向中央討價還價。中央無力收回兵權，只好接受安史部將名義上的歸降，以賞功為名，授予節度使名號，讓他們分統安史原先的轄區。這就是李懷仙的幽州節度使，李寶臣的成德節度使，田承嗣的魏博節度使，薛嵩的相衛節度使。其後魏博鎮兼併了相衛鎮，於是就形成了「河朔三鎮」，割據中原地區。

節度使率領的士兵長期處於戰爭狀態，變成了職業兵，與先前的府兵截然不同。節度使在其轄區統攬軍權、政權、財權，與中央處於若即若離的狀態之中。在軍事動亂始終不停的態勢下，節度使的權力愈發擴大，甚至包括任免下屬文武官員的權力，致使地方官吏幾乎成了節度使的家臣，士兵幾乎成了節度使的私家武裝。節度使一旦死亡，很難由朝廷來委派新的繼承人選，而是由已死節度使的兒子繼任，或者從他的部下中挑選繼承人，報請朝廷批准。朝廷無可奈何，不得不承認既成事實。軍隊成了節度使權力的最大保障，飛揚跋扈。

這種藩鎮，使人聯想到民國初期的軍閥，他們都是地方的「土皇帝」，對於那個地方而言，中央集權早已蕩然無存。

唐德宗時，由於先前持續多年的財政改革，中央政府的財力物力有所加強，決心打擊藩鎮的割據傾向。成德節度使李寶臣死，他的兒子李惟岳要求繼任；淄青節度使李正己死，他的兒子李納鄆要求繼任，唐德宗斷然拒絕。李惟岳聯合魏博、淄青節度使發動叛亂。由於中央採取以藩鎮打藩鎮的策略，在平叛戰爭勝利後，引發參與平叛的節度使之間的利害衝突，他們藉口朝廷處置不公，公然對抗中央，四個節度使公開稱王：幽州節度使朱滔稱冀王，成德節度使王武俊稱趙王，魏博節度使稱魏王，淄青節度使稱齊王。

這些節度使稱王，不算稀奇，有的節度使還稱帝呢！淮西節度使李希烈自以爲平叛有功，向朝廷討價還價，自稱「天下都元帥」。正當朝廷調兵征討李希烈時，涇原節度使發動兵變，突然攻入長安，唐德宗逃往奉天（今陝西乾縣），叛兵擁立涇原節度使朱泚爲皇帝。不久，淮西節度使李希烈也稱帝，一時間鬧得烏煙瘴氣。唐德宗雖然平定了朱泚、李希烈之流，不得不退而求其次，對藩鎮採取姑息政策，以求得力量的平衡與安定。

唐憲宗的「元和中興」，使他出色地完成了制裁藩鎮的目的，但是難以剷除根基，制裁的局面難以持久。以後藩鎮割據愈演愈烈，直至唐朝的滅亡。

令唐朝後期皇帝感到頭痛的是，除了藩鎮，還有宦官，他們互相勾結，互相聲援，使得不少皇帝成爲傀儡。

唐初政治清明，宦官只能主管宮廷內部守衛、灑掃等事，並無政治權力。唐玄宗寵信宦官高力士，讓他審閱大臣送來的奏章，心安理得地說：有高力士值日，我睡覺很安穩。李林甫、楊國忠、安祿山之流都要巴結高力士，高力士在宮中的地位非同小可，太子李亨叫他「二兄」，諸王公主叫他「阿翁」，駙馬叫他「爺」。不

過，他在皇帝面前依然是一個「老奴」。

情況在安史之亂以後發生了變化，宦官逐漸掌握軍權、政權、財權，逐漸尾大不掉，使皇帝大權旁落。

宦官專權始於唐肅宗、唐代宗時期，代表人物是李輔國、程元振。

李輔國本名靜忠，唐肅宗賜名輔國，曾充當高力士的僕役，後調入東宮侍候太子李亨。安史之亂中，因扶持太子李亨即位有功，被提升爲太子家令、判元帥府行軍司馬，主管四方奏事，以及御前軍符、印信、號令。唐肅宗回到長安後，不斷對他加官進爵，以郕國公的頭銜，掌管中央禁軍以及朝廷一切大權，百官奏事都由他上達裁決。以後唐肅宗又破例任命他爲兵部尚書。唐肅宗病危，李輔國與另一宦官程元振合謀，擁立太子李豫繼位（即唐代宗），更加驕橫不可一世，公然對唐代宗說：「大家（指皇帝）但內裡坐，外事聽老奴處置。」那意思是要皇帝當傀儡，一切聽他擺布。唐代宗雖然對他的囂張氣焰感到憤怒，卻奈何他不得，只得低聲下氣地尊稱他爲「尙父」（周文王稱呂望爲尙父，意爲可尊尙的父輩），請他參與裁決朝廷政務。忍無可忍的唐代宗利用程元振，除掉李輔國，不料繼之而起的程元振比李輔國更加厲害，權勢遠遠超過李輔國，勳臣、宰相、名將屢屢遭到他的迫害，使朝廷文武百官人人自危。

唐德宗時宦官權力有增無減，不僅控制軍權，而且控制將相的任免權。唐德宗死，唐順宗繼位，引用文官王叔文、王伾裁決宮中大事，王叔文、王伾引進柳宗元、劉禹錫、韓泰、陳諫、韓曄、凌准、程異、韋執誼等官員，著手改革，企圖削奪宦官權力。由於宦官勢力已經盤根錯節，難以動搖，加之藩鎭與宦官內外勾結，致使

改革中途夭折。宦官俱文珍、劉光琦與劍南西川節度使韋皋、荊南節度使裴均、河東節度使嚴綬串通，發動宮廷政變，廢掉唐德宗，另立唐憲宗，剝奪王叔文、王伾的官職，柳宗元、劉禹錫等八人先後被貶往邊遠地區。

宦官與藩鎮兩股勢力勾結的結果，從唐憲宗到唐朝滅亡，所有的皇帝都形同傀儡，十個皇帝除了最後一個是軍閥朱全忠所立，其餘九個都是宦官所立，有兩個被宦官所殺（憲宗、敬宗）。皇帝都成為宦官可以任意擺弄的傀儡，宰相、大臣當然淪為宦官的附庸，號稱「南衙」的中央政府成了宦官控制的「北司」的附屬機關。

盛唐時期的政治秩序已經蕩然無存。

政治秩序的喪失，導致官僚隊伍內部的朋黨之爭，即所謂黨爭。此處所謂黨爭，並非近代意義的政黨鬥爭，而是古代意義的朋黨鬥爭。如果僅僅從「黨」字著眼，以為「黨爭」就是政黨鬥爭，便大錯特錯了。崔瑞德（Denis Twitchett）主編的《劍橋中國隋唐史》（ *The Cambridge History of China*, Volume 3, *Sui and Tang China, 589–906* ）寫到唐朝後期的「牛李黨爭」時，特別指出朋黨之「黨」與政黨之「黨」的差別：

——「（牛黨、李黨）這種派別不論在當時或在後世歷史記載中都被稱為「黨」（Factions），但絕不是我們今天意義上政黨中的「黨」（Parties）。9世紀唐朝的黨不是基於經濟的、明確綱領和嚴格紀律的集團，它只是政治人物們的鬆散結合體，產生於難以確認的複雜的個人關係網絡。唐代的朋黨不像今天的政黨那樣根據政見的不同來吸收成員，它沒有很強的核心結構；它的成員的屬性也不固定。」

——「中國的政治理論通常認為，如果准許在朝廷結成朋黨

（朋黨乃是廣泛的政治活動的結果），那麼，人們所期待的能實現長治久安的道德和社會秩序便要可悲地受到損害。」

——「『黨』這個字表示道德敗壞，它對指控者和被指控者都有威力，都可能遭到貶謫。」

這種獨具隻眼的歷史解讀，在中國史家筆下很少見到，難道是「不識廬山眞面目，只緣身在此山中」嗎？

毫無疑問，晚唐的「牛李黨爭」是朋黨之爭，而不是政黨之爭。以牛僧孺爲首的「牛黨」，以李德裕爲首的「李黨」，拉幫結派，勾心鬥角，從穆宗朝開始，經敬宗朝、文宗朝、武宗朝，到宣宗朝，持續達40年之久。兩黨交替掌權，文宗時代兩黨參差並用，武宗時代「李黨」全盛，宣宗時代「牛黨」全盛。一黨掌權，不問對方有無人才，一律全盤排斥；不問對方政策是否可取，一律更張，完全是門戶之見，意氣用事。朋黨之所以是朋黨，於此可見一斑。

陳寅恪《唐代政治史述論稿》很注意分析統治集團的社會背景，按照他的解說，「牛黨」的權力以通過科舉入仕爲基礎，「李黨」則是士族的堡壘。《劍橋中國隋唐史》引用日本學者礪波護的實證研究，指出：兩黨在科舉出身和士族出身的人數上是旗鼓相當的。近來有的學者根據對兩黨成員郡望分布的統計分析，指出「李黨」成員主要是山東士族，「牛黨」成員主要是關隴士族，因此他們之間的「黨爭」，並非士族與庶族之爭，而是士族內部的鬥爭。

當然，「牛黨」、「李黨」並非一丘之貉，並非沒有是非之分。「李黨」領袖李德裕是晚唐較有遠見的政治家，他反對朋黨，希望能夠中立無私。因此有人甚至說，對於李德裕而言，無所謂朋黨。但是，歷史已經表明，儘管李德裕自認爲沒有朋黨，事實上還

是捲進了朋黨之爭的漩渦，因爲政治鬥爭不以個人意志爲轉移。

4.五代更迭，十國割據

唐朝後期一直處在風雨飄搖之中。

江浙一帶是唐朝後期財政稅收的主要來源地，當時人說：「國家用度盡仰江南。」過度的搜刮，激化了社會矛盾，859年浙東的裘甫起義是一個信號。

868年爆發的龐勛起義雖然遠在嶺南，但它的根源卻在連接洛陽與江淮財賦重地的運河——汴渠（即通濟渠東段）流經的武寧。起義軍北上切斷了王朝的經濟命脈——江淮漕運。起義雖然失敗，卻揭開了唐朝走向滅亡的序幕，《新唐書》說得好：「唐亡於黃巢，而禍基於桂林（指龐勛）。」

給唐朝致命一擊的無疑是875年爆發的王仙芝、黃巢起義。黃巢的軍隊馳騁中原，不僅四次橫渡長江，兩次橫渡黃河，而且攻占了東都洛陽、西京長安，暴力掃蕩了現有社會秩序，皇親國戚、達官貴人遭到滅頂之災，所謂「天街踏盡公卿骨」、「甲第朱門無一半」，就是寫照。這場動亂隨著黃巢的死亡而結束，唐朝的統治卻一蹶不振了。

在動亂中，湧現出一大批武裝割據的軍閥。他們互相火拼的結果，形成了兩個最有勢力的集團：以開封爲中心的朱溫，以太原爲中心的李克用。

朱溫是唐朝向五代轉變的關鍵人物，出身很低賤。這個碭山人，小名朱三，父死家貧，隨母幫傭於蕭縣劉家。據歐陽修《新五代史》說，此人「勇有力」，「尤凶悍」。這種人當然不會滿足於

「傭食」生活，黃巢起義後，他投身義軍，由士卒、隊長升爲大將。後來見黃巢大勢已去，搖身一變投降唐朝，被朝廷任命爲河中行營招討副使，賜名朱全忠。此後，他出任宣武節度使，以開封爲基地，兼併了割據許州與蔡州的秦宗權，割據鄆州、曹州、齊州與濮州的朱瑄，以及割據徐州、泗州的時溥，成爲中原地區最強大的軍閥。唐昭宗很想重振朝廷的威權，然而空有抱負，無力回天。皇帝賜名他「全忠」，本想借重他的力量，豈料，唐昭宗竟然死在他的手上。

907年，朱溫廢掉了名義上的唐哀宗，自立爲帝，改國號爲梁，因而成了五代史上第一個皇帝——梁太祖，爲了和皇帝身分相匹配，他再次改名。我們不妨揣度他當時的心理：小名朱三顯然不登大雅之堂，朱溫這個名字又與「流寇」黃巢相聯繫，朱全忠這個名字則是前朝皇帝所賜，都與新朝皇帝的地位格格不入，於是乎改名爲朱晃。然而，改名朱晃並沒有爲他帶來好運，不久竟然被自己的兒子朱友珪所殺。

梁朝的建立，宣告了唐朝的滅亡，歷史進入了五代十國時期。中央集權的帝國徹底瓦解，不僅中原地區梁、唐、晉、漢、周五個朝代的統治者都是皇帝，而且在南方的十國（其中一個在北方）的統治者也以皇帝自居，形成了許多皇帝並存於短短五十多年裡的怪現象。

所謂五代，是指黃河流域地區相繼建立的梁、唐、晉、漢、周五個王朝，爲了區別先前已有的王朝，史稱後梁、後唐、後晉、後漢、後周。這五個政權以中原王朝的正統自居，傳統史家編寫五代史，有五代本紀、十國世家，顯然以五代爲正統，十國爲僭僞。

後梁連年征戰，橫徵暴斂，導致民眾暴動，統治漸趨衰微。李

克用之子李存勖建立後唐王朝，滅亡了存在16年的後梁。唐莊宗李存勖頗有軍事才幹，統一了中國北方，五代各國中領土面積最大的非後唐莫屬。李存勖雖然有一點音樂戲劇才能，畢竟是一介武夫，不會治理國家，不久死於兵變。李克用的養子李嗣源在軍隊的擁戴下，繼承皇位（即唐明宗）。此人比較明智，推行與民休息政策，出現了五代少有的小康景象，可惜只是曇花一現，很快便消失在內亂之中。

唐明宗的女婿、河東節度使石敬瑭，乘後唐內亂，以割讓幽雲十六州（今北京至山西北部一線）之地給契丹的代價，勾結契丹軍隊推翻後唐王朝，建立後晉王朝。石敬瑭爲了鞏固自己的帝位，45歲的他竟然稱契丹的耶律德光爲「父皇帝」，自稱「兒皇帝」。這種恬不知恥的舉動，使他以「兒皇帝」的小丑形象，釘在了歷史的恥辱柱上。其實「兒皇帝」的日子並不好過，經常受到「父皇帝」的斥責，在位六年，憂患成疾而死。石敬瑭死後，其繼承者稍有不恭，「父皇帝」耶律德光就發兵南下，滅亡了後晉王朝。具有諷刺意味的是，耶律德光在開封稱帝，把契丹的國號改爲遼，然後引兵北返。

後晉的河東節度使劉知遠，在遼太宗耶律德光北返後，在太原稱帝，建立後漢王朝，隨後南下定都開封。

後漢只存在了四年，就被鄴都（今河北大名）留守郭威所推翻，建立後周王朝。周太祖郭威爲了扭轉頹勢，著手改革，局面爲之一新。繼承者周世宗柴榮進一步改革，一方面改善政治，一方面準備統一。柴榮是五代亂世中難得的政治家，他自稱，做30年皇帝，10年開疆拓土，10年修養百姓，10年致太平。可惜的是，他英年早逝，在位僅五年半，主要精力用於開疆拓土。由於柴榮這位救

世英才的努力，爲而後的宋朝統一中國奠定了各方面的基礎。

五代處在輝煌的唐朝之後，相形之下顯得黯淡無光，其實它並非一無是處。甚至對於舊史家斥責爲無恥之徒的馮道，也應作如是觀。

馮道歷事五朝八姓十一帝，始終身居高官，晚年自稱「長樂老」，因而頗受傳統忠節觀的非議，以爲他八面玲瓏，毫無氣節可言。歐陽修《新五代史》譴責他「不廉」、「不恥」──「不廉則無所不取，不恥則無所不爲」。所謂廉恥是從「忠臣不事二主」的觀念出發的，然而在短短的四、五十年間，改朝換代頻繁進行，令官員們無所適從。馮道的存在，起到了無可替代的平衡作用，遏制了已經混亂不堪的政局朝更加混亂的方向發展。他出使契丹，契丹君主出城迎接。他死後，周世宗柴榮給他高規格的禮遇：停止上朝三天，追贈他尚書令頭銜，追封他爲瀛王，謚號文懿。這些君主對他的看法，恐怕不是單憑馮道阿諛逢迎就能得到的，其中必有才學與功業過人的地方。尤其值得注意的是，在後唐時期，由於馮道的努力，九部儒家經典（即「九經」），由國子監雕版印刷，這就是後人津津樂道的「監本」。

馮道受人恥笑的「小丑」形象，是宋代以後逐漸形成的。關於這一點，海外學者王賡武的論文有很好的解說：「馮道在與他同時代的許多人心目中是一個有操持的儒者，一個有節制的人，甚至是一個模範的丞相。在他死後幾近一百年間，這樣的美名仍有人傳頌……但是占上風的是宋代大史學家（歐陽修、司馬光）的反面之論，從那時開始，馮道便成了典型的貳臣，在許多有關忠貞的笑話中成爲被嘲笑的對象。」秉持這樣的觀點，我們再來看馮道的自況詩：

道德幾時曾去世，舟車何處不通津。

但教方寸無諸惡，狼虎叢中也立身。

由此人們不難對他做出全面的寬容的評價了。

所謂十國，是指在南方建立的九個割據政權——吳、南唐、吳越、前蜀、後蜀、閩、南漢、楚、南平，以及在山西的北漢。正當中原地區忙於改朝換代之際，南方各國巧妙地利用割據的有利時機，贏得了社會的穩定和經濟的發展。這也是形勢所迫，各個割據政權爲了維持生存，不被兼併，競相發展經濟，使南方經濟獲得了前所未有的發展。中國歷史上，北方開始落後於南方，其轉捩點就在五代十國這半個世紀。

以廣陵（今揚州）爲都城的吳，以金陵（今南京）爲都城的南唐，地處富庶的長江下游，在各個割據政權中，號稱「地大力強，人才眾多」，經過二十多年的與民休息，經濟有所發展。在這種基礎上，文化呈現一派繁榮景象。南唐後主李煜，寫得一手好詞，其代表作〈虞美人〉，「問君能有幾多愁，恰似一江春水向東流」，堪稱絕唱。他的繪畫、書法也自成一家，由於有這樣的藝術修養，他把唐代流行的王羲之父子的書法彙集成《升元帖》、《澄清堂帖》，影響深遠。南唐徐熙的花鳥畫，董源的山水畫，備受後世推崇。

可以與吳、南唐相媲美的經濟文化發達地區，是以成都爲中心的前蜀、後蜀。唐末動亂之世，大批文人學士投奔四川，前蜀的皇帝王建多予以重用。在他治下，前蜀社會治平，經濟穩定發展。後蜀的宰相毋昭裔自己出資營建學館，雕版刻印「九經」；他還與趙

崇祚一起編輯唐五代詞《花間集》，帶動了蜀中文學的興盛。蜀國的繪畫有很高水準，貫休（禪月大師）的羅漢畫，黃筌的花鳥畫，對後世影響很大。

以杭州為都城的吳越也令人刮目相看，這得益於吳越王錢鏐的治理。他深知小國處境艱難，確定「以小事大」的國策，換來吳越的長治久安。他發動民眾構築捍海石塘，設置龍山閘、浙江閘，遏制潮水內灌。浙江這條河流之所以改稱為錢塘江，就是因為錢鏐建造了沿江石堤——即著名的錢塘。他把都城杭州的城郭加以開拓，修築70里的羅城，城內街道、河流、市場、民居也做了相應的擴建。西湖風景區的開發也在此時初具規模，創建於東晉的靈隱寺此時有所擴建，還新建了昭慶寺、淨慈寺，以及周邊的理安寺、靈峰寺、雲棲寺、六通寺、法喜寺、開化寺等。聞名遐邇的西關外的雷峰塔、月輪山的六和塔、閘口的白塔、寶石山的保俶塔，都興建於此時。杭州在吳越國的幾十年中有了很大的發展，為一百多年後南宋在此建都奠定了基礎。

第八講　帝國的衰落與分裂

繁榮和創造的黃金時代——宋朝

清明上河圖（局部）

在傳統史學家的筆下，宋朝是屢屢遭受非議、評價不高的時代。比如說，它積貧積弱，在與騎馬民族契丹、女眞、蒙古的較量中，總是處於下風，屢戰屢敗。閱讀這一段歷史，總有一種難以言說的壓抑感。其實宋朝有它輝煌的另一面，它處在中國歷史從中世向近世轉變的轉捩點，也就是學者們常說的唐宋之際的社會變革時期，無論在經濟、科技、文化各個領域，它都是繁榮與創造的黃金時代。西方學者似乎比我們更爲敏銳地察覺到了這一點。

德國漢學家庫恩（Dieter Kuhn）在《宋代文化史》一書中指出，中國在11世紀至13世紀發生了根本的社會變化，首先，文官政治取代了唐朝的以地方藩鎭爲代表的軍人政治，受到儒家教育的文人擔任政府高級行政官員；孟子以王道治國的思想第一次付諸實施。其次，宋朝在農業文明、城市文明和物質文明（如手工業）方面取得了很大的成就。農業技術的新發展，新土地的開墾，以及農作物產量的提高，奠定了宋朝經濟繁榮的基礎。城市商業和手工業得到了迅猛的發展，出現了以商人爲代表的新富人階層，促進了飲食文化、茶文化、建築及居住文化的發展。因此，庫恩甚至認爲，宋朝是中國中世紀的結束和近代的開始。

美國歷史學家墨菲的《亞洲史》第七章「中國的黃金時代」，對於這個黃金時代有精彩的論述。

——「在很多方面，宋朝是中國歷史上最令人激動的時代。後來的世世代代歷史學家批評它，是因爲它未能頂住異族入侵，而終於被他們痛恨的蒙古人打垮。但宋朝卻從960年存在到1279年，長於三百年的平均朝代壽命。」

——這是一個前所未見的發展、創新和文化繁盛的時期。它擁有大約一億人口，「完全稱得上是當時世界上最大、生產力最高和

最發達的國家。」

——在宋朝，作爲中華帝國主要光榮之一的科舉制度達到了它的頂峰。得到選拔的官員中，有1/3或更多來自平民家庭，「如此高的社會地位升遷比例，對於任何前近代甚至近代社會來講，都是驚人的。」

——「從很多方面來看，宋朝算得上一個政治清平、繁榮和創造的黃金時代。期票、信用證及後來官方大量發行的紙幣，適應了商業的發展。政府官員印刷發放小冊子來推行改進的農業技術；灌溉、施肥、精巧的新式金屬工具和最早的機器，以及改良的作物新品種。經常得到城市富商和朝廷贊助的繪畫有了光輝的進步，低廉印刷術的推廣促進了文學的繁榮，小說和故事書激增。」

庫恩和墨菲的論述並沒有誇大其詞，完全是於史有據的。看來，我們有必要換一種視角去解讀這一段歷史。

1.官僚政治與體制內改革

經過唐末五代的激烈社會變動，貴族政治徹底崩潰了，取而代之的是新的官僚政治體制。應該說，隋唐時代已經對六朝的貴族政治進行了衝擊，但貴族政治的殘餘依然頑強地存在著。三省六部的主要官員，大多出身於貴族，門下省雖然可以封駁皇帝與中書省的決策，但是體現的是貴族的輿論。科舉考試雖然已經向庶民開放，但是仍有門第的限制，這和宋朝的科舉只論文章不論門第截然不同。

日本學者內藤湖南在《中國近世史》中說：「在貴族政治時代，貴族們有掌握權力的習慣，如隋之文帝、唐之太宗等一代英主

出現後，雖然在制度上否決了貴族的權力，實際上在從政中，仍有那種形式的殘跡，政治成為與貴族的協議體。」這種情況在宋代已經蕩然無存。

最能反映宋朝官僚政治特點的是君主獨裁體制的形成，它大體反映在幾個方面。

首先，宰相權力的削弱。唐朝的宰相「事無不統」，權力很大。宋太祖趙匡胤為了分割宰相權力，採取一系列措施。一是在三省首長以外，增設同中書門下平章事為宰相，參知政事為副宰相，分散其權力；二是以樞密院（首長為樞密使）分割宰相的軍權，使得宰相與樞密使文武分立，宰相的政事堂與樞密使的樞密院並稱為「二府」；三是分割宰相的財權，財權由「三司」（鹽鐵、度支、戶部合稱三司）掌握，因而三司就號稱「計相」（意為主管財政的宰相）。如此一來，宰相的權力比先前大為縮小，沒有了軍權、財權，形成政事堂主管政治，樞密院主管軍事，三司主管財政的局面，三權分離，各不相知，一切都要通過皇帝。與此同時，又提高御史台、諫院等監察機關的權力和地位，可以糾察、彈劾各級官員，迫使宰相不得不屈從於作為皇帝耳目的台諫官。

其次，軍事權力的集中。晚唐以來，一向是「兵權所在，則隨以興；兵權所去，則隨以亡」。五代軍閥公然聲稱兵強馬壯就做皇帝。即以趙匡胤本人而論，從軍校進而掌握禁軍（中央軍）大權，然後奪取帝位，也是如此。所以他即位後，第一步就是整頓禁軍，剝奪為他打天下的將領們的兵權，又不想效法劉邦大殺功臣的做法，用高官厚祿作為交換條件，一手策劃了「杯酒釋兵權」的喜劇，讓石守信等將領自動交出兵權。隨後又從制度上對禁軍加以整頓，降低禁軍統帥的地位，疏離禁軍將領與士兵的關係，削弱地方

軍事力量。禁軍數量多力量強，待遇最好；廂軍（地方軍）待遇差，從不訓練；鄉軍（民兵）、蕃軍（邊境民族軍）不是正規軍，更不如廂軍。這種「重內輕外」方針，儘管產生許多負面效應——軍隊戰鬥力大為削弱，但是軍權毫無疑問高度集中於中央了。

再次，財政權力的集中。趙匡胤的方針是「制其錢穀，收其精兵」，「收精兵」的基礎是「制錢穀」，所謂「制錢穀」，就是集中財權。晚唐以來，地方政府把正式稅收區分為上供、送使、留州（也就是上交中央、送交節度使、留給地方）三項，節度使往往扣押或多留，使中央財政收入減少，形成地方強、中央弱的局面。宋朝初年改革制度，把各地稅收機關收歸中央掌握，地方稅收除留一部分供地方開銷外，其餘全部上交中央。新設立的諸道轉運司，主管財政稅收與漕運，並把全國分為十五路（京東路、京西路、河北路、河東路、陝西路、淮南路、江南路、荊湖南路、荊湖北路、兩浙路、福建路、西川路、峽西路、廣南東路、廣南西路），分管各路的財政稅收。於是，「路」逐漸成為宋代地方最高一級行政區。由於中央對地方的嚴密控制，向地方徵調數量的持續增長，使地方州縣財政入不敷出，只能默許州縣政府超越制度許可範圍去開闢財源。

毫無疑問，官僚政治對於貴族政治而言，是一種進步。但是，它也有新的問題，官僚機構的空前龐大就是其中之一。

一方面，官僚制度中有「官」、「職」、「差遣」的區分。所謂「官」，實際是一種等級待遇，作為敘級、分等、定薪的依據。所謂「職」，不是職務，而是加官，只是一種虛銜。上述兩種官僚，「有官無權」、「有職無權」，真正負實際責任的是「差遣」。所謂「差遣」，也稱職事官（事務次官），是官僚擔任的實

際職務。例如，名義上宰相是中書令、門下侍中，但那僅僅是「官」，掌握相權的是同中書門下平章事、參知政事這些「差遣」。

另一方面，集中權力的結果，大批官僚無所事事。中央三省六部二十四司的首長，大多不管本司事務。在官僚機器中，舊官和新官，有權的官和無權的官，朝廷派遣的官和地方的官，機構重疊、臃腫、龐大，效率低下。

官不管事，卻享受優厚的俸祿，有正俸、祿粟、職錢、春冬服、從人衣糧，還有茶酒、廚料、薪蒿、柴炭、米麵、飼馬芻粟等，是薪給制與供給制的混合，甚至他們的隨從人員的衣糧也由國家包了下來。這樣就形成了一個特權階層——官戶（品官之家）。約占全國總戶數千分之一二的官戶，逐漸成為政治腐敗的淵藪。

官僚政治帶來的所謂「三冗」——冗官、冗兵、冗費與日俱增，可能導致國家由富強向貧弱方向轉化，於是體制內的改革便提上了議事日程。

慶曆3年（1043年）宋仁宗起用范仲淹為參知政事（副相），富弼、韓琦為樞密使，歐陽修、蔡襄、王素、余靖等出任諫官，責成他們針對當務之急，進行改革，以「興致太平」為目的。

范仲淹從整頓官僚機構，完備官僚制度入手，進行廣泛的政治改革。他與富弼聯名向皇帝提出〈答手詔條陳十事〉，涉及官僚政治的許多方面，例如：改革官僚單純論資排輩升遷的「磨勘法」；限制官僚子弟不通過科舉即可為官的「恩蔭」、「任子」特權；改革科舉考試專以辭賦、墨義取士的舊制，改為注重策論（政治實務）與經義（政治理論）等等。宋仁宗採納後，頒行全國，開始了「慶曆新政」：

一、罷免保守的宰相呂夷簡以及不稱職的地方官僚；

二、責令各縣查究偷逃稅收情況；

三、改革論資排輩的「磨勘法」；

四、停止兩府（政府、樞府）、兩省（門下省、尚書省）官僚的子弟獲得「館職」（文學侍從）的陋習；

五、改革官僚子弟憑藉「恩蔭」進入仕途的制度，受到「恩蔭」者必須重新參加考試，考試合格後還必須有三名京官保舉，才可以出任地方低級官吏。

毫無疑問，慶曆新政觸及了官僚政治的弊端，也觸犯了官僚的既得利益，帶來了極大的震動，引起一片反對聲浪——「論者藉藉」，「任子恩薄，磨勘法密，僥倖者不便」。保守派猛烈反撲，對新政的誹謗一時甚囂塵上，把范仲淹、富弼、歐陽修等人誣衊為「朋黨」，意思是他們在結黨營私。原先希望新政能夠「興致太平」的宋仁宗屈服於保守派的壓力，不得不把范仲淹等改革派官僚相繼罷官，持續一年零幾個月的慶曆新政，有如曇花一現，迅即凋零。

體制內改革常常被人們譏諷為「小修小補」，不過是「改良主義」而已。其實沒有那麼簡單，這種改革儘管在體制的框架內運作，但是一旦觸犯了當權者的既得利益，改革之難似乎難於上青天，失敗是在預料之中的。歷史上的改革家大多沒有什麼好下場，恐怕於此可以獲得索解。

在范仲淹等人被罷官13年之後，由地方官升任京官的王安石向宋仁宗再次發出改革的呼聲。他尖銳地指出，天下安危治亂已經到了關鍵時刻，改革是當務之急，如不及時改革，那麼漢朝滅亡於黃巾、唐朝滅亡於黃巢的歷史必將重演。他的大聲疾呼，在暮氣沉沉

的朝廷中沒有引起什麼回響，宋仁宗、宋英宗都置若罔聞。宋神宗即位後情況發生了變化，王安石以翰林學士侍從之臣的身分與皇帝議論治國之道，君臣之間取得了共識。熙寧2年（1069年）宋神宗任命王安石為參知政事（副相），讓他主持變法事宜。

看來，王安石吸收了慶曆新政的經驗教訓，不再嘗試政治改革，而是由經濟改革入手。他成立了一個新機構——制置三司條例司，任用呂惠卿、蘇轍等一批新人，革故鼎新。首先推出的新法有：

均輸法——用限制商人獲利、控制市場流通的手段，使稅收物資的調撥與運輸體現最大的經濟效益——就近與低價，這叫做「徙貴就賤，用近易遠」。

青苗法——旨在限制民間高利貸，由政府發放低息借貸，半年利息兩分（即20％）。但做法過於簡單化，不論農民是否需要而「一刀切」，未免有強制攤派的嫌疑。

熙寧3年（1070年）王安石升任同中書門下平章事（宰相），變法進入高潮，先後推出其他新法：

免役法——使徭役貨幣化，即「使民出錢雇役」，應當承擔徭役的人家繳納「免役錢」來代替徭役，有產業而不承擔徭役的人家繳納「助役錢」。各地政府為了雇人服役的需要，可以在免役錢以外增收20％的「免役寬剩錢」。

市易法——為了打擊富商大賈任意抬高物價牟取暴利的行為，在首都與幾十個大城市設立市場管理機構——市易務，物價低廉時加價收購，物價高昂時減價出售。

方田均稅法——為了遏制有財有勢的富戶隱瞞土地面積、逃避賦稅的現象，大規模地丈量耕地面積，根據土地的肥瘠確定不同的

稅則，使土地稅的負擔比較合理化，也增加了政府應得的稅收。

顯然，王安石試圖用經濟手段來管理經濟事務，在便民的同時增加國家的財政收入。這就是新法的「富國」意義，此外，陸續推行了帶有「強兵」意義的**保甲法、保馬法、將兵法**等。

新法的推行確實收到了實效，達到了「富國強兵」的目的。但是也帶來了一系列問題，問題的關鍵就在於理想與現實之間的差距，暴露出新法的不足之處，遭到以司馬光為首的保守派的猛烈反對。王安石服膺儒家理論，是一個經學家，寫了一本詮釋《周禮》、《詩經》、《尚書》的著作——《三經新義》，被人們稱為「荊公新學」。他對儒家經典《周禮》特別推崇，說「一部《周禮》理財居其半」，他的不少新法都把《周禮》作為理論根據。在這點上，他似乎在仿效王莽「托古改制」的做法，用向後看的理論來指導向前看的改革，與他以經濟手段處理國事並使之制度化的嘗試，不免自相矛盾。

我們不妨深入地探討一下「向後看」的指導思想。

熙寧2年，王安石在與宋神宗討論土地兼併與農民喪失土地的問題時，把目光投向西周的井田制度上。君臣之間發生這樣一段對話：

王安石說，臣見程顥說：必須限制民眾占田數量，就像古代的井田制。

宋神宗說，那樣會導致混亂。

王安石說，王莽就把全國的耕地改名為「王田」（實現井田制的第一步）。

宋神宗說，如果設法讓人民知道利害，不再兼併，是可以的；如果剝奪人民已有的土地，作為限制的手段，那是不可以的。

王安石說，當然，怎麼可以剝奪他人已有之田分給貧民，不消說行不通，即使行得通也沒有好處。

　　熙寧4年，王安石與宋神宗在討論「方田均稅法」的出發點時，再次提及井田制。他說，方田均稅法近似於井田，井田並不是不可以仿效，只是難以速成。宋神宗問他爲什麼。他說，如今百姓占田或連阡陌，不可以剝奪，但是可以制訂辦法來限制兼併，達到人人「自勤於耕」的目的。

　　看來，王安石很想仿效西周的井田制，但又不想操之過急，所以實行方田均稅法，以比較溫和的手段來限制土地兼併。短期內取得一點效果，最終還是由於既得利益集團的反對而不了了之。其他各種新法，或者由於過於理想化（如均輸法、市易法），或者由於過於超前（如免役法），或者由於具體措施失當（如青苗法），在保守派的反對下，被一一化解於無形。後世史家爲之惋惜萬分，其實，用向後看的儒家理論來指導向前看的改革，本身就蘊含著失敗的命運。

　　因此，歷來對於王安石變法的評價，衆說紛紜，莫衷一是，總的趨勢是褒大於貶。但是僅僅從褒貶的角度思考問題，似乎永遠糾纏不清。是否可以換一種思路？《中國：傳統與變革》一書的作者費正淸和賴世和對王安石變法的評價或許可以提供另類思考。他們指出：王安石像漢代的王莽一樣，宣稱他的改革符合古代經籍的內容；與王莽相仿的另一方面是王安石被作爲「社會主義者」受到指責和讚揚，但其動機並不比他的著名前輩有更多的社會平等思想。

　　這種觀點，在當代中國讀者看來似乎有點唐突，不妨姑妄聽之吧。

2.傳統農業的新發展與商業革命

葛劍雄主編的《中國人口史》指出，北宋以前人口增長緩慢，西漢元始2年（西元2年）全國人口6000餘萬，此後由於分裂和戰亂，人口總數幾起幾落，到唐朝人口最高峰的天寶14年（755年）約有7000餘萬。經過唐末五代的動亂，宋初太平興國5年（980年）全國人口只有3540萬。此後的一百餘年，人口迅速增長，到12世紀初（即北宋末年）進入最高峰，當時在北宋、遼、西夏、大理等範圍內，總人口達到1億4千萬。

人口增長的最主要的原因，就是傳統農業在這一時期取得了突飛猛進的新發展，中部和南部水稻種植面積不斷擴大，糧食產量相應增加。如果說，各類耕地的開墾，例如淤田、沙田、潮田、山田、圩田、圍田、湖田等的出現，是一種外延式的發展；那麼，南方地區講究精耕細作的集約化經營，便是更為重要的內涵式發展。根據日本學者天野元之助的研究，作為主要糧食作物的水稻，在這一時期不僅種植地區擴大，而且耕作技術與經營方式都有了長足的進步。這主要表現在三個方面：

其一是，早稻優良品種占城稻，在宋初從越南引進以後，經過一百多年的推廣，到南宋時江南各地十之八九普遍種植。有些地區，已有早稻、中稻、晚稻的區分，水稻栽培技術有了明顯的提高。

其二是，原先水稻栽培採取粗放的直播法，這一時期把直播法改造成為移植法，也就是說，過去把稻種直接撒播到田裡，現在先把稻種在秧田上培育，然後移植（即插秧）到大田。陳旉《農書》

浸種圖

專門記述了秧田的修治技術，不少地區還發明了插秧工具——秧馬。

其三是，對於水稻栽培的各個環節都講究精耕細作：秋收後的耕田，務求再三深耕，使土壤疏鬆細碎；春耕時再三耕、耙，使土細如泥。耕田用牛犁也用踏犁；耘田鋤草，有了耘爪、耘蕩等工具；水利灌溉在原先的筒車、桔槔之外，出現了效率更大的龍骨車（翻車、踏車），可以把河水抽到一兩丈高的稻田中。

集約化經營的結果，是水稻單位面積產量的增加。當時人說，在兩浙路一帶，上等水稻田一畝，可以收穫稻穀五、六石，約為750斤至900斤之間，是相當高的產量。

另外有兩點也頗值得注意。一是江南麥作的推廣與稻麥兩熟制的形成，標誌農業生產水平的一大進步。與此相呼應的是，水稻種

植由南向北推廣。二是由於商品經濟向農村的滲透，農村中開始出現專門種植經濟作物——蠶桑、茶葉、蔬菜、漆樹、花卉、果樹、甘蔗——的專業戶，從事個體小商品生產。最突出的是，蠶桑區農家的蠶桑絲織經營，開始從家庭副業中獨立出來，形成專業化生產。陳旉《農書》說，湖州地區農家「唯藉蠶辦生事」，表明蠶桑經營已經成為他們的主業。

傳統農業的新發展是具有劃時代意義的，它為工商業的發展提供了廣闊的空間，導致「商業革命」較早的出現，成為宋朝歷史的一抹耀眼的亮色。

這是西方漢學家的看法。他們把宋朝的轉捩點稱為一次「復興」，或一次「商業革命」。

費正清和賴世和合著的《中國：傳統與變革》，關於宋朝的第六章第四節的標題就是「商業革命」四個字。他們寫道，宋朝經濟的大發展，特別是商業方面的發展，或許可以恰當地稱之為中國的「商業革命」。這一迅速發展使中國經濟發展水平顯然高於以前，並產生出直至19世紀在許多方面保持不變的經濟和社會模式。

斯塔夫里阿諾斯（L. S. Stavrianos）的《全球通史》（*A Global History*）在「宋朝的黃金時代」的標題下寫道：除了文化上的成就外，宋朝時期值得注意的是，發生了一場名副其實的商業革命，對整個歐亞大陸有重大意義。

這種對歷史的解讀方式不僅令人耳目一新，而且是言之有據的。

如果對宋朝的首都東京（開封）與唐朝的首都長安加以分析比較，就可以發現唐宋之間的巨大社會變革，也可以從這個中原大都市中看到商業革命的真實狀況。

唐朝的長安是一個棋盤狀的封閉結構，縱橫相交的街道形成許多由圍牆封閉起來的居民區——「坊」，商業區也封閉在「坊」的區域內，這就是東市與西市。這種封閉性結構在宋朝的開封被打破了。日本學者加藤繁在《宋代都市的發展》中說：「坊的制度——就是用牆把坊圍起來，除了特定的高官以外，不許向街路開門的制度——到了北宋末年已經完全崩潰，庶人也可以任意面街造屋開門了。」楊寬在《中國古代都城制度史研究》一書中，進一步指出，這種變革在五代至宋初逐步顯現，隨著開封的繁榮，不再有坊市之間的嚴格區分。

　　這種變革在社會與經濟的發展中有著巨大的意義，它適應了商品經濟發展的趨勢，把商業活動從封閉的「坊」中解放出來，擴散到大街小巷的沿線，形成了近代都市商業街的雛形，爲都市商業拓展了新空間，也爲都市增添了繁華的商業氣息與市井色彩。於是出現了前所未有的新景觀：政府宣布取消對於夜市的禁令，商業活動不再有時間限制，開封城內十字大街有所謂「鬼市」——通宵達旦的商業街；馬行街北至新封丘門大街，夜市營業到三更，而五更時分又再開張；至於「耍弄去處」（娛樂場所），營業｜通宵不絕」。

　　開封城的街巷結構截然不同於長安，他的四條御街與東西南北四個城門相連，此外還有東西向的橫街，以及南北向的直街，互相連通成街巷網路，把商業區與居民區交織在一起。在許多交通便利的街巷中，都有繁華的「街市」，行市、酒樓、茶坊、食店、瓦子（娛樂場所）等連成一片，形成摩肩接踵、晝夜喧天的商業長廊。最爲熱鬧的是以北面御街爲中心的街市，從宮城南門（宣德門）東去，有東西向的潘樓街、土市子，南面是界身巷，潘樓街既有集市

性質的潘樓酒店，又有金銀彩帛的交易所，還有最大的娛樂場所桑家瓦子。北面的馬行街，既有馬市（交易馬匹的市場），又有莊樓、楊樓等酒樓，還有大小貨行、醫行、藥行。再往北的新封丘門大街，有州北瓦子和茶坊、酒肆、飲食店。

在張擇端的名畫《清明上河圖》面前，一切文字記載都相形見絀。這幅長卷以寫實的手法記錄了東京開封的街市繁榮景象。畫卷從東水門外虹橋以東的田園開始，向西是汴河上的市橋及周圍的街市、城門口的街市、十字街頭的街市。張擇端畫了各色人物770多人、房屋樓閣100多間、大小船舶20多艘，蔚為壯觀，令人目不暇接。畫面上有滿載貨物的駱駝隊正在向東出城，城門內不遠處有一座三層樓房——孫家正店（酒樓），門前有彩樓歡門，十分富麗堂皇。街道兩旁隨處可見各類商店的招牌幌子：「王家羅錦匹帛鋪」、「劉家上色沉檀棟香」、「劉三叔精裝字畫」、「孫羊店」之類絲綢店、香藥店、裱畫店、飲食店，以及豪華的招商旅館——「久住王員外家」。

當時開封以經商為業的有兩萬多戶，其中640家資本雄厚的商戶，分別屬於160行，囊括米、鹽、茶等各類商品貿易。號稱「正店」的大酒樓有72家，兼具飲食與商品交易的多種功能，作為商人驗看商品質量、商定價格、簽訂契約的場所。此外還有三千家稱為「腳店」的小酒樓。酒樓、茶坊適應商業大潮，與娛樂場所瓦子，都通宵營業，有「應招女郎」——「濃妝妓女數百，聚於主廊簷面上，以待酒客呼喚」；有「陪酒女郎」——「為酒客換酒斟酒」；有「賣唱女郎」——叫做「劄客」或「打酒坐」。顯示了開封迥然有別於昔日長安的新潮特色。

開封城位於汴水（汴河）兩岸，汴水北通黃河，南通淮河、長

江，因此開封市場上有來自江淮的糧食、沿海各地的水產、遼與西夏的牛羊，以及來自全國各地的酒、果品、茶、絲絹、紙、書籍，還有日本的扇子、高麗的墨料、大食（阿拉伯）的香料和珍珠。名聞遐邇的東京相國寺的廟會集市，各地來的商品琳瑯滿目，大山門內出賣飛禽走獸；第二座山門內出賣各種雜貨；廣場上出賣家用器物，有蒲盒、簟席、屏幃、鞍轡、弓箭、時果、臘脯等；近大殿處，出賣老字型大小名牌產品：王道人蜜餞、趙文秀筆、潘谷墨；兩廊出賣繡作、領抹、花朵、珠翠首飾、幞頭帽子等；大殿後、資聖閣前出賣書籍、古玩、圖畫、土產、香藥之類。

凡此種種，無不顯示商業氣息的濃厚，表明這一時期的商業已經進入一個新的歷史階段。據黃仁宇《中國大歷史》說，當時中國的商品交換的價值，合計相當於1500萬至1800萬盎司黃金，折合成現在的價值，約合60億至70億美元。如此龐大的商品流通量，在當時世界上恐怕是絕無僅有的。

在這種情況下，金屬貨幣已難以適應商品的巨額流通，銅錢、鐵錢體積大、份量重，對於長途販運或巨額批發貿易，十分不便。於是貨幣發生了突破性變革—— 出現了世界上最早的紙幣。

宋真宗時期，益州（今四川成都）16戶富商聯于發行 種錢券，稱爲「交子」，是由商業信用關係孕育出來的紙質貨幣。宋仁宗時期，政府從商人那裡收回了發行紙幣的權利，在益州設立「交子務」（按：「務」是機構名稱），負責印刷、發行交子。這種政府發行的紙幣，面額固定，蓋有官印；用戶以現錢換取紙幣時，要把商業字型大小登記在冊，兌現時按字型大小銷帳，以防僞造。隨著這種紙幣的流通範圍日益擴大，中央政府在首都開封設置交子務，負責面向全國的發行事宜。南宋時，紙幣逐漸成爲主要貨幣，

有四川的錢引、湖廣的會子、兩淮的交子、東南的會子。所謂「會子」,原先叫做「便錢會子」,「便錢」即匯兌,「便錢會子」就是匯票、支票之類的票據,大約在12世紀中葉,發展爲兼有流通職能的紙幣。

紙幣的出現,在商業和金融發展進程中的歷史意義,無論如何估價都不嫌過分。在歐洲,瑞典是最早發行紙幣的國家,時間在1661年,比中國紙幣的出現晚了六百多年。

3.領先於世界的科技成就

飲譽世界的科技史專家、英國學者李約瑟(Joseph Need-ham),在他的煌煌巨著《中國科學技術史》(*Science and Civilisation in China,* Vo1 I, *Introdctory Orientations*)中指出:中國科學技術發展到宋朝,已呈現巔峰狀態,在許多方面實際已經超過了18世紀中葉工業革命前的英國或歐洲的水平。

這確實是引人刮目相看的,也是恰如其分的評價。印刷術、指南針、火藥、造紙術這四大發明,是中國對世界文明的巨大貢獻,其中的三項——印刷術、指南針、火藥,在宋朝有了劃時代的突破。

先看印刷術。唐、五代時期開始應用雕版印刷術印書,北宋時有了進一步的發展,國子監刻印的稱爲「監本」,民間書坊刻印的稱爲「坊本」。北宋初年,成都刻印《大藏經》13萬板,國子監刻印經史典籍10多萬板,規模巨大,工程浩繁。於是,更爲便捷的活字印刷術應運而生了。

據沈括《夢溪筆談》記載,宋仁宗慶曆年間（1041～1048

年），布衣（平民）畢昇發明活字印刷術。它用膠泥刻字，使字劃凸出，每字單獨成為一印，用火燒硬，製成字印；在鐵板上敷松脂、蠟、紙灰，把一顆顆字印鑲嵌於鐵板，再用火烤，使松脂、蠟熔化，把版面壓平，便可刷墨印書。

畢昇的這一發明，包括製作活字、排版、印刷三道工序，開創了近代活字印刷的先聲，後世的木活字、銅活字、鉛活字印刷術，就是在這個基礎上發展起來的。

法國年鑑學派歷史學家布勞岱（Fernand Braudel）在《15至18世紀的物質文明、經濟和資本主義》（*Civilisation Materielle, Economie Et Capitalisme, 15e–18e Siscle*）一書中說：「畢昇於1040年至1050年發明了活字印刷術，使印刷術面目一新」，「這種活字幾乎未被推廣」，「但在14世紀初，使用木活字已經流行，甚至傳到了土耳其斯坦。15世紀前半期金屬活字在中國和朝鮮均有改進，並在美因茲人谷登堡發明活字印刷術（15世紀中葉）之前半個世紀得到廣泛的傳播」。

再看指南針。早在戰國時代就有人利用磁石指南的特性，發明了「司南」，即所謂「司南之勺」、「其柄指南」。後來人們又用鋼針在磁石上摩擦使之帶有磁性，製成指南針。

北宋慶曆年間出版的《武經總要》記載當時已有「出指南車及指南魚以辨方向」的夜間行軍方法。沈括《夢溪筆談》記錄了使用磁化的磁針可以指南的原理，並且介紹了四種支掛磁針的方法。當時的軍隊用磁化薄鐵片製成「指南魚」，在陰天和夜晚判斷行軍方向。後來又發展成磁針和方位盤的一體化裝置——羅經盤（羅盤）。北宋宣和元年（1119年）朱彧寫成的《萍洲可談》，記載了當時海船上使用指南針的情況：「舟師識地理，夜則觀星，晝則觀

日，陰晦觀指南針。」徐兢寫的《宣和奉使高麗圖經》，記錄了當時由海路前往高麗時使用指南針的情況——「若晦冥則用指南針以揆南北」。這種指南針就是水羅盤。

由此可以推斷，至遲在北宋後期，指南針已經普遍用於航海。南宋時，阿拉伯商人經常搭乘中國海船，學會了使用指南針，並把它傳到歐洲。

再看火藥。火藥是一項古老的發明，古代的煉丹家發現硫磺、焰硝和木炭的混合物能夠爆炸。唐末開始把火藥用於戰爭，北宋初年火藥廣泛使用於戰爭，有火砲、火箭，以後又有火球、火蒺藜（內裝有帶刺鐵片的火藥包）。曾公亮主編的《武經總要》記錄了火藥的三種配方，可見當時軍事部門生產火藥已經達到相當規模。根據此書記載，火箭是在箭頭上放上火藥，用弓射出；火球、火鷂、煙球是把火藥點燃後用砲射出（當時已有類似近代的「鐵火砲」）。以後又發明了「突火槍」——用粗毛竹製成，內裝火藥和子彈，火藥點燃後發出衝力，射出子彈。這大概可以說是世界上最早的管形火器。

中國製造火藥的技術在1230年左右由波斯人傳入阿拉伯地區，阿拉伯人把火藥稱為「中國鹽」、「中國雪」。以後又由阿拉伯人傳到歐洲。法國人布勞岱以歷史學家特有的嚴謹態度，對某些西方學者企圖否定中國的這一發明加以反駁：不論優秀的科技史專家阿爾都・米埃里（Aldo Mieli）如何強詞奪理，中國人發明火藥畢竟不是一種「神話」。他們從9世紀起已用硝土、硫磺和炭屑製造火藥，最早的火器同樣也是中國人在11世紀製成的。

對於印刷術、指南針、火藥的發明和傳入歐洲，近代「科學方法論之父」——培根（Francis Bacon）在17世紀初做出了高度

評價：

> 我們應當觀察各種發明的威力、效能與後果，最顯著的
> 例子便是印刷術、火藥和指南針……這三種發明都曾改
> 變了整個世界的全部面貌和狀態！第一種在知識傳播的
> 文獻方面，第二種在戰爭上，第三種在航海上，並且隨
> 著這些發明的利用又引起了無數的變遷。由此看來，世
> 界上沒有一個帝國，沒有一個教派，沒有一個星宿，比
> 這三種發明對於人類發生過更大的力量與影響了！

培根的這番話是想說明，印刷術的利用使知識超越了中世紀經院教士的控制而趨於普及，從此改變了教育與知識生活的面貌；火藥的利用給戰爭提供了火器，取代了中世紀的戰爭方式，使中世紀統治階級垮台，使社會結構發生根本變化；指南針的使用導致了航海技術革命，從而促進了15、16世紀的大航海時代的到來。總而言之，三大發明導致歐洲結束中世紀時代而進入近代文明時代。

三大發明之外，另一些科技成就也非同小可。

例如：1086年至1094年間，蘇頌與韓公廉發明了世界上第一台天文鐘——水運儀象台。這是把測量儀器、表演儀器和記時儀器融為一體的劃時代創造，它以水力轉動，通過擒縱器使儀象台有節奏地按時轉動，把報時、觀象、測天三種功能同時表達出來。這個高約12米的龐然大物，十分精細，可以按時、刻、辰、更，自動打鼓、搖鈴、擊鐘、鳴鑼，並且舉木牌報時。這座天文鐘出現在11世紀末的開封，是當時世界上首屈一指的傑作：一天24小時的誤差小於100秒。五百年後，當耶穌會士利瑪竇（Matteo Ricci）把西洋的

自鳴鐘獻給明朝的萬曆皇帝時，被中國人看作新發明，殊不知我們的祖先早已發明了比它複雜得多的天文鐘！

又如：北宋中葉的賈憲提出了「開方作法本源」，也就是指數為正數的二項式定理係數表，世稱「賈憲三角形」，比西歐相同的「帕斯卡三角形」早了六百年。賈憲的「增乘開方法」，是解一元多次方程求正根的一種簡便方法，與西方數學家霍納的方法大致相同，但早了七百多年。南宋的秦九韶在《數書九章》中，發展了賈憲的增乘開方法，並附有井然有序的算式、算圖，後人稱為「秦九韶程式」。美國哈佛大學的科學史家沙頓（G. Sarton）認為：「在中國數學家中，不但當時，就是永久，（秦九韶）也可算得是最傑出的一位。」

再如：在宋朝科學家群體中最耀眼的明星──沈括，他的《夢溪筆談》涉及天文、地理、物理、化學、生物、數學、醫學等領域的學術前沿。他提出「十二氣曆」的編制方法（以立春為元旦，按節氣定月份，大月31天，小月30天，大小月相間），雖然沒有實行，但在曆法史上無疑是一項卓越成就。他對1046年的隕星的觀察，留下了翔實的紀錄，並且第一次提出隕星為隕鐵的解釋。他是最早使用「石油」這一名稱，並且意識到它的用途與價值的科學家。他發現陝北自古就有「石油」流出，當地人稱為「脂水」，用來燒煙製墨。他預言「此物後必大行於世」，因為「石油至多，生於地中無窮」。這種先見之明，令我們今日讀來，欽佩之心油然而生。

4.經濟重心南移的最終完成

宋金對峙時期，北方人民大量南遷，他們與南方人民一起，共同促成經濟重心南移的最終完成。靖康之亂後北方人口的南遷，是繼永嘉之亂、安史之亂兩次南遷高潮之後的第三次高潮，僅兩浙路、江西路、江東路，就有五百多萬北方移民遷入南方定居。此後，南方地區的開發，農業的集約化經營，都有明顯的進展。經濟最發達的江南地區有了突飛猛進的發展，最明顯的標誌就是「蘇湖熟，天下足」格局的形成。

「蘇湖熟，天下足」的諺語表明，長江三角洲的蘇州與湖州一帶，已經成為全國的糧倉。這一點，幾乎是南宋人士的普遍共識：

——范成大《吳郡志》說，民間諺語曰：「蘇湖熟，天下足」；

——陸游《渭南文集》說：「吳中又為東南根柢，語曰：『蘇湖熟，天下足』」；

——高斯得《恥堂存稿》說得更為深刻，兩浙路一帶「上田一畝，收五、六石，故諺曰：『蘇湖熟，天下足。』雖其田之膏腴，亦由人力之盡也」。

顯然，「蘇湖熟，天下足」是農業集約化經營的結果，而集約化經營又與政府的勸農政策密切相關。

偏安於江南的南宋朝廷，為了抗衡北方的金朝，增強國力，致力於農業資源的開發，以及農業技術的提高，勸農政策便作為當務之急提上議事日程，並且作為考察地方官政績的首要條件。因此地方政府都十分重視農業技術的總結、推廣與指導，出現了以往罕見

的出版農書、勸農文的熱潮。除了重印北魏賈思勰的《齊民要術》、唐朝韓鄂的《四時纂要》，還編纂了反映當時農業生產新水平的農書，例如：陳旉《農書》，樓璹《耕織圖詩》，曾安止《禾譜》，曾之謹《農器譜》等。與農書大量刊印相配合，地方官普遍撰寫、發布「勸農文」。大名鼎鼎的朱熹在擔任地方官時就寫過「勸農文」，宣傳精耕細作：秋收後應該犁田翻土，越冬後再用犁耙平細，爲春耕做好準備；稻秧長高後，必須耘草、靠田（排水曬田），以利稻秧生長。黃震爲撫州地區所寫的「勸農文」，著重介紹水稻高產區的經驗：田須秋耕春耙，並勤於灌溉、排水，要求撫州農民改變「一切靠天」的舊習俗。

手工業的發展勢頭也很迅猛。南宋時代，蘇州、杭州、成都等地設置織錦院（官營絲織業機構），各有織機數百架，工匠數千人。民間私營作坊更多，生產大量精美絲織品，如吳興（湖州）的樗蒲綾，武康與安吉的絹、紗、鵝脂綿，均屬上品；嘉善魏塘的宓家所織畫絹，遠近聞名。表明絲織業中心已由北方移到了南方。瓷器業也出現同樣的趨勢，浙江的龍泉，江西的景德鎮已成爲全國著名的瓷器業中心，產品遠銷國內外。

由於北方淪陷，對外交往必須通過海道，因此泉州、廣州、明州（寧波）迅速發展，成爲三大對外貿易港口。南宋對外貿易的繁盛超過了北宋，形成通往日本、高麗、東南亞、印度、波斯、阿拉伯的海上絲綢之路。據《嶺外代答》、《諸蕃志》的記載，當時與南宋通商的國家多達五十多個。海上絲綢之路的興旺發達，使偏安於半壁江山的南宋依然與世界各國保持密切的經濟文化交流。

南宋的首都臨安（杭州）是當時世界首屈一指的大都市，西方

學者把它看作9世紀至13世紀中國商業革命、都市革命的標誌。擁有150萬人口的杭州，不僅是南宋的政治中心，也是經濟中心、文化中心。這個南北長、東西窄的都城，與以往的都城的方正格局截然不同，皇宮位於城市的南端，不再有坐北朝南的架勢，具有濃厚的商業色彩。從皇宮北面的寧和門往北通向城市中心的是一條用石板鋪成的御街，南北向的御街與東西向的薦橋街、三橋街相交，與後市街平行；東面又有貫穿全城的市河、鹽橋運河，因此御街就成為全城最繁華的商業街。御街兩側的街面全是商店，正如《夢粱錄》所說：「自大街及諸坊巷，大小鋪席，連門俱是，即無虛空之屋。」御街中段的街市最為熱鬧，有名的鬧市如清河坊、官巷口、眾安橋等，店鋪密集，人群熙攘，正如《都城紀勝》所說：「買賣關撲，酒樓歌館，直至四鼓（四更）方靜，而五鼓（五更）朝馬將動，其有趁賣早市者，復起開張。」鬧市區的酒樓歌館營業至凌晨四更，五更時分由於官員上朝，早市已經開張。

御街中段的酒樓茶坊之間，分布著「市」、「行」、「團」等商業組織，有珠子市、花市、方梳行、銷金行、冠子行、鯗團等。最引人注目的是五間樓至官巷口的「金銀鹽鈔引交易鋪」，它是南宋新設立的交易所，與北宋開封的金銀彩帛交易所有所不同。所謂「鹽鈔引」是政府發給商人的證券，是運銷鹽茶之類管制商品的憑證，商人憑藉證券可以在金銀鹽鈔引交易鋪進行交易，然後到政府的榷貨務進行清算。金銀鹽鈔引交易鋪生意興隆，十分氣派，門口陳列著金銀器皿和現錢（稱為「看垛錢」）。

作為都城的杭州，定居人口150萬，還有許多流動人口，服務行業成為一個重要產業，酒樓、茶坊、瓦子鱗次櫛比。

乾隆乙巳仲秋月沁題

何宗玉泥自蓋裱

盧仝烹茶圖

宋·錢選《盧仝烹茶圖》

酒樓中有一部分是「官酒庫」開設的，如豐樂園、和酒樓、春風樓、太和樓；更多的是私營的「市樓」，如武林園、嘉慶樓、聚景樓、花月樓、雙鳳樓、賞心樓、月新樓。大型酒樓門前有彩畫的歡門，門口有彩色簾幕和描金紅紗燈籠。到了夜間，燈火輝煌，人聲鼎沸。

茶坊則另有一種雅趣，四壁張掛字畫，安放花架，供應的香茗隨著季節變換，冬天有七寶擂茶、蔥茶、鹽豉湯，夏天有雪泡梅花酒、縮脾飲、暑藥冰水。這是借飲茶品茗進行社會交際的場所。與此不同的是「花茶坊」，帶有歌樓的娛樂色彩，正如《武林舊事》所說，清樂茶坊、八仙茶坊、珠子茶坊等「花茶坊」，「莫不靚妝迎門，爭妍賣笑，朝歌暮弦。」

瓦子又名瓦肆、瓦舍，是娛樂場所。杭州城內有瓦子23處，其中位於御街眾安橋的北瓦子最大，有勾欄（百戲演出場地）13座，分別演出戲劇、相撲、傀儡戲、說唱、

說諢話和學鄉談（類似相聲、滑稽）、皮影戲、教飛禽等，晝夜不息地演出，觀眾數以千計。

各行各業的繁榮，再加上杭州西南的西湖風景區，使得杭州博得了人間天堂的美譽，繁華程度大大超過了北宋的都城開封（汴州），林升的一首《題臨安邸》的七言絕句不無譏刺地吟詠：

> 山外青山樓外樓，西湖歌舞幾時休。
> 暖風熏得遊人醉，直把杭州作汴州。

直到南宋滅亡以後，杭州的輝煌時代已經過去很久，西方的旅行家依然對它讚頌備至。墨菲在《亞洲史》中用充滿感情色彩的筆調寫道：馬可・波羅在13世紀末親眼見過杭州，為它的宏大和富庶所折服，驚歎它是世界上最偉大的城市。馬可・波羅說，他的故鄉——堪稱歐洲城市之冠的威尼斯，在杭州的映襯之下相形見絀，「不過是一個破舊的村莊」而已。

第十講
儒學的新發展及其社會影響

北宋《大駕鹵簿圖》（局部）

1.朱熹新儒學：從「偽學」到官學

理學家張載的名言：「爲天地立心，爲生民立命，爲去聖繼絕學，爲萬世開太平。」用它來評價朱熹學說，是最爲恰當不過的。

朱熹，字元晦，一字仲晦，號晦庵，徽州婺源人，生活在南宋孝宗至寧宗時代。紹興18年（1148年）考取進士，此後擔任過一些地方官，但是主要精力用於研究儒學。他向程顥的再傳弟子李侗學習程學，形成了與漢唐經學不同的儒學體系，後人稱爲理學、道學或新儒學，完成了儒學的復興，是儒學更新運動在學術上的總結。國際學術界認爲，朱熹是孔子、孟子以來中國最偉大的思想家，是新儒學的集大成者。他的思想學說，即所謂「朱子學」，從14世紀開始產生廣泛的影響，15世紀影響朝鮮，16世紀影響日本，17世紀開始引起歐洲的注意，1714年在歐洲翻譯出版了《朱子全書》。西方漢學家認爲，朱熹的方法論基本上是經驗主義的唯理論者的方法論，他對儒教世界的影響，可與湯瑪斯·阿奎那對基督教世界的影響相比擬。

朱熹的一生，始終從事著書與講學。他的著述極爲豐富，《四書集注》等幾十種著作大多保存了下來；他的書信、題跋、奏疏、雜文合編爲《朱子大全》121卷；他的講學語錄，被編爲《朱子語類》140卷。他創辦了白鹿洞書院、嶽麓書院，培養學生，普及儒學。他的道德學問受到後世的敬仰，思想學說長期流傳，滲透於社會的每個角落。

朱熹認定宇宙間有一定不變之「理」，從「理」與「氣」的關係上探討關於天地萬物的哲學意義。他認爲「理」先於「氣」，

「氣」依「理」而存在。事物的「理」就是該事物最完全的形式與標準;萬物有萬理,萬理的總和就是「太極」。要了解「太極」,必須從格物致知做起,多窮一物之理,就能夠多了解事物之理的全體。在《朱子語類》中記錄了他與學生關於理與氣的討論,雖然抽象,卻不乏興味。下面引用幾段來加以欣賞:

——學生問:「太極不是未有天地之先有個渾成之物,是天地之理總名否?」朱熹答:「太極只是天地萬物之理。在天地言,則天地中有太極;在萬物言,則萬物中各有太極。未有天地之先,畢竟是先有此理……」

——學生問:「昨謂未有天地之先,畢竟是先有理,如何?」朱熹答:「未有天地之先,畢竟也只是理。有此理,便有此天地。若無此理,便亦無此天地……」

——學生問:「必有是理,然後有是氣,如何?」朱熹答:「此本無先後之可言,然必欲推其所從來,則須說先有是理。然理又非別為一物,即存乎是氣之中,無是氣,則是理亦無掛搭處……」

——學生問:「理在先,氣在後?」朱熹答:「理與氣本無先後之可言,但推上去時,卻如理在先,氣在後相似。」

——學生問:「有是理便有是氣,似不可分先後?」朱熹答:「要之,也先有理。只不可說是今日有是理,明日卻有是氣,也須有先後。且如萬一山河大地都陷了,畢竟理卻只在這裡。」

看來朱熹關於理與氣的學說奧妙無窮,每個人都可以提出自己的解讀方式,但是切不可簡單化地說,這就是「客觀唯心主義」。新近出版的陳來《朱子哲學研究》說得比較好:理先氣後,是朱子哲學的核心問題。它有一個複雜的演變過程,早年認為理氣無先

後，以後認爲從邏輯推論，理在氣先。朱子的理氣學說，論證宇宙本體與萬物之性的同一性，論證本原和派生的關係，論證普遍規律與具體規律的關係，論證理與事物的關係。

朱熹並非迂腐的冬烘先生，他有淵博的學識和精密的分析方法，有相當的自然科學素養。日本學者山田慶兒通過宇宙學、天文學、氣象學方面的考察後發現，朱子學體系的主要構成具有鮮明的古希臘哲學中的自然學性質。確實如此，他從高山上殘留的螺蚌殼論證此處原先曾經是海洋，由於地質變遷才隆起爲陸地。三百年以後，義大利文藝復興時期的達·文西也提出了與此相同的看法。

然而，朱熹對後世影響最大的並非上述深奧的哲理，而是通俗的儒學教化。他把《大學》中的「格物致知，正心誠意，修身齊家，治國平天下」，加以具體化、通俗化，上自國家的皇帝下至各個家庭的百姓，構建一套周密的社會秩序。他關注社會基層民眾的日常言行、所作所爲，希望從基層著手，改變家族與村落，建立一個理想的社會。因此他重視儒學的普及化、通俗化，他編著《四書集注》，用理學思想重新解釋《論語》、《孟子》、《大學》、《中庸》，使理學透過「四書」而深入人心。他編著《小學集注》，旨在教育青少年遵循「三綱五常」的道德規範。他編著《論語訓蒙口義》、《童蒙須知》，對兒童的衣著、語言、行爲、讀書、寫字、飲食等方面的習慣，都提出了道德性的行爲規範。例如：

——穿衣：要頸緊、腰緊、腳緊；

——說話：凡爲人子弟必須低聲下氣，語言詳緩；

——讀書：要端正身體面對書冊，詳緩看字；

——飲食：在長輩面前，必須輕嚼緩嚥，不可聞飲食之聲。

這些規矩在今天的年輕一代「新新人類」看來，似乎過於迂腐、過於苛刻，其實不然。按照朱熹的邏輯，如果連日常生活細節中的良好習慣都難以養成，那麼就談不上正心誠意、修身齊家，更遑論治國平天下了。由此，我們不難理解朱熹爲什麼要強調「持敬」、「涵養」工夫了。他所說的「持敬」，首先要使自身外貌風度得到整肅，要排除雜念，外貌與內心做到表裡如一、整齊嚴肅，可以概括爲十二個字：動容貌、整思慮、正衣冠、尊瞻視。他有一句名言：「出門如見大賓，使民如承大祭。」意思是說，待人接物必須恭恭敬敬、畏畏謹謹、收斂身心，不要放縱自己。如果人人都如此講究「修身」，那麼整個社會的精神文明也就距離不遠了。

然而，朱熹這樣一位道德學問令人敬仰的大師，生前的遭遇十分坎坷、淒涼。當權派出於政治考慮，把他的學說誣衊爲「僞學」，給予嚴厲的打壓、禁錮，成爲南宋文化思想界最引人注目的咄咄怪事。在中國歷史上，用行政命令手段禁錮一個學派、一種學說，屢見不鮮，它並非學派之爭，而是排斥異己的政治鬥爭手段。在南宋這個內外交困的時代，學術就更爲敏感了。在此之前的紹興年間，就有依附秦檜的官僚攻擊程學、洛學，原因就是他們反對「和議」（實即投降），誣衊這些學派爲「專門曲學」，極力主張朝廷應該「力加禁絕」。可見禁錮學派並非學派門戶之爭，而是明火執仗的政治鬥爭。

對朱熹的禁錮也是如此。因爲他主張「修政事，攘夷狄」，也就是整頓南宋自身的政治局面，以期達到「復中原，滅仇虜」的目的。也因爲他抨擊當時朝廷的腐敗政治，得罪了當權派。朱熹疾惡如仇，曾經連上六本奏疏彈劾貪贓枉法的台州知府唐仲友，唐仲友的姻親、宰相王淮授意吏部尚書鄭丙攻擊朱熹，說什麼「近世士大

夫所謂道學者，欺世盜名，不宜信用」。宋孝宗輕信此言，「道學」從此成爲一個政治罪狀，貽禍於世。宋寧宗即位後，朱熹提醒皇帝防止左右大臣竊權，引起專擅朝政的韓侂胄嫉恨，先是用「道學」之名打擊，以後又感到「道學」二字不足以構成罪狀，索性把朱熹的道學誣衊爲「僞學」。朝廷大臣忌憚社會輿論，不敢過分譴責朱熹。韓侂胄的親信、監察御史沈繼祖就捏造朱熹的「罪狀」——霸占已故友人的家財、引誘兩個尼姑做自己的小妾，把朱熹搞得聲名狼藉。從此以後，政壇上對朱熹的攻擊日甚一日，甚至有人公然上書要求處死朱熹。

在政治高壓下，朱熹不得不違心地向皇帝認罪，無奈地承認強加的罪狀：「私故人之財」、「納其尼女」。爲了顯示認罪態度的誠懇，他說出了一句最不該說的話——「深省昨非，細尋今是」，徹底否定自己的過去。他的門生朋友惶惶不可終日，特立獨行者隱居於山間林下；見風使舵者改換門庭，從此不再進入朱熹家門；更有甚者，變易衣冠，狎遊市肆，用以顯示自己並非朱熹一黨。結果當局還是羅織了一個59人的「僞學逆黨」，朱熹便是這個「僞學逆黨」的首領，令人啼笑皆非！

慶元6年（1200年），朱熹在孤獨、淒涼的病榻上與世長辭。朝廷提心吊膽，如臨大敵，嚴加防範，唯恐他的門生在悼念的時候，「妄談時人短長，謬議時政得失。」

這場冤案，九年之後終於得到昭雪。朝廷爲朱熹恢復名譽，追贈中大夫、寶謨閣學士，他的學說不再是「僞學」，他的門生朋友不再是「逆黨」。寶慶3年（1227年），宋理宗發布詔書，追贈朱熹爲太師、信國公，鑒於他的《四書集注》「有補治道」，提倡學習《四書集注》。此後朱熹學說作爲官方學說，成爲聲譽隆盛的顯

學，流傳數百年而不衰。

此一時，彼一時，簡直是天壤之別，正所謂「高岸爲谷，深谷爲陵」，變化之劇烈令人難以置信。政治對於學術的干預，莫此爲甚！

2.陽明心學與異端思想

從南宋晚期直至明朝中期，朱熹的理學始終穩居官方欽定的正統思想地位，科舉取士都以朱熹的經注作爲標準答案，朱子學唯我獨尊。士子們不敢有所超越，缺乏自覺、自由的思想。

明朝前期、中期的思想界，沉悶而無新義。物極必反，於是乎有陳獻章、王守仁出來，另闢蹊徑，對朱熹的學說表示懷疑，希望把人們的思想從聖賢的經書中解放出來。陳獻章「小疑則小進，大疑則大進」的主張，高舉懷疑的旗幟，開自由思想的先聲。王守仁則主張把自己的「心」作爲衡量是非的標準，拒絕拜倒在聖賢的腳下，掀起了思想界的一場革命。此後人才輩出，都以追求思想自由爲指歸，形成波瀾壯闊的自由主義和博愛主義的思潮。美國學者狄百瑞（Wm. Theodore de Bary），首先提出上述與衆不同的觀點，啓發人們換一個視角分析陽明心學。

王守仁，字伯安，浙江餘姚人，因構築陽明洞講學而自號陽明子，人稱陽明先生。他的一生是「破山中賊」與「破心中賊」的過程，前者是作爲一個官僚的職責，後者是作爲一個學者的職責。他的思想受到南宋陸九淵的影響很深，陸氏提出「宇宙便是吾心，吾心即是宇宙」，「萬事萬物之理不外於吾心」。王陽明發展了這個觀點，把「心」作爲哲學思考的出發點，巧妙地將朱熹所謂絕對至

上的「理」，移植到每個人的「心」中，所以他的學說被稱爲「心學」。

王陽明提出「心外無物」、「心外無理」，一切的「物」和「理」，都是從「心」中派生出來的。他與友人郊遊，友人質問：先生以爲「天下無心外之物」，那麼這些花和樹，在深山中自開自落，與我的「心」有何相干？他回答得很肯定：「你未看此花時，此花與汝心同歸於寂；你來看此花時，則此花顏色一時明白起來，便知此花不在你的心外。」他以這種近乎詭辯的方法來論證「天下無心外之物」。

既然他認爲「心外無物」、「心外無理」，所以體現「理」的「良知」就是人心，是人人都有的，因此要想得到「良知」，不必去讀聖賢經書，只要「頓悟」就可以了。這種「頓悟」，就是「不加外求」、「向內用心」的靜坐工夫。也就是說，人們認識萬事萬物之理，不過是對存在於「心」中的「良知」的自我體認而已。關於這一點，英國歷史學家湯因比說得很透徹：「在王陽明看來，人的心與萬事萬物之理，彼此是同一的。」

無論我們對陽明心學進行如何的批判，有一點是值得肯定的，那就是他強調「以吾心之是非爲是非」，而不必以孔子之是非爲是非，也不必以朱子之是非爲是非。他的這一觀點在當時是十分大膽的，擲地有聲的。他說：

——「求諸心而得，雖其言之非出於孔子者，亦不敢以爲非也；求諸心而不得，雖其言之出於孔子者，亦不敢以爲是也。」

——「夫道，天下之公道也；學，天下之公學也。非朱子可得而私也，非孔子可得而私也。」

沉寂而僵化的思想界出現了一股新鮮空氣，令人耳目一新，反

對者詆毀為異端，贊成者卻奉為新論，心學因而風靡天下。《明史·儒林傳》說：「嘉（靖）隆（慶）而後，篤信程朱，不遷異說者，無復幾人矣。」錢穆在分析箇中緣由時指出，陽明學的特點是「簡易直捷，明白四達」，愚夫愚婦都能理解，因此流傳既廣且深。

他的弟子王艮，把陽明學的這種傾向加以引申，強調不必見聞，不必思慮，只要「於眉睫間省覺」，便可「頓悟」深奧的道理。王艮的泰州學派「不師古」、「不稱師」，把「心學」的「流於清談」、「至於縱肆」，發展到肆無忌憚的地步。他們對「名教」發起衝擊，到何心隱那裡，思想已非「名教」所能羈絡，言行如同英雄、俠客，隨心所欲，完全從自我抑制中解放出來。

如果說泰州學派是王學左派，那麼李贄便是王學左派中更加激進的一員，被人們稱為「異端之尤」。

生活在萬曆時代的李贄，號卓吾，泉州晉江人，前半生擔任中下級官員，54歲時辭去官職，到湖廣麻城龍湖芝佛院隱居，在將近20年中，寫出了震動思想界的《焚書》、《續焚書》、《藏書》。

萬曆18年（1590年），《焚書》在麻城出版。書中收集了論文、書信幾十篇，以他特有的玩世不恭的手法寫來，嬉笑怒罵皆成文章。他把矛頭指向理學，嘲諷理學家都是「口談道德，而心存高官，志在巨富」的兩面派、偽君子。他在與理學家耿定向論辯的書信中，指責耿定向口是心非：「所講者未必公之所行，所行者又公之所不講」，「反不如市井小夫，身履是事，口便說是事，作生意者但說生意，力田者但說力田」。

最值得注意的是，李贄把王陽明關於不必以孔子之是非為是非的觀點，發揮到極致。長期以來，人們習慣於以孔子之是非為是

非，言必稱孔子，不敢越雷池一步。他認為遵守這種傳統習慣是沒有出息的，並且用極為機智的邏輯來加以證明：天生一人自有一人的用處，不必從孔子那裡得到什麼，也很充足；如果必須從孔子那裡得到什麼才能充足，那麼，在孔子以前出生的人們，難道不能做人了嗎？何況孔子也沒有教人都要向他學習。他在《初譚集·自序》中更為尖銳地責問：「千百年來而獨無是非者，豈其人無是非哉？咸以孔子之是非為是非，故未嘗有是非耳。」打破了萬馬齊喑的思想界的沉悶氣氛，令人震驚，令人感歎。

萬曆27年（1599年），《藏書》在南京出版。在這部歷史著作中，李贄用史論的形式抒發他的政治見解，顯示了常人所沒有的反潮流精神。例如，被傳統史家譴責為「暴君」的秦始皇，他稱頌為「千古一帝」；以「廢井田，開阡陌」而引起後世非議的商鞅，他稱頌為「大英雄」；對於頗多爭議的秦相李斯，他評價為「知時識主」的「才力名臣」；而與司馬相如私奔的卓文君，他評價為「善擇佳偶」。這些離經叛道之論，引起當權者群起而攻之，地方政府拆毀了李贄居住的龍湖芝佛院，迫使74歲的李贄前往北京附近的通州投靠友人。當權者必欲置李贄於死地而後快，禮科給事中張問達向皇帝控告，李贄的著作「流行海內，惑亂人心」，「大都刺謬不經，不可不毀」。明神宗立即批覆，給李贄加上「敢倡亂道，惑世誣民」的罪狀，下令東廠、錦衣衛、五城兵馬司前往逮捕治罪，他的書籍不論已經出版還是尚未出版，全部燒毀，不許存留。

萬曆30年（1602年），76歲的李贄在獄中自刎而死，他以剛烈的死向這個社會表示最後的抗議。

經過一番風潮之後，學者們進行了深刻的反思，對朱子學和陽明學加以比較、評判，決定學術的取捨與走向。

東林學派的顧憲成、高攀龍諸君子，對當時風靡的陽明學加以檢討，意欲撥亂反正，推崇朱子學，以繼承正統學脈爲己任。顧憲成對於王陽明主張不必以孔子之是非爲是非的觀點，給予這樣的評價：「陽明得力處在此，而其未盡處亦在此」；「其勢必至自專自用，憑恃聰明，輕侮先聖，注腳六經，高談闊論，無復忌憚」。高攀龍在肯定陽明先生「掃蕩廓清之功」的同時，指出他自己也意識到「有流入空虛爲脫落新奇之論」的危險；至於王學末流更加等而下之，「以虛見爲實悟，任情爲率性」，「人人自謂得孔子眞面目，而不知愈失其眞精神」。

在這種反思之後，思想界又重新回歸朱子學，其中的道理，正如顧憲成所說：正德、嘉靖以後，「天下之尊王子（陽明）也甚於尊孔子，究也率流於狂，而人亦厭之，於是乎轉而思朱子」。因此，明末清初的思想界朱子學再度風行。

3.儒學薰陶下的孝義之家：「義門」
——「義門鄭氏」的剖析

中國歷史上，由於儒家倫理的影響，累世同居的大家族屢見不鮮，被引爲社會的楷模，「義門」二字，便是對他們的褒獎。清朝學者趙翼的《陔餘叢考》對歷代正史中的孝義傳、孝友傳所記載的「義門」代表人，做過一個粗略的統計，《南史》有13人，《北史》有12人，新舊《唐書》有38人，《宋史》有50人，《元史》有5人，《明史》有26人。顯然，「義門」現象以宋朝爲最盛，明清之際的學者顧炎武在《日知錄》中說，宋朝以來「義門」風氣之盛，與程朱理學的大力倡導有很大的關係。

江州（今江西德安）義門陳氏，制訂《陳氏家法》，用儒家的孝義倫理來治理家族，唐昭宗大順2年（891年），皇帝用詔書的形式表彰其爲「義門」。但它的蓬勃發展是在宋朝，宋太宗親筆爲它題詞「眞良家」；並且賞賜「御書」33卷，又命建造御書樓，親筆題寫「玉音」匾。到宋仁宗時代，這個大家族已經擁有人口3700多，連續19代同居共炊。此後不斷延續，家風淳厚，號稱「室無私財，廚無異饌，大小知教，內外如一」。

　　影響最大的當推婺州（金華府）浦江縣的「義門鄭氏」，在《宋史》、《元史》、《明史》中，以「孝友」或「孝義」的名義爲他們列傳，歷經宋元明三朝傳誦不息。這一事情本身就非同小可，它至少表明，雖然經過多次改朝換代，但人們對於「義門鄭氏」的推崇之情始終不變。這是值得人們深長思之的，不同價值觀的人們竟然異口同聲地讚揚「義門鄭氏」，其中必有緣由，必有令人敬仰之處。今人或許可以通過對「義門鄭氏」的剖析，去了解朱熹新儒學深入人心以後，在民間基層所引發的變化。

　　「五四」以來，打著「反封建」、「反禮教」的旗號，把「義門」看作「封建糟粕」，予以全盤否定，顯然不符合歷史主義。

　　1970年代初，美國學者達爾達斯（John W. Dardess）發表論文《義門鄭氏：元及明初的社會組織與新儒學》，率先從新儒學的角度研究「義門鄭氏」，並給予公正的評價。1980年代初，日本學者檀上寬對「義門鄭氏」做了深入研究，寫出了系列論文：〈義門鄭氏和元末社會〉、〈元明交替的理念和現實──義門鄭氏〉等，全面評價「義門鄭氏」的歷史地位。而後中國學者也開始關注「義門鄭氏」的歷史價值，發表了一些論文，意在重新評價這一歷史現象。

　　鄭氏家族出於河南滎陽，初遷於徽州歙縣，再遷於遂安、浦江。到達浦江縣以後，世代篤行孝義，累世同居不分財，被世人推崇備至。《宋史‧孝義傳》寫道：「鄭綺，婺州浦江人，善讀書，通《春秋》穀梁學，以肅穆治家，九世不異爨。」《元史‧孝友傳》寫得更為具體：「鄭文嗣，婺州浦江人，其家十世同居，凡兩百四十餘年，一錢尺帛無敢私」，「家庭中凜如公府」，子孫即使擔任官員，也「不敢一毫有違家法」。《元史》特別強調，鄭氏家族「冠、婚、喪、葬，必稽朱熹家禮而行」，顯示出朱熹新儒學對他們的影響之深。

　　從《明史‧孝義傳》可以看到，元朝的名人余闕以浙東廉訪使的身分，為鄭氏家族題寫「東浙第一家」碑；明朝建文帝為它題寫「孝義家」匾額。元末戰亂，農民起義軍多次進入浦江縣，都互相告誡：不得侵犯鄭氏家族，並派兵保護鄭氏府第，護送外出逃難的鄭氏家人返回。這些現象看起來似乎有點不合「常理」：造反大軍要推翻朝廷，卻對朝廷表彰的「義門」充滿敬意，這是為什麼？

　　簡單地說，鄭氏家族以他們的善行義舉贏得了鄉鄰的尊崇，被公認為民眾的楷模。在這一點上，統治者與被統治者的價值取向幾乎是一致的。

　　「義門鄭氏」贏得人們的尊崇，十分關鍵的一條是，它有一部以朱熹家禮為宗旨的家訓——《鄭氏規範》。

　　《鄭氏規範》是鄭氏世世代代遵守的家族法規，先後修訂過三次，從58則增加到92則，再增加到168則。它規定了家族中人的生活起居、生產經營、冠婚喪祭的各個方面的行為規範，不僅維繫大家族內部幾代人的和諧相處，而且維繫大家族與鄉鄰之間的和諧相處。明朝初年，退休的高級官僚、著名文人宋濂，出於對他的同鄉

鄭氏家族的仰慕，爲《鄭氏規範》的第三次修訂本寫了一篇序言，說這部家訓如果能夠推廣，必然會起到「厚人倫」、「美敎化」的榜樣效應。名士宋濂的推薦，使得《鄭氏規範》身價百倍，廣爲流傳，從家族走向社會。現在我們可以在《學海類編》、《金華叢書》、《叢書集成》、《續修四庫全書》中，見到它的全文，宋濂的推薦功不可沒。

　　這部家族法規，對於鄭氏家族各個管理部門的負責人，都有嚴格的要求。例如，負責總理一家大小事務的「家長」，必須「以誠待下，一言不可妄發，一行不可妄爲」；負責協助家長辦事的「典事」，必須「剛正公明，才堪治家，爲眾人表率」；負責糾察一家是非的「監視」，必須「端嚴公明，可以服眾」；負責掌管全家繳納賦稅和增加田產的「掌門戶」，必須「老成有知慮」。這些崗位的負責人，如果不稱職，可以另選賢能者來代替。許多崗位都有任期年限，或兩年一輪，或一年一輪，使得更多的人能夠參與家族的管理，增進每個成員對家族的認同感。

　　《鄭氏規範》在家族內部具有無可爭議的權威性，這種權威性在定期的祠堂祭祀活動中顯示得淋漓盡致。在家長帶領下的祭祀儀式上，男女老少都得聽取這樣的敎誨：

　　——「凡爲子者必孝其親，爲妻者必敬其夫，爲兄者必愛其弟，爲弟者必恭其兄」；

　　——「毋徇私以妨大義，毋怠惰以荒厥事，毋縱奢以干天刑」。

　　每天清晨，家族成員要在廳堂聽取未成年子弟朗誦「男訓」、「女訓」。「男訓」強調的是，居家要講究孝悌，處事要講究仁恕，不得「恃己之勢以自強，克人之財以自富」。「女訓」強調的

是，對待公婆要孝順，對待丈夫要恭敬，對待弟妹要溫和，對待子孫要慈愛，不得「搖鼓是非，縱意徇私。」

最爲難能可貴的是，鄭氏家族在當地擔負起和睦鄉鄰、穩定社會的職責。富甲一方的鄭氏，擁有大量田產，但絕不以強凌弱、以富欺貧。允許佃戶欠租，不收取利息；不擅自增加地租；不爲私利而妨礙鄉鄰灌溉。他們還在鄉鄰間扶貧濟困，例如，每當青黃不接之際，每月接濟貧困農戶6斗穀子，直至秋收；又如設立義塚，鰥寡孤獨者死亡，出資予以埋葬；設立藥市，免費向患病鄉鄰提供醫藥。

這種仁義精神，這種樂善好施作風，把朱熹所倡導的倫理道德落實於行動，成爲鄭氏家族幾百年始終堅持不懈的傳統，在鄉里傳爲美談，並且在鄉里間形成良好的睦鄰氛圍。因此，幾百年來迭經多次戰亂，「義門鄭氏」仍在浦江縣保存下來，這一奇蹟自有它深厚的社會土壤。

幾年前，新華社上海分社拍攝的「走進古村落」紀錄片，其中一集就是「義門鄭氏」在浦江縣的歷史存留，它給予人們的啓示，恐怕遠遠超越了「古村落」本身的含義。

4.修身齊家：家訓與家規的魅力

儒家倫理一向強調修身齊家，從自身的修養做起，治理好家庭和家族，然後才談得上治國平天下。「家國同構」的觀念深入人心，「家」是縮小了的「國」，「國」是放大了的「家」，在士大夫心目中，修身齊家與治國平天下之間有著邏輯的內在聯繫。因此，關於修身與齊家的格言屢見不鮮，爲人們所津津樂道，至今流

傳不息，成爲一筆豐厚的文化遺產。

自從北齊顏之推的《顏氏家訓》問世以來，此類作品連綿不絕。宋朝以後，隨著儒學復興運動的風起雲湧，家訓與家規出現了新高潮，內容和形式都有所創新，對於社會的影響也愈來愈大。前面提到的《鄭氏規範》就是一個突出代表，與它齊名的還有南宋袁采家族的《袁氏世範》。

袁采是浙江衢州人，進士及第後，擔任過一些小官，政績廉明。他留下不少著作，但最爲引人注目的還是他的家訓——《袁氏世範》。

《袁氏世範》以儒家的孝悌、忠恕爲宗旨，把全書分爲「睦親」、「處己」、「治家」三卷。

「睦親卷」涉及父子、兄弟、夫婦、姒娌、子侄等家庭成員上下左右的關係，強調「父慈子孝」，父母對待子女要「均其所愛」；家庭成員之間提倡「長幼貴和」、「相處貴寬」、「各懷公心」。

「處己卷」涉及家庭成員立身處世、自我修養方面的行爲規範，強調在待人接物時，不能「因人之富貴貧賤，設爲高下等級」；面對財物，「不損人而益己」；面對患難，「不妨人而利己」。家族子弟應該讀書學習，通過科舉事業謀取富貴，即使科舉落第，也可以運用知識謀生（例如當私塾老師）。

「治家卷」涉及家庭生產與生活的各個方面，例如：對於佃戶應該看作是自家的「衣食之源」，要體恤、厚待，借貸要少收利息，遇到災害要減租；購買田產時要公平交易，經營商業時不可摻雜使假；對待家中奴婢要寬恕，令其溫飽，有過錯要教誨，不可打罵。

《袁氏世範》的開明作風與教化精神，贏得了後世的高度評價。它使得家訓與家規超越了「家」的範疇，與社會與國家聯繫在一起，使之進入到一個新的層次。當一個人走上社會，爲社會爲國家效力時，他的一舉一動，無不顯示出家教如何，或高尚，或卑劣，相差之所以如此之大，家訓與家規顯然是不可小覷的。

以後各代都有精彩的作品問世。最爲人們所傳誦的就是《朱子家訓》。需要說明的是，此朱子非彼朱子，他是明末清初昆山人朱柏廬，他的家訓，又叫做《朱柏廬先生治家格言》。

朱柏廬，本名朱用純，青少年時代在明末度過，並沒有顯赫的仕途業績，始終只是一名生員而已。清朝定鼎以後，他爲殉難的父親守孝，廬墓攀柏，自號柏廬，隱居鄉間，設館教授學生的同時，埋首於研究程朱理學。康熙17年（1678年），地方官推薦他進入博學鴻儒科，他堅決推辭，淡泊明志，潛心於學問。他的研究心得，概括爲一句話，就是知行並重，理論認知與躬行實踐具有同等重要的地位，兩者不可偏廢。一句話，把儒家倫理與日常生活結合起來。在這一點上，他深受朱熹的影響。

這位小人物留給後人的文化遺產，最引人注目的並不是學術著作《大學中庸講義》之類，而是篇幅不大的《朱子家訓》。這是他按照朱熹家禮爲家人規定的日常生活準則，全文僅僅五百多字，然而上自士大夫，下至普通百姓，幾乎家喻戶曉，人人能夠背誦，不能不說是一個奇蹟。我們不妨摘錄其要點細細品味：

——「黎明即起，灑掃庭除，要內外整潔。既昏便息，關鎖門戶，必親自檢點；」

——「一粥一飯，當思來處不易；半絲半縷，恆念物力維艱。宜未雨而綢繆，毋臨渴而掘井。自奉必須儉約，宴客切勿流連。器

具質而潔，瓦缶勝金玉；飲食約而精，園蔬愈珍饈。勿營華屋，勿謀良田；」

——「與肩挑貿易，毋占便宜；見貧苦親鄰，當加溫恤。刻薄成家，理難久享；倫理乖舛，立見消亡；」

——「祖宗雖遠，祭祀不可不誠；子孫雖愚，經書不可不讀。居身務期儉樸，敎子要有義方；」

——「嫁女擇佳婿，毋索重聘；娶媳求淑女，勿計厚奩；」

——「莫貪意外之財，莫飲過量之酒；」

——「乖僻自是，悔悟必多；頹惰自甘，家道難成；」

——「輕聽發言，安知非人之譖訴？當忍耐三思；因事相爭，安知非我之不是？宜平心再想；」

——「見富貴而生諂容者，最可恥；遇貧窮而生驕態者，賤莫甚。」

這些格言，今日讀來，其警示意義依然沒有褪色，令人回味無窮。否則的話，它又如何能夠流傳至今呢？

比起《朱子家訓》來，乾隆時代青浦縣朱家角鎮人王昶的家規，就顯得默默無聞，知道的人恐怕微乎其微了。朱家角是青浦縣首屈一指的大鎮，明清時期棉布業、糧食業非常繁榮。在這樣一個工商業發達的地方，依然保持著儒家倫理傳統，正如《珠里小志》所說：「水木清華，文儒輩出，士族之盛爲一邑望。」

王昶少年時代即有文譽，被巡撫雅爾哈善選入紫陽書院深造。乾隆19年（1754年）王昶高中進士，三年後，乾隆皇帝南巡，王昶獲得召試第一，而後在內閣、軍機處任職，直至升任大理寺卿（相當於最高法院院長）、都察院左副都御史（相當於監察部副部長）等職。他深受朱子學薰陶，在修身齊家、治國平天下的每一個方

面，都盡心盡力。爲官時操守廉潔，有口皆碑，這與他時刻不忘學問，用做學問的態度來修身齊家，有著密切的關係。他與當時的著名學者惠棟、沈彤、戴震、王鳴盛、錢大昕、江聲講論經義，切磋學問，因而著作等身，有《金石萃編》等五十餘種，在高級官僚中實屬罕見。

王昶不僅律己嚴，治家也嚴，他所制訂的家規，可以與《朱柏廬先生治家格言》相媲美。王昶的家規共有十條，簡單地說，那就是：

第一，**力行小學家禮**。要謹身起居，尊敬親人長輩，隨時隨地依照先儒成訓自我檢點；

第二，**安貧守約**。要認識物力維艱，要愛惜財用，飲食淡薄，衣服樸素，一切以節省儉約爲準則；

第三，**省事愼言**。不得和奸佞之人、刻薄之人、行爲怪誕之人交往；不得揭露他人隱私，不得口是心非；

第四，**守正奉公**。告誡子弟要戒賭博，戒狎妓，考試不要作弊，不要請人代考，更不要「營求關節」（走後門、通路子）；

第五，**安分小心**。不得居間作保，不得出入衙門，不得結交衙門書吏經手錢財，不得和走江湖的三敎九流交往；

第六，**謙和容忍**。遇事退讓，宅心寬厚，己所不欲，勿施於人；不得怨怒詈罵，不得高聲與人鬥口；

第七，**威儀整肅**。平時要端正冠帶，無論外堂內宅，都不得赤膊，任情恣肆；會客時，更應當潔淨端莊；

第八，**直心處衆**。見利不能產生貪取心，待人不能產生漠視心、欺誣隱瞞心、徇情心，更不能產生自私自利占便宜心；

第九，**敎期成德**。敎導子弟學習經學、史學、詩文，既不至於

心有旁騖而學業荒疏，也不至於流於俗學；

第十，**勤修故業**。教導子弟，雖已完成學業，仍須溫習經書，看《大清律》，填《功過格》，目的在於蓄德儆心，不至閒逸過甚。

這種家規，今人看來未免有一些陳腐、過時之處，但是用歷史主義加以分析，總體傾向似乎無可非議。對於身居高位，在鄉里有著崇高威望的王昶而言，能夠如此嚴厲地修身齊家、約束自己的子弟，無論如何是難能可貴的，因此令人崇敬，令人深思。倘若高級官僚們都能這樣嚴於律己，注意修身齊家，那麼腐敗現象也許會大大減少。

第十一講
騎馬民族馳騁的時代

1.契丹、党項（羌）、女眞在北中國的統治

契丹族游牧於遼河流域，安史之亂後，唐朝在北方的統治衰微，契丹乘機發展壯大。

916年，契丹首領耶律阿保機建立契丹國，以臨潢府（今內蒙古巴林左旗）爲都城，不斷向南擴張，成爲左右五代興亡的重要外來力量。石敬瑭把幽雲十六州（即今北京到山西大同一線）割讓給契丹，更加助長了契丹統治者對中原土地的貪欲。他們兩次從幽州、雲州南下，一度占領後晉都城開封。947年，契丹首領耶律德光在開封舉行即位儀式，正式宣布把契丹國號改稱大遼，雖然耶律德光不久就北撤，此舉已經流露出一個騎馬民族對於中原的勃勃野心。

宋初兩次北伐，企圖收復石敬瑭割讓的幽雲十六州之地，都以失敗而告終。

在第二次北伐中，演繹了可歌可泣的一幕。宋朝西路軍攻下寰州（今山西朔縣東）、朔州（今山西朔縣）、應縣（今山西應縣）、雲州（今山西大同），中路軍攻下蔚州（今河北蔚縣），東路軍受到重創，慘敗於岐溝關（今河北淶水東），西路軍、中路軍被迫撤退。潘美、楊業奉命掩護撤退，楊業提出可保萬全的撤退方案，遭到監軍的反對，命令楊業冒險迎敵。楊業自知此戰必敗，臨行前請求潘美在陳家谷口（今山西朔縣南）佈置援兵接應。當楊業退回到陳家谷口時，潘美已經擅自離開陳家谷口，在困境中楊業拚死力戰，士兵死傷殆盡。他身負重傷，墜馬被俘，堅貞不屈，絕食三日而死。楊業之子楊延昭、孫楊文廣（延昭之子）繼承遺志，在

抗擊遼、西夏的戰爭中屢建功勳，演繹爲後世廣爲流傳的楊家將故事。

此後，宋朝只能對遼採取守勢，但是，幽州、雲州以南幾乎無險可守，契丹騎兵不斷南下，縱橫馳騁。1004年，遼軍直撲黃河沿邊的澶州（古稱澶淵）城北，威脅黃河南岸的東京開封。宋朝派官員到澶州遼營求和，只要遼軍盡快撤退可以不惜任何代價，結果簽訂了屈辱的城下之盟——澶淵之盟。

契丹的名聲隨著它勢力的擴大而遠揚，中世紀西方人稱中國爲 Kitai（契丹的譯音），影響之大由此可見一斑。

遼的境內存在兩種生產方式迥異的族群：一種是「耕稼以食，城郭爲家」，過著農業定居生活的漢人與渤海國人；另一種是「漁獵以食，車馬爲家」，過著游牧生活的契丹人與其他北方民族。因此遼國制訂了「蕃漢分治」的二元化政治體制，遼的中央官制有「南面官」與「北面官」之分。所謂南面官，主管以漢人爲主的農業定居區事務，辦事機構在皇帝牙帳的南面；所謂北面官，主管以契丹爲主的游牧區事務，辦事機構在皇帝牙帳的北面。這就是《遼史》所說，「以國制治契丹，以漢制待漢人」的「蕃漢不同治」特殊政治體制。

但是，遼的皇帝以及他的統治中樞，始終留在契丹興起的上京臨潢府與中京大定府一帶，契丹民族長期保留騎馬民族的游牧習氣。君主的宮殿並不是什麼建築物，而是叫做「斡魯朵」的帳篷，說得雅一點，叫做宮帳。皇帝的行宮是叫做「捺缽」的帳篷，適應游牧的需要，春夏秋冬到處移動，有不同的四時捺缽。

隨著向南擴張，游牧經濟向農耕經濟過渡，游牧區與農耕區的二元化體制逐漸變爲以農耕爲主的一元化體制。遼聖宗以後，高度

的漢族文明為契丹貴族所接受，融入遼的文化之中。遼聖宗時重修雲居寺（位於今北京房山區），發現了隋唐時代的石室、石經，遂繼續刊刻經版，刻完《大般若經》、《大寶積經》，與原存石經《涅槃經》、《華嚴經》合稱四大部經。遼興宗時開始校印佛經的總集《大藏經》，被後人稱為「丹藏」，與「宋藏」（宋版大藏經）相區別。

由於漢化程度的加深，遼的文學作品多用漢字書寫，以後根據漢字創造了契丹文字——契丹大字、契丹小字。大字是以幾個音符疊成契丹語的一個音綴，在形體上仿效漢字的方塊字；小字的筆劃稍簡，又稱「小簡字」。1932年，在遼皇陵（今遼寧白塔子）出土遼道宗和他的皇后的哀冊刻石，是用契丹大字書寫的，於是契丹文字引起了學者們的關注。

党項是羌族的一支，居住在黃河河曲一帶。8、9世紀之間，党項受吐蕃威逼，逐步遷移，其中遷到夏州（今陝西橫山）的拓跋部，唐朝賜姓李。他的首領李繼遷勢力壯大後，向遼聖宗稱臣請婚，遼聖宗冊封他為夏國王。從此夏與遼結成犄角之勢，困擾宋朝。1038年，李元昊正式稱帝，國號大夏。大夏的疆域，東臨黃河，西至玉門關（今甘肅敦煌西小方盤城），南至殽關（今甘肅環縣北），北至大漠，與宋朝的西北邊境接壤。

西夏模仿宋朝制度建立政府，同時保持了自身的傳統，和遼一樣實行「蕃漢分治」。党項族男子15歲成丁，平時從事農牧業生產，戰時應徵入伍，堪稱全民皆兵，可徵兵五十餘萬。士兵自備弓箭、甲冑、糧草，極具戰鬥力。元昊手下還有一支精銳武裝——十萬「擒行軍」，裝備精良，把「旋風砲」安裝在駱駝鞍上，發射石彈攻擊敵人。夏軍在與宋軍的戰爭中，每每取勝，除了上述因素以

外，還和西夏發達的冶鐵業與兵器製造業有關。西夏的「神臂弓」，木製的弓身，鐵製的槍膛，銅製的扳機，配上麻絲搓成的弓弦，射力強大而準確。西夏的鋼劍，鋒利無比，「試人一縷立褫魄，戲客三招森動容」，被宋人譽爲「天下第一」。

宋朝西北邊境擁有三、四十萬駐軍，面對西夏軍隊顯得不堪一擊，1040年延川之戰，1041年好水川之戰，1042年定州之戰，屢戰屢敗。宋朝方面只能以妥協來換取西北邊境的安定。

斯塔夫里阿諾斯的《全球通史》寫到宋對遼、西夏的妥協時，戲稱：宋朝皇帝每年要向游牧民「送禮」，是宋朝一個致命的弱點，游牧民入侵十分容易，「送禮」政策實行了一個半世紀。

這段話於諧謔中透露出一絲迷惘，爲什麼要不斷「送禮」呢？

擁有強大的經濟和科技實力的宋朝，在與遼、西夏的戰爭中始終處於下風，令人百思不得其解。西方學者提出一種解釋：騎馬民族的驚人戰鬥力來自騎兵的許多因素。例如在戰鬥中一個騎兵擁有三匹馬（兩匹供輪換），他們身穿盔甲，帶兩把弓、一把劍、一根繩和一些乾糧，具備持續的戰鬥力。他們發明了鐵馬鐙，使騎兵有一個牢固的腳踏之處，可以騎在馬上射擊。這種騎兵在軍事戰術上勝過中原的步兵，直到近代火器傳入之前，亞洲的軍事技術天平都傾向於騎兵。

西夏創造了自己的文字——「國書」，模仿漢字，字形方正。用這種文字出版了說明西夏文字音韻、字義、結構的著作，以及譯成西夏文的儒家經典《論語》、《孟子》等。蒙古滅亡西夏，把西夏的城市化爲廢墟，使得輝煌一時的西夏文化在西北大地上消失得無影無蹤。

1908年至1909年，俄羅斯探險家彼·庫·科茲洛夫一行受皇家

地理學會派遣，對湮沒在荒漠中的西夏王朝重鎮——黑水城故址進行考古發掘，發現了大批書籍、簿冊、經卷、佛畫、塑像等，其中包括字典類的《蕃漢合時掌中書》、《文海寶韻》，使釋讀西夏文字成爲可能。近幾年來，《俄藏黑水城文獻》陸續出版，現在終於可以憑藉這些文獻去破譯早已消失的西夏王國之謎了。

隋唐帝國東北的靺鞨，分爲粟末靺鞨、黑水靺鞨兩部，先後被契丹所征服。後來稱爲女眞的就是黑水靺鞨。契丹爲了加強對女眞的統治，把生活在遼陽一帶，已經接受遼文化的女眞部落，編入遼的戶籍，叫做「熟女眞」；而生活在松花江以北、寧江州（今吉林扶餘）以東的女眞部落，仍保持本族習俗，不編入遼的戶籍，叫做「生女眞」。

生女眞的完顏部日漸強大，統一了女眞各部，奠定了此後建立金朝的基礎。1115年，完顏阿骨打（完顏旻）稱帝，建國號「大金」，定都於會寧府（今黑龍江阿城南白城子），正式建立與遼朝對抗的金朝。

遼朝爲了抵制漢化，盡力保持契丹的制度、禮儀乃至生活方式，以免淹沒在漢族的汪洋大海中。然而無法預料的是，他們最後不是敗於漢族，而是敗於他們身後的後進民族——女眞——之手。

金朝方面不斷向遼朝發起攻擊，連連告捷。

宋朝面對這種情況，錯誤估計形勢，幻想「以夷制夷」，從中漁利。宋徽宗與大臣蔡京、童貫密謀，決定聯金滅遼，企圖乘機收復被遼侵占的幽雲十六州。於是乎宋金之間簽訂了「海上之盟」，雙方約定：宋、金南北夾擊遼，金方取得長城以北的土地，宋方取得長城以南的土地；遼滅亡後，宋方把原來給遼的「歲幣」（賠款）全部交給金方。這是一場危險的賭博。儘管遼朝已經腐朽不

政和五年四月望次

魯國公蔡京謹題

蔡京書法

堪,屢屢敗於金軍,但對付宋軍卻綽綽有餘,宋軍連戰連敗,充分暴露了宋軍的虛弱。金滅遼以後,原先宋金之間的緩衝地帶不復存在,宋就成爲金的下一個侵略目標。宋金「海上之盟」的教訓是深刻的,其中之一便是,把敵人的敵人當作盟友是危險的外交策略,往往玩火自焚。不料南宋時又一次重蹈覆轍。

2.混一亞歐的大蒙古國

11世紀至12世紀時,漠北草原上分布著許多部落,在掠奪人口、牲畜和土地的爭戰中,蒙古部的貴族鐵木眞的勢力逐漸強大。12世紀末至13世紀初,鐵木眞完成了漠北草原的統一,從此統稱草原各部爲蒙古。

1206年,鐵木眞在斡難河源頭召開最高部族會議,登上蒙古大汗的寶座,被尊爲成吉思汗。經過十多年的征戰,成吉思汗建立起一個草原帝國,他的國號蒙古語發音爲「也客忙豁勒兀魯絲」,意思是「大蒙古國」。

強烈的擴張欲望促使成吉思汗把中原王朝作爲他的目標,首當

其衝的就是西夏。初戰告捷後，蒙古軍隊掘開黃河堤岸，水淹西夏首都中興府（今寧夏銀川），迫使西夏求和。第二個目標就是蒙古原先臣服的金朝。金軍對付遼、宋所向披靡，並且擁有「震天雷」、「飛火槍」之類新式武器，但將領們毫無鬥志，在對蒙古的幾次戰役中，精銳主力被殲，不得不送公主及童男、童女，外加馬匹、金銀、綢緞，乞求和平。心有餘悸的金宣宗爲了避免後患，把首都從中都（今北京）遷往南京（今開封）。成吉思汗藉口金宣宗對他抱懷疑態度，發兵占領中都。黃河以北之地幾乎全爲蒙古所有，滅亡金朝只是時間問題。

就在這時，成吉思汗突然把攻擊的矛頭轉向西方，形勢頓時發生了戲劇性變化。一場風捲殘雲般的西征開始了。

成吉思汗指揮下的蒙古騎兵，在滅亡了西遼國後，便把矛頭指向中亞的花剌子模國，攻占了它的新舊都城，而後橫掃中亞細亞、波斯、印度的廣大領域。取得勝利的成吉思汗回到漠北，決定一舉滅亡西夏。西夏雖然處於劣勢，卻頑強抵抗，戰爭進行得異常艱苦。1226年，成吉思汗親率大軍從北路侵入西夏，攻破黑水城、兀剌海城，在進攻沙州時遇到頑強抵抗，蒙古大將阿答亦差一點被活捉。成吉思汗指揮軍隊圍攻靈州之戰，其酷烈程度爲蒙古軍隊作戰史中所罕見。西夏的末代君主在中興府被圍困半年以後，獻城投降，西夏王朝在歷史上存在了190年，至此宣告滅亡。它的輝煌文明遭到了毀滅性打擊，幾乎蕩然無存。

就在西夏滅亡前夕，一代天驕成吉思汗病死於六盤山軍營，結束了他66年的輝煌一生。他的第三子窩闊台繼任大汗，向金朝發起致命一擊。

南宋方面在此重犯「以夷制夷」的錯誤，與蒙古達成協定：聯

手進攻金朝，滅金後，黃河以南的領土歸宋，黃河以北的領土歸蒙古。此舉顯然中了蒙古的圈套。金朝皇帝派遣使節與宋朝和談，一針見血地指出：蒙古滅夏後，接著滅金，金亡後，必然滅宋。唇亡齒寒，自然之理。如果金、宋聯手，既是爲金也是爲宋。此議遭到宋朝拒絕。確實，如果保留金朝，可以作爲蒙古南下的緩衝地帶，對南宋有利。金朝滅亡後，蒙古與南宋領土接壤，形勢岌岌可危。

蒙古滅金後，繼續對外征戰，把滅亡南宋和遠征西域作爲目標。窩闊台大汗與他的父親成吉思汗一樣，醉心於西征，暫緩滅亡南宋的進程。滅金後的第二年，他做出西征的決定：遠征斡羅思（俄羅斯）、孛烈兒（波蘭）、馬扎兒（匈牙利），以及這一帶所有未臣服的國家；任命拔都（成吉思汗長子朮赤之子）爲西征統帥。

蒙古西征軍有如西風掃落葉一般，先後征服欽察、莫爾達瓦，攻下莫斯科、基輔，進軍波蘭、匈牙利；在波蘭南部的里格尼茨大敗波蘭與日耳曼的聯軍，使歐洲爲之震驚。

正在這時，拔都獲悉窩闊台大汗去世的消息，率軍東返。留駐於伏爾加河下游大本營的蒙古軍，建立了橫跨亞歐大陸的欽察汗國（或稱金帳汗國），以伏爾加河上游的拔都薩萊城（今阿斯特拉罕附近）爲國都。

蒙古的第四代大汗蒙哥即位後，任命他的弟弟旭烈兀爲統帥，發動第三次西征。此次西征，旭烈兀把矛頭直指阿拉伯帝國阿拔斯王朝（黑衣大食）的首都巴格達（舊譯報達）。巴格達不僅是阿拔斯王朝的首都，也是伊斯蘭教阿拉伯世界的都城。蒙古軍隊用猛烈的砲火攻下此城，伊斯蘭教最高教主哈里發投降。而後又分兵三路，侵入敘利亞。當他得知蒙哥大汗的死訊，回師東向，在途中獲

悉忽必烈已經繼任大汗，便不再返回蒙古，表示擁護忽必烈大汗。忽必烈派使節傳旨，把阿姆河以西的土地劃歸旭烈兀統治。於是旭烈兀在波斯的地面上建立了伊利汗國，以蔑剌合（今阿塞拜疆的馬臘格）爲國都。

欽察汗國、伊利汗國，與先前建立的察合台汗國、窩闊台汗國，並稱蒙古四大汗國，從亞洲內陸腹地一直延伸至歐洲。大蒙古國已由先前的蒙古草原擴大到廣袤的亞歐大陸，成爲名副其實的大蒙古國，蒙古語竟然成爲橫跨亞歐大陸的官方語言。雖然這個大蒙古國是一個不穩定的政治軍事聯體，缺乏統一的社會基礎，不久就分化爲若干個相對獨立的國家，但是對於元朝的對外經濟文化交流依然起著積極的作用。

這些汗國仍尊奉元朝皇帝爲大汗，尊稱爲「一切蒙古君主的君主」，承認元朝皇帝是它們的宗主，它們則是元朝的「宗藩之國」。這些汗國的汗位承襲，要得到元朝皇帝的認可。它們和元朝之間保持著朝貢關係，朝聘使節往來不斷，每一批使節就是一支龐大的商隊，可以使用官方的驛站交通。早在窩闊台時代就設置了通往拔都營帳的驛道，以後這條驛道日趨完善，西方使節、商人東來，多通行於這條驛道，經過伏爾加河下游的欽察汗國的都城薩萊、阿姆河下游的玉龍傑赤、河中地區的不花剌、撒馬爾罕，抵達阿力麻里，並由此前往嶺北行省的首府和林。薩萊等城市因此成爲東西方的交通樞紐。

蒙古的三次西征，俘虜了大批人員，以後又有數量眾多的中亞商販、旅行家來到蒙古統治下的中國，他們當中包括阿拉伯人、西域各國人。這些統稱爲「色目人」的群體，在元朝有著特殊的地位，他們或從政，或經商，帶來了阿拉伯、波斯等地的科學和文

化。例如，忽必烈曾下令頒行的《萬年曆》，編製人是阿拉伯天文學家扎馬魯丁；元朝太醫院下設的廣惠司，專門製作回回藥物，創建者是敘利亞人愛薛；為修建大都（北京）城做出貢獻的「諸色人匠總管府」的負責人也是阿拉伯人。

旭烈兀西征時，有上千漢人工匠隨行，其中有使用火藥的砲手，火藥就由此經阿拉伯傳入歐洲。隨旭烈兀西征的天文學家、醫生，不少人留在了波斯，促進了雙方的文化交流。伊利汗國丞相拉施都丁編寫的歷史名著《史集》，關於蒙古與元朝的歷史，主要得益於奉命出使伊利汗國的元朝丞相孛羅。

西征當然帶來戰爭的硝煙和殺戮，但是並不僅止於此，塵埃落定以後，人們看到了亞歐大陸腹地前所未有的頻繁交流的繁榮景象。

3.盛極一時的東西方交往

大蒙古國橫跨亞歐大陸，東起太平洋，西至波羅的海，南臨波斯灣，蒙古大汗的金牌可以通行無阻地直達各地，東西方交往盛極一時。

1245年，羅馬教皇英諾森四世派遣天主教聖方濟各會創建人柏朗嘉賓（Giovanni de Plano Carpini）大主教帶著教皇致蒙古大汗的書信，出使蒙古。然後帶著蒙古大汗貴由致教皇的書信，向教皇覆命。這份書信的原件，現在還保存在梵蒂岡的檔案中，用波斯文書寫，上面蓋著蒙古大汗的印章。這恐怕算得上是東西方外交史上最早的國書原件，彌足珍貴。

1253年，法蘭西國王路易九世派遣聖方濟各會教士盧布魯克

（Guillaume de Rubruquis）前往蒙古，在和林南面的冬季行宮謁見蒙哥大汗，然後帶著蒙哥給路易九世的國書返回。不久，他用拉丁文寫了出使報告《東方行紀》，成為了解13世紀蒙古的紀實文獻。

湯因比在《人類與大地母親》一書中指出，蒙古帝國使得許多區域性文明發生了迅速的相互接觸，而在此之前，這些文明在其發展中很少把它們聯繫在一起，甚至很少知道同時代的其他文明，它們與同時代的其他文明只是通過傳導性的歐亞大地被潛在地聯繫在一起。在談到上述歐洲使節訪問蒙古之後，湯因比說，在那一度秩序井然的歐亞大平原穿越往返的使團，其文化上的作用遠較政治上的成果重要得多。

在東西方文明的交往中，最有影響的西方使者是義大利人馬可·波羅（Marco Polo）。1260年前後，尼哥羅·波羅兄弟來到欽察汗國的都城薩萊、不花剌（今烏茲別克的布哈拉）經商，以後跟隨旭烈兀的使臣前往蒙古的上都開平，受到蒙古大汗忽必烈的接見，忽必烈委託他們出使羅馬教廷。1271年，馬可·波羅跟隨尼哥羅兄弟前往蒙古覆命，沿著絲綢之路東行，到達蒙古的上都開平，以後僑居中國17年。

馬可·波羅深得忽必烈的信任，出任元朝官職，遊歷了大都（北京）、西安、成都、昆明、大理、濟南、揚州、杭州、福州、泉州，對所見所聞做了生動的紀錄。馬可·波羅一行憑藉大汗發給的銀質通行證，沿途得到食物、住宿和安全的保證。他的遊記同其他中世紀傳說一樣，有著一些奇異的故事，歐洲人認為他把元朝中國的遼闊和繁華渲染得太過分，以為是在吹牛。當懺悔牧師在他臨死時敦促他收回他的全部謊言時，馬可·波羅回答說：我還沒有講出我看到的一半呢！

馬可·波羅確實是在記錄他的所見所聞，經過專家們的考證，他的紀錄基本屬實。例如，13世紀末他來到昔日南宋的都城杭州時，不禁讚歎爲「世界最名貴富麗之城」。當時南宋剛滅亡不久，劫後餘生的杭州，依然人口眾多，產業發達，市面繁榮。馬可·波羅寫道：

　　——「此城有大街一百六十條，每街有房屋一萬；」

　　——「城中有大市十所，小市無數；」

　　——「上述十市，周圍建有高屋，屋之下則爲商店，零售各種貨物，其中有香料、首飾、珠寶。」

　　正是由於他的記載在歐洲的傳播，致使杭州這座花園城市聞名於世。其他的中國見聞紀錄也如實地反映了當時的實況。例如，關於忽必烈時期一些重大政治事件、風俗習慣、宗教信仰、物產商業等，都帶有很強的寫實性。馬可·波羅稱中國爲「契丹」，稱南方的漢人爲「蠻子」，稱北京爲「可汗的大都」，稱杭州爲南方漢人的「行在」，所有這些稱呼，都帶有宋末元初的時代特色。

　　1289年，伊利汗國的大汗阿魯渾因妃子去世，派遣使者到大都，向元朝皇帝請求續娶，元世祖忽必烈同意把闊闊眞公主嫁給阿魯渾。爲了穩妥起見，忽必烈命令馬可·波羅隨同伊利汗國的使者一起，護送闊闊眞公主去伊利汗國。他們一行於1291年初從泉州啓程，1293年到達伊利汗國。馬可·波羅完成任務後，從那裡動身回國，1295年抵達威尼斯。

　　不久，馬可·波羅在熱那亞與威尼斯的戰爭中被俘，在獄中講述他遊歷東方的見聞，被同獄的小說家記錄成書，書名《世界的描述》（一曰《世界的印象》）。中譯本以馮承鈞翻譯的《馬可·波羅行紀》流行最廣，中國讀者通過這本書，看到了13世紀中國生動

活潑的各個側面。

然而，馬可‧波羅時代歐洲人對於他「百萬牛皮」的成見，至今仍然沒有消除。1981年，英國不列顛圖書館中文部主任伍芳思（Frances Wood）女士在《泰晤士報》發表文章，對馬可‧波羅到過中國表示質疑。1995年，她的著作《馬可‧波羅到過中國嗎？》在英國出版，進一步論證她的觀點。她的結論是：威尼斯商人馬可‧波羅從未到過任何接近中國的地方，在歷史上不朽的《馬可‧波羅行紀》完全是杜撰之作。她的這種見解，遭到一些學者的反對，也得到幾位研究中世紀史專家的支持。

中國的元史專家楊志玖首先表示異議，針對伍芳思在《泰晤士報》上的文章，他在《環球》雜誌1982年第10期發表文章予以回應。他指出，中國歷史書籍中確實沒有發現馬可‧波羅的名字，但是並不是沒有一些可供考證的資料。例如，伊利汗阿魯渾的妃子死後，派遣三位使臣到大都，請忽必烈大汗賜給他一個與王妃同族的女子為妃。元世祖忽必烈同意把闊闊真公主許配給他，三位使臣邀請馬可‧波羅護送，從海路回國。這些在《經世大典》中有明確的記載，人名、時間都和馬可‧波羅所說相符。伊利汗國歷史學家拉施都丁的《史集》也有相同的記載。這絕非偶然的巧合，表明馬可‧波羅確實到過中國。此外，《馬可‧波羅行紀》中提到鎮江附近有兩所基督教教堂，在瓜洲附近的長江中的寺院，即著名的金山寺，都可以在《至順鎮江志》中得到印證。這些目擊的紀錄，絕不是「沒有到過中國」的人可以「杜撰」得出來的。又如，《馬可‧波羅行紀》有一章專講元朝的紙幣，說它通行全國，信用程度之高，「竟與純金無異」、「偽造者處極刑」。這點由1963年河北出土的「至元通行寶鈔」的銅板所證實，銅板正中刻有「偽造者處

死」五個大字。

1997年，楊志玖針對伍芳思的著作，在《歷史研究》雜誌上發表論文——《馬可・波羅到過中國：對〈馬可・波羅到過中國嗎？〉的回答》，全面論述了他的觀點：伍芳思雖多方論證，但說服力不強，《馬可・波羅行紀》中確有一些錯誤誇張甚至虛構之處，但準確可考之處也不少，若非親見便難以解釋。

以後有的中國專家為此寫了專著，全面反駁伍芳思的結論。現在看來，說馬可・波羅沒有到過中國，顯然過於武斷，難以令人置信。

元朝的東西交流，除了頻繁的陸上交通之外，海上交通也十分發達。蒙古重視色目人的政策，促進了阿拉伯商人渡海東來，東西方貿易日趨繁榮。當時的泉州港，與阿拉伯世界的巴格達港，遙遙相對，成為世界上最繁華的商港。泉州外國商船雲集，號稱「番舶之饒，雜貨山積」。在泉州經商的阿拉伯人蒲壽庚最為有名，世代經營海上貿易，南宋末年曾經出任主管泉州對外貿易的職務——提舉市舶使；投降元朝後，先後出任江西行省參知政事、福建行省左丞，負責與海外各國的通商事宜。此後蒲壽庚父子從事海外貿易達30年，富甲東南，成為傳奇人物。泉州也因海外貿易的發達，吸引各國商人前來居住，城南的「番坊」是各國商人、教士居住區，阿拉伯僑民數以萬計。他們中許多人與當地人通婚，死後安葬在那裡。今日泉州一帶蒲、丁、郭等姓，就是當年阿拉伯人的後裔。

4.有蒙古特色的元朝面面觀

1260年，忽必烈成為蒙古大汗，11年之後的1271年，忽必烈大

汗詔告天下，正式建立元朝，把大都（燕京）作爲都城，在蒙古語中，大都叫做「汗八里」（Khanbaliq），意思是「汗的都城」。用這樣的方式來稱呼當時的燕京今日的北京，實在是具有蒙古特色的。

南宋小朝廷的滅亡卻是在元朝建立八年之後（1279年），它的標誌是文天祥在廣東潮陽被俘，陸秀夫背負小皇帝趙昺在廣東崖山投海自盡。

中華大地上再度出現了一個王朝統治的格局。

元朝是蒙古族建立的王朝，具有蒙古特色是毫無疑議的，在建立「大元」國號後，並沒有放棄「大蒙古國」的國號，有時逕直稱爲「大元大蒙古國」。但是它繼承了歷代中原王朝的傳統，因而具有承上啓下的一致性，對中國的治理是卓有成效的，其關鍵就是漢化。忽必烈在藩王時代便熱心於漢化，向劉秉忠、張德輝、姚樞、許衡等漢人請教用儒學治國之道；成爲大汗後，他提倡文治，改革蒙古舊制，實行漢化。

勸課農桑是一個方面。習慣於游牧的蒙古人對於農業缺乏足夠的認識，進入中原以後，那些王公大人之家，利用特權強占民田，作爲放牧牲畜的草場，反映了兩種生產方式、兩種社會形態之間的差距。大臣許衡向忽必烈建議：北方民族據有中原，必須實行漢法，才可以長治久安。元世祖忽必烈接受建議，下達詔書：「國以民爲本，民以食爲天，食以農桑爲本。」禁止蒙古貴族、軍隊侵占農田爲牧場，把一部分牧場恢復爲農田。爲了勸課農桑，在中央政府中設立主管農業的機構——司農司，以及勸農官，同時下令在各地建立村社，專門教導本社農民勤於農桑。爲此，大力倡導農書的編撰，先後有司農司《農桑輯要》、王禎《農書》、魯明善《農桑

衣食撮要》、羅文振《農桑撮要》問世，使農業生產得以恢復、發展。其中最有影響的是王禎《農書》，它以22卷的篇幅，從多個側面顯示農業與手工業達到的新高度。由於棉花的引進與推廣，棉紡織業蓬勃興起，王禎以圖文並茂的形式記載了新穎獨特的器械，而水轉大紡車尤爲引人注目，它是利用水利的紡紗機，從所附圖錄看來，與英國同類的水利紡紗機極爲相似，但後者遲至四百年以後才出現。書後的附錄〈活字印刷法〉，記錄木活字印刷的新成就，與沈括《夢溪筆談》的記載相比較，可以看出活字印刷的發展歷程。

效法中原王朝傳統的政治體制，是另一個方面。元朝的中央政府由中書省、樞密院、御史台組成，中書省總理全國政務，樞密院掌管全國軍事，御史台負責監察事宜。這與秦漢至唐宋的政治體制是相銜接的。元朝的行政區劃由三部分組成：

一是中書省（都省）直轄區，大體上是以大都爲中心的華北地區（今河北、山西，以及河南、山東、內蒙古的一部分）；

二是宣政院轄地吐蕃（西藏），使西藏正式成爲中國行政區的一部分；

三是十一個行中書省：陝西行省、甘肅行省、遼陽行省、河南江北行省、四川行省、雲南行省、湖廣行省、江浙行省、江西行省、嶺北行省、征東行省。前面九個行省從它的名稱大體可以判定地域範圍，只有後面兩個需要略加說明：嶺北行省的地域包括今內蒙古、新疆一部分，以及今蒙古國全境、俄羅斯的西伯利亞；征東行省設於高麗，行省的丞相由高麗國王兼任。行中書省簡稱行省或省，是元朝的創制，一直沿用至今。

具有蒙古特色的統治手段是把全國人民區分爲四個等級：蒙古人、色目人、漢人、南人。第一等級蒙古人是統治民族，當時稱爲

「國族」；第二等級色目人，本意是「各色各目」的「諸國人」，是指蒙古族、漢族以外的西部民族乃至中亞、西亞、歐洲各民族，待遇僅次於蒙古人；第三等級是漢人（又稱漢兒），是指淮河以北原金朝統治下的漢人，包括契丹人、女眞人；第四等級是南人（又稱蠻子、新附人），是指原南宋的遺民。對此必須進行具體分析，一方面，在法律面前各個等級是不平等的，蒙古人打死漢人、南人，不必償命；另一方面，漢人、南人的上層人物大量進入統治階層，據《元典章》統計，朝官中漢人、南人占55.23％，京官中漢人、南人占70.15％，外任官中漢人、南人占71.42％。可見民族問題說到底是一個階級問題，民族歧視本質上是階級歧視。

蒙古人一向重視手工業，在征戰中注意搜羅工匠，把他們編入特種戶籍，稱爲匠戶。兵器製造尤爲發達，向阿拉伯學習的回回砲，能夠發射150斤的巨石，據《元史》記載，發射時聲音驚天動地，無堅不摧，入地七尺。以後又有銅製的火砲，是近代管形火器的先驅。蒙古人也重視商業，商稅收入相當於全國貨幣收入的1/10，超過以往任何時代。

宋末元初是棉花種植推廣的時期，江東、江淮、陝右、川蜀等地都已大量種植，棉布作爲商品的流傳也漸次擴大。元初在浙東、江東、江西、湖廣、福建等地設立木棉提舉司，負責每年徵收十萬匹棉布的稅收，反映了當時棉花種植與棉紡織業已相當普遍。

在這方面頗有建樹的是一代紡織巨匠黃道婆。她是松江府上海縣烏泥涇鎮人，年輕時流落海南崖州（今崖縣），學習了海南黎族的棉紡織技術。元貞年間（1295～1297年）返回故里烏泥涇鎮，把棉紡織技術傳授給鄉親，並做出了一系列技術革新，包括脫籽、彈花、紡紗、織布，以及錯紗、配色、綜線、挈花的全套工序，還發

明了三錠腳踏紡車，使烏泥涇鎮成爲先進棉紡織技術的傳播中心，帶動了松江府及鄰近地區棉紡織業的繁榮，到了元末明初，松江府已經成爲全國第一的棉布產地，號稱「綾布二物，衣被天下」，掀起了被海外學者所稱譽的持續數百年的「棉花革命」。

商業的繁榮要求金屬貨幣向紙幣轉化，元朝全面通行紙幣，發行中統元寶交鈔、至元通行寶鈔，是一種銀本位紙幣。中統元寶交鈔，鈔兩貫等於銀一兩；至元通行寶鈔，鈔十貫等於銀一兩。這種稱爲「鈔」的紙幣，比宋金時代的紙幣更加完備化，現代中國人把紙幣稱爲「鈔票」，其源蓋出於此。但是它缺乏金融約束機制，無法限制發行數量，導致不斷貶值，最終趨於崩潰。

元朝把大都（北京）作爲首都，唐宋時代的運河體系顯然無法適應新的格局。爲了加強首都與南方的聯繫，元朝在海運和河運兩方面同時並進，都取得了極大的成功。

海運路線，從太倉劉家港（瀏河）入海，經崇明東行，入黑水洋（黃海），由成山角轉西，到劉家島（威海）、登州（蓬萊）沙門島，從萊州大洋（萊州灣）入界河口，抵達直沽（天津）。如果順風順水，不過十天就可到達。海運船舶小的載重300石，大的載重1000石，以後有載重8000～9000石的特大海船，每年運送漕糧的數量由4萬石增加到300萬石以上。這種海運，爲明朝初年的遠洋航行奠定了基礎。

從江南到大都，元初可以利用唐宋運河輾轉北上。淮河以南，邗溝與江南河迭經整治，仍可通行；淮河以北，可由泗水抵達山東境內，又可由御河（衛河）抵達直沽（天津），再由直沽經白河抵達通州。全線獨缺山東境內泗水與御河之間的一大段，以及通州到大都之間的一小段，沒有河道可通。爲了解決這個問題，元朝先後

開鑿了濟州（濟寧）河150里，會通河250里，北上船舶經由江南河、邗溝進入會通河、濟州河，由御河經直沽抵達通州。以後又開鑿通惠河，由水利工程專家郭守敬親自設計施工，從通州直通大都，全長164里，引京西昌平諸水入大都城，會合成積水潭，與會通河相連接。由杭州北上的船舶可以直達大都城內，這樣就形成了京杭大運河的新格局，其主體部分一直沿用至今。

第十一講

騎馬民族馳騁的時代

第十二講
明帝國的專制政治

曉耕圖

元朝後期，政治腐敗，統治集團爭權奪利，搞得一團糟。元末一首〈醉太平小令〉如此描寫當時的社會狀況：

> 堂堂大元，奸佞專權。
> 開河變鈔禍根源，惹紅巾萬千。
> 官法濫，刑法重，黎民怨。
> 人吃人，鈔買鈔，何曾見？
> 賊做官，官做賊，混愚賢，哀哉可憐！

這種局面終於導致農民起義，起義軍用紅巾包頭，稱為紅巾軍或紅軍。幾年時間，半個中國都在起義軍控制之下，民謠唱道：

> 滿城都是火，府官四散躲。
> 城裡無一人，紅軍府上坐。

遊方僧出身的朱元璋崛起於紅巾軍中，逐漸擴大勢力，擊敗了其他反元武裝力量，在1368年推翻元朝，建立明朝，成為明帝國的開國皇帝——明太祖。

1.朱元璋：「以重典馭臣下」
——胡藍黨案及其他

明太祖朱元璋以猛治國，推行嚴刑峻法，「以重典馭臣下」。朝廷大小政務都要自己親自裁決，唯恐大權旁落，不僅大權獨攬，而且小權也要獨攬。在面臨皇權與相權、將權發生矛盾時，他以一

種慘烈無比的方式加以處理，於是發生了胡藍黨案。

所謂胡藍黨案，就是胡惟庸黨案與藍玉黨案，是朱元璋爲了鞏固皇權至高無上的地位，發動的政治鬥爭，大開殺戒，把開國元勳一網打盡。

1934年，吳晗在《燕京學報》發表論文〈胡惟庸黨案考〉，廣泛收集史料，進行嚴密細緻的考證，把已經撲朔迷離的胡惟庸黨案的眞相揭示出來。他說：胡惟庸黨案的眞相到底如何，即使明朝人也未必深知，這原因大概由於胡黨事起時，法令嚴峻，著述家多不敢記載此事。時過境遷以後，實在情形已被湮沒，後來史家專憑《實錄》，所以大體均屬相同。他的結論是：「胡惟庸的本身品格，據明人諸書所記，是一個梟猾陰險專權樹黨的人。以明太祖這樣一個十足自私慘刻的怪傑自然是不能相處在一起。一方面深慮身後子懦孫弱，生怕和自己並肩起事的一班功臣宿將不受制馭，因示意廷臣，有主張地施行一系列的大屠殺，胡案先起，繼以李案，晚年太子死復繼以藍案。胡惟庸的被誅，不過是這一大屠殺的開端。」

直白地說，胡惟庸黨案與藍玉黨案是朝廷高層權力較量的極端化表現。在朱元璋看來，開國功臣的特殊貢獻與特殊地位，勢必構成對皇權的潛在威脅，如果不加制伏，那麼他的子孫繼位以後，局面將會不可收拾。在矛盾逐步激化以後，朱元璋抓住兩個有把柄的人物——左丞相胡惟庸和大將軍藍玉——開刀，然後株連蔓延，把那些威脅皇權，以及並不威脅皇權的開國元勳，不分青紅皂白地統統處死，形成明朝初年政治史上令人毛骨悚然的恐怖一頁。

朱元璋成爲開國皇帝後，昔日的謀士李善長出任左丞相，封爲韓國公，在朝廷上位列第一。大將軍徐達雖是右丞相、魏國公，但

帶兵在外作戰，實權操於李善長之手，成爲朝廷中勢力最大的淮西集團的首領。朱元璋對淮西集團勢力過於膨脹有所顧忌，想撤換李善長，來予以遏制。爲此，與浙東四先生之一、足智多謀的劉基商討合適人選。君臣之間有一場推心置腹的對話。

劉基雖然受到李善長的排擠，仍然出於公心勸導皇上不要撤換李善長，原因是李善長能夠「調和諸將」。

朱元璋說，他多次要害你，你還爲他講話，我要任命你爲丞相。

劉基深知在淮西集團當權的情況下，他這個浙江青田人很難在朝廷中施展手腳，堅決辭謝。

朱元璋便問，楊憲如何？

劉基雖然與楊憲有私交，但他認爲此人並不合適，原因是他「有相才，無相器」，在他看來，丞相應該「持心如水，以義理爲權衡」，楊憲沒有這個水平。

朱元璋又問，汪廣洋如何？

劉基說，這個人更加「偏淺」。

朱元璋再問，胡惟庸如何？

劉基說，這個人好比一匹劣馬，要他駕車，必然會翻車壞事。

朱元璋見以上人選都不合適，再次敦請劉基出任丞相，說：我的丞相人選，實在沒有一個超過先生的。

劉基再次推辭說，臣疾惡太甚，又不耐繁劇，出任丞相恐怕辜負皇上的恩寵。天下那裡會沒有人才，只要明主悉心追求，一定可以得到。不過目前那幾位，實在看不到有什麼可用之處。

後來朱元璋還是根據李善長的推薦，選擇了胡惟庸——一個遠不如李善長善於出謀劃策，卻精於拍馬奉承的宵小之徒。《明史·

胡惟庸傳》說：「帝以（胡）惟庸爲才，寵任之，惟庸亦自勵，嘗以曲謹當上意，寵遇日盛。獨相數歲，生殺黜陟，或不奏徑行。內外諸司上封事，必先取閱，害己者輒匿不以聞。四方躁進之徒及功臣武夫失職者，爭走其門，饋遺金帛名馬玩好，不可勝數。」活脫脫一副小人得志不可一世的嘴臉。大將軍徐達對他的奸猾行徑深惡痛絕，把他的劣跡上告皇帝。胡惟庸得知後，引誘徐達府上的門房，企圖謀害徐達。雖然沒有得逞，但心計毒辣的小人心態暴露無遺。

胡惟庸得悉劉基在皇帝面前說他無能，便懷恨在心，必欲置之死地而後快。其實當時劉基已經告老還鄉，不再與聞政治，不可能構成威脅。胡惟庸還是指使親信，無中生有地誹謗劉基用有「王氣」的土地營建墳墓，圖謀不軌，刺激皇帝的猜忌心理。結果是在意料之中的，劉基被剝奪了俸祿。劉基懼怕帶來更大的禍水，趕赴南京當面向皇帝請罪，以明心跡。從此憂憤成疾，不久就死去了。關於劉基的死因，後來有人告發，是胡惟庸毒死的。

明清史專家孟森對此十分感慨地說，劉基的歸隱，實爲懼禍，激流勇退，然而激流勇退尚且不免於禍。

朱元璋後來談起此事，一口咬定是胡惟庸毒死的。但是吳晗考證說：「劉基被毒，出於明太祖之陰謀，胡惟庸舊與劉基有恨，不自覺地被明太祖所利用。」如果吳晗的考證正確，那麼劉基的死就更加具有悲劇色彩。

胡惟庸的獨斷專行，激化了相權與皇權的矛盾。他的大權獨攬，使朱元璋感到大權旁落，除了剪除別無選擇。洪武13年（1380年），胡惟庸以「擅權植黨」罪被處死。胡惟庸的死是咎由自取，但是朱元璋爲了株連一個「胡黨」，把他的罪狀逐步升級，以「通

倭通虜」罪，來株連開國元勳，給他們加上「胡黨」的罪名，處死抄家。

十年以後，胡惟庸的罪狀又升級為「謀反」。朱元璋指使親信精心策劃，唆使李善長的家奴無中生有地告發李善長與胡惟庸勾結，串通謀反。看得出來，朱元璋要用這個藉口除掉李善長，他冠冕堂皇地說：「（李）善長元勳國戚，知逆謀不發」、「狐疑觀望懷兩端，大逆不道」。這當然是欲加之罪何患無辭。77歲的李善長及其一門七十多人被殺，純屬冤案一樁。一年以後，解縉寫了〈論韓國公冤事狀〉，朱元璋看了無話可說，可見他也默認是枉殺。

與此同時又有一些開國元勳與胡惟庸「共謀不軌」的案件被揭發出來。一場「肅清逆黨」的政治運動鋪天蓋地而來，被株連的功臣及其家屬共計三萬多人。為了虛張聲勢，朝廷頒布了《昭示奸黨錄》，株連蔓延達數年之久。這些被株連的「胡黨」，顯然是無辜的。

藍玉黨案也是如此。藍玉是開平王常遇春的妻弟，在常遇春麾下勇敢殺敵，所向披靡，戰功顯赫，升為大將軍，封為涼國公。皇恩浩蕩之下，藍玉忘乎所以，驕橫跋扈，使朱元璋感受到將權與皇權的衝突。於是，翦除的羅網悄悄張開。洪武26年（1393年），錦衣衛指揮蔣某誣告藍玉「謀反」，無端地說他與景川侯曹震等公侯企圖趁皇帝出宮舉行「藉田」儀式時，發動兵變。裝模作樣審訊的結果是，連坐處死了一萬五千人，把打天下的將領幾乎一網打盡。為了顯得名正言順，朱元璋特地下詔，頒布《逆臣錄》，其中包括一公、十三侯、二伯。《逆臣錄》羅織罪狀的伎倆實在拙劣得很，例如一個名叫蔣富的人招供：在酒席上，藍玉對他說：「老蔣，你是我的舊人，我有句話和你說知，是必休要走了消息。如今我要謀

大事,已與眾頭目都商量過了,你回到家去打聽著,若下手時,你便來討分曉,久後也抬舉你一步。」這個「老蔣」是誰呢?只是藍玉家的一個打漁網戶。另一個叫張人孫的人招供:藍玉對他說,要成大事,希望張人孫等添置兵器,聽候接應,如日後事成時,都讓你們做官。這個張人孫是誰呢?只是鄉里的一個染匠。實在滑稽得很,藍玉如果真想謀反,應該與手握兵權的將領秘密策劃,絕不會去和打漁網戶、染匠商量殺頭滅族的事情。僅此一點,已經可以知道《逆臣錄》完全是捏造出來的。目前已經無法看到的《昭示奸黨錄》如何被炮製出籠的真相,但大體也可想而知了。其目的只有一個,那就是為大殺功臣尋找藉口而已。

開國第一功臣徐達一向反對胡惟庸,所以無法被牽連進「胡黨」,他死時藍玉黨案還沒有爆發,當然與「藍黨」無關,但是這樣也沒有倖免。他患了極為兇險的背疽,忌吃蒸鵝。朱元璋偏偏派人送去蒸鵝。徐達心知肚明,皇上不希望他繼續活下去,只好當著來人的面,吃下蒸鵝,沒有幾天就一命嗚呼了。

開國功臣殺得差不多的時候,朱元璋才假惺惺地說:「自今胡黨藍黨概赦不問。」其實不過是一句顯示皇恩浩蕩的空話。

殺功臣的根本目的是排除潛在威脅,強化皇權。洪武13年殺了胡惟庸以後,朱元璋下了一道詔書,說什麼上古時代沒有丞相,秦始皇開始設立丞相,很快滅亡了;漢、唐、宋的丞相中很多是小人,專權亂政,可見丞相不是好東西。於是他宣布從今以後廢除丞相及其辦事機構中書省。以後的嗣君,不得議論設置丞相,臣下敢於請求設置丞相的,嚴懲不貸。他聲稱,「事皆朝廷總之」,其實是由他這個皇帝來兼行丞相職務,大權獨攬。皇帝權力史無前例的高度集中,締造了堪稱空前的君主專制體制。然而皇帝兼行丞相職

權，畢竟難以持久，他的兒子明成祖朱棣做了一個變通，把朱元璋時期作為皇帝顧問的大學士選拔到文淵閣值班，協助皇帝處理政務，從而確立了明朝通行兩百多年的內閣制度。以後內閣制度不斷完善，內閣首輔的權力與丞相相當，但是始終沒有丞相的名分。

推行特務政治，也是朱元璋強化皇權的一大創舉。在監察機構——都察院之外，明朝設立檢校、錦衣衛，承擔監視官員的特殊使命。

檢校的職責是「專主察聽在京大小衙門官吏不公不法及風聞之事」，直接向皇帝報告。朱元璋自己就坦率地說：「有這幾個人，譬如人家養了惡犬，則人怕。」這些惡犬實在厲害，幾乎無孔不入。一個名叫錢宰的人，每天要上朝去編《孟子節文》，寫了一首打油詩發牢騷：「四鼓咚咚起著衣，午門朝見尚嫌遲。何時得遂田園樂，睡到人間飯熟時。」朱元璋第二天就知道了，對他說：你昨天寫得好詩，不過我並沒有「嫌」啊，改作「憂」字如何？官員們的一舉一動都在監視之下，結果誰也不敢造次。

錦衣衛是一個由皇帝直接指揮的軍事特務機構，掌管侍衛、緝捕、刑獄，凌駕於司法機構——刑部、大理寺——之上。它所設的監獄，稱為「詔獄」，意即皇帝特批的監獄。處理胡藍黨案，錦衣衛就起了很大作用。朱元璋的後繼者，又創立東廠、西廠，由太監掌管，聽命於皇帝。廠衛橫行，構成特務政治的一大特點。

朱元璋「以重典馭臣下」，屢興大獄，嚴刑峻法，凌遲、梟首之外，還有刷洗、秤竿、抽腸、剝皮等酷刑，在朝廷上下造成了極度恐怖的氣氛。官員每天上朝，不知是否可以平安回家，出門前都與妻子訣別，吩咐後事。到了晚年，朱元璋總算意識到「以重典馭臣下」做過了頭，「非守成之君所用常法」，於是告誡他的繼承

人，不許法外用刑。

2.靖難之役與建文帝生死之謎

明太祖朱元璋有26個兒子，他因自己出身卑微，當上皇帝後，生怕那些開國元勳「尾大不掉」，將長子立為太子，九子、二十六子早死，其餘23個兒子都封王建藩。燕王朱棣、晉王朱棡、寧王朱權等率兵駐守北方，抵禦蒙古；周王朱、齊王朱榑等駐於內地各省，監督地方官吏。朱元璋規定，如遇奸臣專權，藩王可以聲討奸臣，甚至可以發兵「清君側」。他的本意是企圖用皇室親戚來維護皇權，殊不知事與願違。

皇位理應由朱允炆的父親朱標繼承，朱標作為長子，早就被立為太子。可惜他英年早逝，死於洪武25年（1392年），朱元璋按照嫡長子繼承的原則，把長孫朱允炆立為皇儲。洪武31年（1398年）朱元璋病逝，長孫朱允炆即位。出生於洪武10年（1377年）的朱允炆，此時已是一個英姿勃發的青年了，書生氣十足而又溫文爾雅，卻缺少祖父與叔父們雄才大略的草莽習氣。他在位僅僅四年，就被叔父——燕王朱棣趕下台，禍根是他的祖父朱元璋種下的。

朱元璋給兒子們封王建藩，並授予他們「清君側」特權的做法，同樣出身卑微的劉邦也採用過。劉邦建立漢朝後，立即分封同姓諸侯王，作為劉家天下的屏障。出乎意料的是，那些同姓諸侯王野心勃勃，與中央分庭抗禮。漢景帝接受晁錯的「削藩」主張，引來了藩王的反叛——吳楚七國之亂，他們的藉口就是「請誅晁錯，以清君側」。

歷史常有驚人的相似之處。建文帝即位後，那些分封於邊疆及

內地的藩王們，根本不把這個年輕的侄皇帝放在眼裡，他們個個擁兵自重。建文帝時時感受到有著皇叔身分的藩王們的威脅，不得不與親信大臣齊泰、黃子澄、方孝孺商量削奪藩王的權力。藩王們當然不會坐以待斃，勢力最大的燕王朱棣率先發難，其藉口就是援引「祖訓」：如遇奸臣擅權，藩王可以發兵聲討，以「清君側」。於是，建文元年（1399年）7月朱棣在他的封地起兵，發動了「靖難之役」，藉口是「清君側」，其實是以聲討齊泰、黃子澄為名，矛頭直指建文帝。

建文4年，燕王朱棣攻下當時的首都南京，建文帝下落不明，一說焚死，一說逃亡，究竟如何，眾說紛紜，這就是建文帝生死之謎的由來。

燕王朱棣為了奪取帝位，必須宣稱建文帝已經死亡，否則他就不可能稱帝。他在裝模作樣地多次拒絕大臣們的「勸進」之後，終於登上了夢寐以求的皇帝寶座。這樣的做法未免有篡位的嫌疑，要擺脫嫌疑，首先必須否定建文帝的合法性。因此他既不給建文帝應有的謚號，也不承認建文的年號，把建文4年改稱洪武35年，表示他不是繼承建文帝的帝位，而是直接繼承太祖高皇帝的帝位。就這樣，他成為明朝的第三代皇帝——明成祖，第二年（1403年）改元為永樂元年。

明成祖朱棣為了粉飾奪取帝位的合法性，指使臣下掩蓋歷史真相，銷毀建文時期的政府檔案，禁止關於這一事件的一切記述。光有掩蓋還不夠，必須篡改歷史。於是，這場政變被描繪成這樣：建文4年6月，「靖難」的軍隊打到南京金川門，「建文君欲出迎，左右悉散，惟內侍數人而已，乃歎曰：『我何面目相見耶！』遂闔宮自焚。」史家的春秋筆法已經顯露無遺，對朱允炆既不稱惠帝，也

不稱建文帝，而逕直改稱「建文君」，以表示他並不是帝位的合法繼承人；因為無臉見人，才畏罪自殺。燕王朱棣則顯得高風亮節，捐棄前嫌，立即派遣太監前往救援，無奈來不及，太監把「建文君」的屍體從火中找出，報告燕王，燕王哭著說：果然如此癡呆？我來是為了幫助你做好皇帝，你竟渾然不覺，而走上絕路！這分明是史官的粉飾之言。假如建文帝不「自焚」，也必死無疑。事實上朱棣上台後，對建文帝的親信大臣如齊泰、黃子澄、方孝孺等，展開了一場又一場大屠殺，被人稱為「瓜蔓抄」。其殘酷的程度可與乃父朱元璋懲處胡惟庸、藍玉黨案相媲美。

明末文壇領袖錢謙益的《有學集》中有一篇〈建文年譜序〉，這樣寫道：他在史局（國史館）工作三十餘年，博覽群書，唯獨對於「建文遜國」（官方對於朱棣奪取帝位的一種標準宣傳口徑）一事，搞不清楚，而傷心落淚。原因有三：一是《實錄》無徵，二是傳聞異辭，三是偽史雜出。因此他稱讚趙士喆所編《建文年譜》，薈萃諸家紀錄，再現真相，感人至深，「讀未終卷，淚流臆而涕漬紙」。可見從明初到明末，始終有人在探求建文帝的生死之謎。

就連明成祖朱棣自己也不相信建文帝真的自焚而死。《明史‧胡濙傳》記載，朱棣懷疑建文帝逃亡，派遣戶科都給事中胡濙，以尋訪仙人張邋遢（張三丰）為名，暗中偵查建文帝的蹤跡。胡濙在外14年之久，回朝後，把打聽到的民間隱秘與傳聞，向皇帝報告，終於使他的懷疑冰釋。《明史‧胡濙傳》如此寫道：「先，（胡）未至，傳言建文帝蹈海去，帝分遣內臣（太監）鄭和數輩，浮海下西洋。至是，疑始釋。」你看，朱棣如果相信建文帝已經自焚而死，何必如此興師動眾呢？明清史專家孟森在〈建文遜國事考〉中說：如果建文帝已經自焚而死，「何必疑於人言，分遣胡濙、鄭和

輩海內海外，遍行大索，大索至二十餘年之久？」

即使明成祖朱棣的子孫後代也認為建文帝的下落是個謎。明神宗朱翊鈞就是一例。他即位伊始，曾下詔為被殺的建文朝大臣建祠廟祭祀，並頒布《苗裔卹錄》，對他們的後裔給予撫卹。看來他對被明成祖趕下台的建文帝頗有一點追懷敬仰之情。萬曆2年10月17日，他在文華殿與內閣大學士們談起建文帝的事，提出了一個思慮已久的問題：聽說建文帝逃亡，不知真偽如何？再次提出了明朝的第一號無頭公案。內閣首輔張居正如實回答：我朝的國史沒有記載這件事，聽前朝故老相傳，說靖難之師進入南京城，建文帝化裝逃亡。到了正統年間，有一個老和尚在雲南驛站壁上題詩一首，有「淪落江湖數十秋」之句。御史召見此人詢問，老僧坐地不跪，說：我想葉落歸根。查驗後才知道是建文帝。張居正的這一說法，記載在《明神宗實錄》，與祝允明《野記》所說大體相同，可見在明中晚期，關於建文帝的下落已經不再忌諱，事實的真相逐漸明朗。

看來，明人野史關於建文帝逃亡生涯的記載，並非向壁虛構。不妨將其始末簡單勾勒如下。

建文4年6月，建文帝得知南京金川門失守，長吁短歎，想自殺以謝國人。翰林院編修程濟說，不如出走流亡。少監王鉞跪在地上提醒皇上，高皇帝升天之前，留下一個寶匣，並且交代說，如有大難，可以打開。眾人一起趕到奉先殿左側，打開這個紅色寶匣，但見裡面有度牒三張，分別寫著「應文」、「應能」、「應賢」，裡面還有袈裟、僧帽、僧鞋、剃刀，以及銀元寶十錠。第一張「應文」度牒寫著：「應文從鬼門出，其餘人等從水關御溝而行，薄暮時分在神樂觀的西房會合。」程濟立即為皇上剃去頭髮，換上袈

十六國墓頂壁畫‧升天圖

裟、僧帽、僧鞋。吳王敎授楊應能表示願意剃度，隨帝流亡；監察御史葉希賢毅然說，臣名賢，無疑就是「應賢」，也剃度改裝隨從。當時在殿上的五、六十人痛哭流涕，都表示要隨從流亡。建文帝說，這麼多人一起行動，勢必引起懷疑，決定由九人陪他前往鬼門，在神樂觀乘船至太平門。少頃，楊應能、葉希賢等13人趕來。一行22人開始了流亡生涯。建文帝交代，今後互相以師弟稱呼，不必拘泥君臣之禮。兵部侍郎廖平建議，隨從不必多，更不可多，挑選沒有家室之累又有膂力五人足夠，其餘遙爲應援。當場決定楊應能、葉希賢稱爲比丘，程濟稱爲道人，這三人左右不離建文帝；其餘六人往來道路，運送衣食。第一站來到吳江縣的史彬家中。8月16日，建文帝與兩位比丘、一位道人同行，其餘人等星散。10月，來到襄陽的廖平家。獲悉跟蹤者也已到此，大家商議後便決定前往雲南。

明成祖派遣戶科都給事中胡濙前往西南地區，打著探尋道敎宗師張三丰的幌子，其實是爲了偵查建文帝的下落。消息傳來，建文

帝決定遁跡深山。

永樂8年3月，工部尚書嚴震以出使安南（即今越南）的名義，至雲南秘密探訪建文帝的蹤跡。某一天，嚴震偶然在雲南道中遇到建文帝，兩人相對而泣。建文帝問他：你準備怎麼處置我？嚴震回答：皇上請便，臣自有辦法。夜間，嚴震自縊於驛站。建文帝見蹤跡暴露，再次躲進白龍山。

長期的野外生活，使得他身心疲憊，顏色憔悴，面容枯槁。到了夏天，又患上痢疾，但因害怕被發現，不敢出山覓食、求醫，狼狽到了極點。這時史彬等三人趕來，境況頓時改善。幾天後，三人離別，抱頭痛哭一場。建文帝交代，今後不必再來，一則道路艱險，二則關津盤查嚴密。

永樂10年3、4月間，一直隨從建文帝的楊應能、葉希賢相繼病逝，建文帝收了一名弟子，賜名「應慧」。永樂14年6月，建文帝足疾發作，程濟進城覓藥，才得痊癒。這使建文帝感到危機時時迫近，便口述流亡的經過，由程濟筆錄，寫成《從亡傳》，建文帝親筆寫了序言，命程濟藏於山岩中。此後幾年，建文帝奔走於雲南、貴州、四川之間。永樂18年10月，在程濟的陪同下，建文帝登上了峨嵋山，賦詩一首，其中兩句爲：「登高不待東翹首，但見雲從故國飛。」流露了他此時此地思念故國的複雜心情。

永樂22年2月，建文帝東行。10月，在旅店遇到史彬。史彬關切地問起道路起居，建文帝說：近來強飯，精爽倍常。於是同史彬下江南，回到吳江史彬家中。這時史彬的從叔祖史弘從嘉興趕來，在客堂見到老和尚，問史彬：大師從何而來？史彬不答。史弘把史彬拉出，說：此建文皇帝也。史彬矢口否認，史弘說我曾在東宮見到過，是我的救命恩人。史彬只得如實相告。史弘頓首後，哭泣著

詢問近況。建文帝說：賴各位從亡者給我衣食，得以周旋於險阻之間。20年來，戰戰兢兢，今日想來，可以終老了吧！隨後在史弘的陪同下，遊覽天台山，到寧波渡蓮花洋。

匆匆間，成祖死，仁宗即位，不到一年，仁宗死，宣宗即位，10年後英宗即位。皇帝已經更換了好幾個。政治環境的變換，是他再現真身的時候了。正統5年（1430年），正在廣西的建文帝對程濟說，我決意東行。

建文帝有文才，流亡中經常詩性大發而賦詩，最著名的一首就是：

> 流落西南四十秋，蕭蕭白髮已盈頭。
> 乾坤有恨家何在？江漢無情水自流。
> 長樂宮中雲氣散，朝元閣上雨聲收。
> 新蒲細柳年年綠，野老吞聲哭未休。

人們常說，詩言志。從這些詩中，不難體味到一位流亡皇帝的心靈呼聲。巧得很，同寓所的一名和尚，竊得建文帝的詩稿，跑到思恩知州岑瑛那裡，大言不慚地說，我就是建文皇帝！岑瑛大為驚駭，馬上報告藩司。藩司下令把和尚與建文帝一併逮捕，飛章報告朝廷。當朝皇帝下詔：押解回北京。皇帝命御史在宮廷中審訊，那和尚稱：年九十餘，且死，想葬於祖父陵墓旁。御史說：建文君生於洪武10年，現在是正統5年，當64歲，何得90歲？後來查實得知，這和尚名叫楊應祥，鈞州白沙里人。報告皇帝後，和尚被判處死刑，下錦衣衛監獄關押。建文帝此時把實情告訴了御史，御史秘密上報皇帝，皇帝派曾經服侍過建文帝的老太監吳亮探望虛實。建

文帝見到吳亮，脫口而出：你難道不是吳亮？吳亮說：不是。建文帝糾正道：我有一天在便殿就餐，吃子鵝，一片肉掉到地上，你手裡拿著壺，趴在地上把它吃掉了。還說不是你！吳亮伏地大哭。他知道建文帝左腳趾有黑子，查看後果然，想不到幾十年後能夠見面，痛哭流涕，不能仰視。於是，皇帝下令把建文帝迎入宮中西內養老，宮中人都叫他「老佛」。壽終正寢後，葬於西山，不封不樹。因為很難給他一個名分，所以成為一座無名墓。

以上是野史根據傳聞描繪的一段失落的史事，建文帝生死之謎，在幾十年以後，終於有了一個真相大白的結果。

由於建文時期的檔案史料已被銷毀，《明成祖實錄》又充滿謊言，已經難以核實其正確性究竟有多少。因此清代學者頗多懷疑，例如萬斯同在《明史稿・史例議》中就說：「明代野史之失實，無有如建文遜國一事。」乾隆時正式出版的《明史》，卷四惠帝紀，在寫了建文帝焚死之後，又加上「由地道出亡」一段文章，依然是一團迷霧。因此現在要確切考證建文帝的下落，猶如霧裡探花，那只好仁者見仁智者見智了。

3. 言官與彈劾——嚴嵩嚴世蕃父子

所謂言官，就是監察官員，他們的監察手段主要是言論，向皇帝彈劾違法亂紀的官員。明朝的言官，有兩個系統：一個系統是都察院，長官是都御史，下屬有十三道御史（按地域劃分）；另一個系統是六科，與六部相對應，負責監察六部，因而有吏科、禮科、兵科、戶科、刑科、工科，長官是都給事中，下屬有給事中。他們的級別不高，許可權卻不小，以小制大，起到權力制衡的作用。但

是也不盡然。嘉靖年間，對於權臣嚴嵩、嚴世蕃父子的彈劾就是如此，反映了在奸臣的權勢與威懾下，言官並非鐵板一塊，而是形形色色的。

嚴嵩何許人也？明朝嘉靖年間政壇上權勢顯赫、作惡多端的大奸臣，人所共知。一般百姓對他的了解，並不是從《明史·奸臣傳》，而是從小說和戲曲中得來的。從他在世時起，抨擊他的作品就絡繹問世，《寶劍記》、《鳴鳳記》、《金瓶梅》、《喻世明言》、《一捧雪》，直至《盤夫索夫》之類，讓人們看到了一個人人得而誅之的權奸形象。

然而在他得勢的時候，要把這個政壇炙手可熱的大人物扳倒，卻並非易事。道理很簡單，有皇帝為他撐腰。

出生於江西省袁州府分宜縣的嚴嵩，自從進士及第以後，一直官運亨通，從翰林院、國子監這些清閒職務做起，逐漸爬上禮部尚書的台階，進而成為內閣大學士、內閣首輔（相當於首相），在嘉靖21年到41年（1542～1562年），專擅朝政達20年之久。當時的皇帝明世宗剛愎自用、猜忌多疑，而又篤信道教，在宮中清虛學道，潛心修煉，根本無心治理朝政。正如海瑞在〈治安疏〉中對皇帝的批評：「二十餘年不視朝，綱紀弛矣」，「天下吏貪將弱，民不聊生」。這樣的皇帝當然需要一個能夠投其所好、讓他放心的內閣首輔，來擺平朝廷政事。

嚴嵩正是這樣一個人物。他與皇帝的關係處理得非常和諧，馬屁工夫十分了得。為了迎合皇帝學道潛修的需要，經常代皇帝起草一些具有濃厚道教色彩的「青詞賀表」。以他的進士出身以及在翰林院的磨練，所寫的「青詞」自然非等閒之輩所可望其項背，深得皇帝歡心。嚴嵩也因此而博得「青詞宰相」的美名。

嚴嵩的投其所好當然絕不僅止於此，而是全方位的。有人說得好：皇帝剛烈，嚴嵩柔媚；皇帝驕橫，嚴嵩恭謹；皇帝英察，嚴嵩樸誠；皇帝獨斷，嚴嵩孤立，因此君相之間「如魚得水」。皇帝把嚴嵩視為心腹，高枕無憂；嚴嵩把皇帝當作護身符，權勢顯赫。20年間，嚴嵩大權在握，擅權亂政，結黨營私，貪贓枉法，無所不為。他的兒子嚴世蕃代行父權，儼然一個「小丞相」。嚴氏父子把持朝廷，政壇一派烏煙瘴氣。

一些剛直不阿的官員，秉承儒家倫理道德準則，不畏權勢，前仆後繼，上疏彈劾嚴氏父子。幾乎沒有一個能夠逃脫嚴嵩之手，不是充軍，便是殺頭。

嘉靖29年，由於嚴嵩的失職，導致蒙古鐵騎兵臨北京城下，震驚朝野，史稱「庚戌之變」（嘉靖29年為庚戌年）。由此而激起公憤，輿論譁然。但是朝廷中的高級官僚懾於嚴嵩的威勢，個個噤若寒蟬，沒有人敢向這個權奸發起挑戰。

然而，政壇上畢竟還有一些不畏權勢，置身家性命於不顧的官員，使得黑暗的政壇透出一絲耀眼的光亮。嚴嵩的晚年，其實日子並不好過，對他的彈劾，從未間斷過。

嘉靖30年，一個在錦衣衛掌管文書的小吏沈煉挺身而出，以為「庚戌之變」的城下之盟是奇恥大辱，「出位」（超越職位）彈劾嚴嵩。他的奏疏題目直截了當——《早正奸臣誤國以決征虜大策》，矛頭直指嚴嵩、嚴世蕃父子：「今虜寇（指蒙古）之來者，三尺童子皆知嚴嵩父子之所致也」，當此危急關頭，必須清除嚴嵩父子奸黨，激發忠義，才可以化險為夷。

皇帝接到這份奏疏，命內閣大學士李本代他起草批示（當時叫做「票擬」）。李本懾於嚴嵩的威權，不敢自作主張，便向嚴世蕃

徵求意見。向被彈劾者透露彈劾內容，並且徵求處理意見，看來十分荒唐，卻又在情理之中，因為他們原本就是沆瀣一氣的同黨。嚴世蕃與嚴嵩義子趙文華一起炮製了「票擬」，李本全文照抄。這份皇帝聖旨傳達的恰恰是嚴嵩父子的意思，其結果是可想而知的。「聖旨」指責沈鍊「恣肆狂言，排陷大臣」，希圖博取「直名」。是非完全被顛倒了，嚴嵩父子安然無恙，沈鍊卻遭到嚴懲，在一頓杖責之後，革職流放塞外。六年後，嚴嵩父子無端捏造「謀叛」罪，處死沈鍊，其長子充軍邊疆，次子、三子被活活打死。

嚴嵩以這樣的手法向人們顯示，企圖扳倒他的人絕沒有好下場。

然而正直官員並沒有全部被嚇倒。嘉靖32年，刑部員外郎楊繼盛再次挺身而出，上疏彈劾嚴嵩十大罪狀：壞祖宗之成法、竊人主之大權、掩君上之治功、縱奸子之僭竊、冒朝廷之軍功、引悖逆之奸臣、誤國家之軍機、專黜陟之大柄、失天下之人心、壞天下之風俗。

楊繼盛的彈劾較之沈鍊，更加深刻，直指要害，言詞也更加尖銳。以其中任何一條，都可以置嚴嵩於死地。但是，在當時皇帝寵信嚴嵩的形勢下，彈劾嚴嵩的勝算幾乎等於零。楊繼盛心中很清楚這種危險性，他是冒死諫諍，寧願以自己的死來營造一種扳倒嚴嵩的輿論。結局早就定了。何況楊繼盛書生氣太盛，居然在奏疏中批評皇帝「甘受嵩欺」、「墮於術中而不覺」。並且要皇帝叫他的兩個兒子——三子裕王、四子景王——出來揭發嚴嵩的罪惡。這是皇帝絕對不能容忍的，老奸巨猾的嚴嵩緊緊抓住這點，指責楊繼盛挑撥皇帝與兩個親王的關係。皇帝大為惱怒，立即下旨：「這廝因謫官懷怨，摭拾浮言，恣肆瀆奏。本內引二王為詞，是何主意？著錦

衣衛拿送鎮撫司，好生打著究問明白來說！」

被關進錦衣衛的特務機構鎮撫司監獄中的楊繼盛，遭受了種種酷刑，還被逼迫交代幕後主使人。他身上有著傳統士大夫引以自豪的那種名節正氣，始終沒有屈打成招，但還是被毫無根據地判處死刑。臨刑前，他十分坦然，賦詩明志：

> 浩氣還太虛，丹心照萬古。
> 生前未了事，留與後人補。

至死還在對皇上表明赤膽忠心，沒有一絲一毫的怨言。而皇帝卻把他看作草芥，以為他是因貶官心懷怨恨，而誣陷內閣首輔的，死得活該。這正是楊繼盛的悲劇，寄希望於這樣的皇帝，未免過於迂腐。

楊繼盛之死，並沒有使彈劾嚴嵩的風潮停息。接二連三的彈劾奏疏，不斷地送進紫禁城，但是依然動搖不了嚴嵩的地位。

轉機終於出現了。嘉靖40年，向來善於阿諛逢迎的嚴嵩，一言不慎得罪皇帝，從此失去了恩寵。

事情的原委是這樣的：皇帝為了學道潛修，長期住在西苑永壽宮。嘉靖40年11月25日夜裡，一把大火，把永壽宮化作一片廢墟。朝廷大臣有的主張修復永壽宮，有的主張皇帝遷回大內（紫禁城），議論紛紜。嚴嵩既不同意修復永壽宮，也不同意遷回大內，而主張皇帝暫時居住南宮（重華宮）。這個主意令皇帝大為惱怒：南宮是個不祥之地，先前是景帝幽禁英宗的場所，嚴嵩似乎有「幽禁」我的意思。內閣次輔徐階一向圓滑，從不得罪嚴嵩，這時敏感到嚴嵩已經失寵，便乘機落井下石，提議修復永壽宮，而且以最快

的速度竣工，由此而博得了皇帝的歡心。皇帝從此把朝廷大政方針的決定權交給了徐階。

徐階爲了取代嚴嵩，自己升任內閣首輔，便利用皇帝篤信道敎的弱點，收買他身邊的道士藍道行，在扶乩時，假借神仙之口攻擊嚴嵩。據《明世宗實錄》、《明史・鄒應龍傳》的記載，這一機密資訊被御史鄒應龍獲悉，他立即上疏彈劾嚴嵩父子，正中皇帝之意，終於導致嚴嵩父子的倒台。

那是嘉靖41年5月某日，鄒應龍下朝時因避雨進入太監房，攀談中，聽說皇上請道士藍道行扶乩，得到這樣幾句神仙的旨意：「賢不競用，不肖不退」；「賢如徐階、楊博，不肖如嵩。」沉迷於道敎的皇帝，對藍道行的扶乩深信不疑，遂有意罷去嚴嵩。

「帝有意去嵩」，這是一個政治資訊，也是一個機密情報。機不可失，時不再來，鄒應龍以爲建功立業的機會到了，便連夜趕寫了洋洋千言的彈劾嚴嵩父子的奏疏──〈貪橫蔭臣欺君蠹國疏〉。其中寫道：「工部侍郎嚴世蕃憑藉父勢，專利無厭，私擅爵賞，廣致賂遺」；「臣請斬世蕃懸之篙竿，以爲人臣兇橫不忠者之戒。其父嵩受國厚恩，不思圖報，而溺愛惡子，播弄利權，植黨蔽賢，黷貨敗法，亦宜亟令休退，以清政本」。在奏疏的末尾，鄒應龍信誓旦旦地說：「如臣有一言不實，請即斬臣首以謝嵩父子，並爲言官欺誑者戒。」皇帝正要除去嚴嵩父子，鄒應龍的奏疏提供了一個名正言順的口實，於是聖旨下達：勒令嚴嵩致仕，嚴世蕃逮入詔獄，提升鄒應龍爲通政司參議。

民間戲曲常常把鄒應龍描繪成扳倒嚴嵩父子的英雄，其實此人是一個十足的機會主義者。他是摸透了皇帝「有意去嵩」的心理後，進行政治投機，並沒有楊繼盛那種明知山有虎偏向虎山行的氣

概。皇帝雖然罷了嚴嵩的官，但多年來的感情一時難以割捨，每每念及其「贊修之功」，心情很不痛快，便以手諭的形式告誡已經升任內閣首輔的徐階：今後如果再有官員談起嚴嵩父子的事情，那麼連同鄒應龍一併處死。這使鄒應龍感到莫名的惶恐，唯恐因此遭來殺身之禍，遲遲不敢赴通政司出任參議之職。後來在徐階的百般調護下，才惴惴不安地赴任視事。他的機會主義者心態暴露無遺。

值得注意的是，這場政治活劇是徐階一手導演的。唐鶴徵的《皇明輔世編》，透露了其中的許多細節：一方面，徐階買通皇帝信任的道士藍道行，讓他在扶乩時，由神仙之口講出「今天下何以不治」的原因，是「賢不競用，不肖不退」；在回答「誰為賢、不肖」時，由神仙之口說出：「賢者輔臣（徐）階、尚書（楊）博。不肖者（嚴）嵩父子。」以此來堅定皇帝罷免嚴嵩的決心。另一方面，徐階連夜派人授意御史鄒應龍起草奏疏，彈劾嚴嵩父子，第二天上朝時呈上。皇帝本來就有意要去掉嚴嵩，鄒應龍的奏疏正中心意，於是馬上勒令嚴嵩致仕，嚴世蕃逮捕入獄，旋即發配海南。

嚴嵩雖然罷官，不過是「致仕」而已，並未傷筋動骨。他的兒子嚴世蕃發配海南，也只是官樣文章，虛應故事而已，中途返回江西老家，威風依舊。他的同黨羅龍文也從遣戍的地方逃回，與嚴世蕃商量如何翻盤。袁州府的官員獲悉此事後，立即把事態誇大為嚴府「聚眾練兵謀反」，報告了巡江御史林潤。林潤作為言官，一向敢於直言，先前曾彈劾嚴嵩的黨羽鄢懋卿，害怕嚴世蕃東山再起，遭到報復。馬上上報朝廷：嚴世蕃、羅龍文「蔑視國法」，還有「通倭」、「謀反」跡象。皇帝對於嚴氏父子貪贓枉法可以容忍，對於「謀反」絕對難以容忍，立即下旨逮捕嚴世蕃、羅龍文來京審問。

嚴世蕃餘威猶在，居然買通三法司（刑部、大理寺、都察院）的官員，在定罪書上強調爲彈劾嚴嵩父子的沈煉、楊繼盛平反，以便激怒皇帝，企求死裡逃生。三法司官員把嚴世蕃的定罪書送交內閣首輔徐階審定，基調果然是處死嚴世蕃爲沈煉、楊繼盛抵命。徐階深知皇上脾性，這種寫法必然觸怒皇上，是「彰上過」——彰顯皇上的過錯，因爲處理沈煉、楊繼盛是以皇帝名義做出的決定，爲沈煉、楊繼盛翻案，就意味著皇帝以前的聖旨是錯誤的，那樣不但不能置嚴世蕃於死地，反而會禍及林潤及其他彈劾嚴氏父子的官員。經過徐階修改的三法司判決書，強調的重點是與皇帝毫無關係的罪狀：「謀反」、「通倭」。平心而論，嚴世蕃咎由自取，不殺不足以平民憤，但「謀反」、「通倭」卻是不實之詞。這不是真正意義的彈劾與審判，而是在耍弄陰謀詭計和權術。

果然，皇帝對於嚴世蕃「謀反」、「通倭」十分震驚，但是僅憑林潤的揭發，還不足以昭示後世，必須核實。徐階再度代替三法司起草答疏，以肯定的語氣回答皇帝，「謀反」、「通倭」證據確鑿。嘉靖44年3月24日皇帝下達聖旨，批准三法司的擬議，以「交通倭虜，潛謀叛逆」的罪名，判處嚴世蕃、羅龍文斬首、抄家，黜革嚴嵩爲平民。

兒子斬首、孫子充軍、家產被抄，嚴嵩的精神徹底崩潰了，一年之後，命歸黃泉。

嚴嵩、嚴世蕃惡貫滿盈，他們的下場是罪有應得。值得深思的是，爲何義正詞嚴的彈劾不但無法奏效，而且適得其反；爲何充滿陰謀與權術的做法卻取得了成功？幾年以後，官員們在撰寫《明世宗實錄》時，就表示了異議：嚴世蕃憑藉其父的威勢，「盜弄威福」、「濁亂朝政」，完全可以用「奸黨」罪處死，而林潤的奏疏

說他「謀逆」，三法司的擬議說他「謀叛」，「悉非正法」。所謂「悉非正法」云云，就是沒有以事實爲根據，以法律爲準繩，而是以一種非法手段處死本該處死的罪犯。事情實在有點匪夷所思，讓人們領教了在專制政治體制下，一切以皇帝的好惡爲轉移，所謂輿論監督不過是一句空話。

4.張居正：「威權震主，禍萌驂乘」

萬曆元年（1573年）至萬曆10年，擔任內閣首輔的張居正，本著「綜核名實，信賞必罰」的原則，力挽狂瀾，推行大刀闊斧雷厲風行的改革，開創了成效卓著的萬曆新政，不僅改變了以前財政連年赤字、入不敷出的局面，而且使萬曆時期成爲明朝最爲富庶的幾十年。《明神宗實錄》如此描寫當時的富庶情況：北京的倉庫裡面儲存的糧食可以供幾年使用，積存白銀達到四百餘萬兩，是多年未見的盛況。持不同政見的人，對此也讚譽有加。人稱「王學左派」的李卓吾，由於好友何心隱之死懷疑是張居正指使地方官所爲，因而對他一向懷有偏見，但是在張居正死後遭到不公正待遇時，出於學者的正直本心，感慨地說出了一句極有份量的話：「江陵（指張居正）宰相之傑也，故有身死之辱。」明白無誤地讚譽他是「宰相之傑」，對他的「身死之辱」感到忿忿不平。

既然是「宰相之傑」，爲什麼會遭到「身死之辱」呢？問題的要害就在於「威權震主，禍萌驂乘」。

《明神宗實錄》的纂修官已經看到了這一點。他們給張居正的「蓋棺定論」，還算客觀公允，一方面肯定他的政績：「成君德，抑近幸，嚴考成，綜名實，清郵傳，核地畝」，稱讚他是「經濟之

才」；另一方面指出他的過失，儘管過不掩功，也足以使他陷入無法擺脫的困境：「偏衷多忌，小器易盈，箝制言官，倚信佞幸」，然而，強調的重點並不在此，而是下面幾句：「威權震主，禍萌驂乘。何怪乎身死未幾，而戮辱隨之。」這段話看似史官通常的褒貶筆法，卻不乏史家難得的史識，精髓就是八個字：「威權震主，禍萌驂乘。」原來是得罪了皇帝，所以才會招來大禍；僅僅是「箝制言官」之類，絕不至於如此。

張居正的「箝制言官」事出有因。在他看來，要進行改革，必須「謀在於衆，而斷在於獨」，必須力排衆議，獨斷專行。這是迫不得已之舉，因爲改革舉措觸及政壇痼疾，沒有雷厲風行的力度難以奏效。無論是使官員不敢懈怠的「考成法」，還是清理欠稅增加財政收入的「清丈田畝」，以及把「一條鞭法」推廣到全國，每一項改革的阻力都非常巨大，反對聲浪一浪高過一浪，沒有獨斷專行的作風，恐怕一事無成。張居正過於嚴厲，過於操切，招來許多非議。但是改革的成效卓著，難以否認，言官們便迂迴側擊，離間他與皇帝的關係。南京戶科給事中余懋學、河南道御史傅應禎、巡按遼東御史劉台，就是代表人物。但是由於皇帝和皇太后的全力支持，宮內實權人物司禮監掌印太監馮保又與張居正結成權力聯盟，那些反對派統統被嚴厲地打壓了下去。

反對派攻擊得最爲厲害的是「奪情」事件。萬曆5年，張居正的父親張文明病逝，按照當時官僚的「丁憂」制度，必須辭官服孝27個月。張居正是一個「非常磊落奇偉之士」，不願意拘泥於「匹夫之小節」，而使改革中斷，便與馮保聯手策劃，要皇帝出面「奪情」——不讓他回鄉守制，而要他「在官守制」，依然執掌朝廷大權。此舉激起了聲勢洶湧的反對聲浪，指責張居正違背傳統的倫理

綱常，不配繼續身居高位。反對得最激烈的是翰林院編修吳中行、翰林院檢討趙用賢、刑部員外郎艾穆、刑部主事沈思孝。就在張居正處境十分尷尬之時，皇帝再三強調「奪情起復」是他的旨意，馮保又和張居正密切配合，讓張居正代替皇帝起草聖旨，對吳、趙、艾、沈四人實施嚴厲的廷杖。由此招來更多的非議，毫無疑問，張居正樹敵過多，和他日後遭到報復不無關係，但是，這些並非他的悲劇的關鍵所在。

關鍵在於「威權震主」！

萬曆元年，朱翊鈞即位的時候還是一個10歲（虛歲）的孩子，皇太后把朝政交給張居正的同時，也把教育小皇帝的責任交給了他。因此張居正身兼二職：首輔與帝師。皇太后為了配合張居正的調教，在宮中對小皇帝嚴加看管，動輒譴責：「使張先生聞，奈何？」在太后和皇帝心目中，張居正的地位與威權之高可想而知。沈德符《萬曆野獲編》中說，張居正把內宮（皇帝）與外朝（政府）的事權集於一身，成為明朝權力最大的內閣首輔。這一點張居正本人並不否認，他經常對下屬說：「我非相，乃攝也。」那意思是，他並非一般意義的丞相，而是「攝政」——代帝執政。無怪乎官員們要把他比做「威君嚴父」，對他阿諛奉承，送給他黃金製作的對聯，上面寫道：「日月並明，萬國仰大明天子；丘山為岳，四方頌太岳相公。」張居正號太嶽，把太岳相公和大明天子相提並論，頗有僭妄嫌疑，張居正卻安之若素。

萬曆6年，張居正離京回鄉安葬亡父，一路上擺出一副攝政大臣的顯赫排場。有尚寶寺少卿和錦衣衛指揮護送，戚繼光還派來銃手與箭手保鏢；他所乘坐的轎子是真定知府錢普特意趕製的，其規模之大，被人形容為「如同齋閣」。它的前半部是起居室，後半部

是臥室，兩旁有走廊，童子在左右侍候，揮扇焚香。如此豪華之極的龐然大物，要用32個人才能扛得動，比皇帝的出巡猶有過之而無不及。

萬曆10年春，張居正身患重病，久治不癒，朝廷大臣上自六部尚書下至冗散小官，無不設立齋醮爲他祈禱，企求日後獲得這位代帝攝政的元老重臣的青睞。他們紛紛捨棄本職工作，日夜奔走於佛事道場。這種舉國若狂的舉動，即使在那個時代也是極爲罕見的不正常現象，後來明神宗病重時也沒有出現類似的排場。

張居正難道沒有考慮到「威權震主，禍萌驂乘」嗎？

他是有所考慮的。在回到江陵老家安葬亡父時，他一天之內收到皇帝三道詔書，催促他早日返回京城，顯示出他在皇帝心目中須臾不可或缺的地位。湖廣官員以爲這是地方的無上光榮，特地爲他建造「三詔亭」以資紀念。張居正在給湖廣巡按朱璉的信中談起「三詔亭」，寫下一段感慨而又意味深長的話：「作三詔亭，意甚厚，但異日，時異事殊，高台傾，曲沼平，吾居且不能有，此不過五里鋪上一接官亭耳，烏睹所謂三詔哉？蓋騎虎之勢自難中下，所以霍光、宇文護終於不免。」處在權勢頂峰的張居正已經在擔憂，一旦形勢變化，連居所都成問題，三詔亭對他又有什麼意義呢？於是他憂心忡忡地想到了歷史上「威權震主」的霍光、宇文護的悲劇下場。

霍光、宇文護的前車之鑑，不免使他惶恐，深感「高位不可久居，大權不可久竊」，還是激流勇退吧！萬曆8年，他向皇帝提出退休的請求，他說，多年來任重而力微，積勞過度，形神疲憊，已呈未老先衰之態，如不早日辭去，必將前功盡棄。這既是一種政治姿態，也是一種自謀策略。皇帝卻一點思想準備也沒有，毫不猶豫

地下旨挽留。張居正再次提出折中方案：只是請假，並非辭職，國家如有大事，皇上一旦召喚，立即奉命趕來。皇帝有點猶豫了，他作不了主，得請示皇太后才行。不料，皇太后的態度堅決得很，懇切挽留張先生，對兒子說：「與張先生說，各項典禮雖是修舉，內外一切政務，爾尚未能裁決，邊事尤爲緊要。張先生受先帝付託，豈忍言去！待輔爾到三十歲，那時再作商量。」在皇太后眼裡，皇帝還是一個孩子，沒有裁決政務的能力，一定要張居正輔助到30歲，意味著今後11年親政無望。明神宗對於他的張先生由敬畏轉變爲怨恨，這是一個重要的契機。在而後的一年裡，張居正始終處在騎虎難下的無可奈何中。

萬曆10年6月20日，太師兼太子太師、吏部尚書、中極殿大學士張居正病逝，時年不過58歲。

張居正的去世，使得明神宗的親政提前到來，但是清除「威權震主」的張居正的影響，卻並非易事。首先必須除掉馮保。馮保倚仗太后的寵信、張居正的聯手，有恃無恐，對小皇帝鉗制過甚，垮台是遲早的事。誰也沒有想到事情來得那麼快。僅僅過了六個月，明神宗在言官彈劾馮保十二大罪的奏疏上批示，說馮保「欺君蠹國」，本來應當處死，念他是先皇託付的顧命大臣，從寬發落，發配南京去賦閒養老。

這是一個信號，馮保可以攻倒，張居正有何不可！

於是彈劾奏疏紛至遝來，陝西道御史楊四知彈劾張居正十四大罪，正中皇帝之心。既然已經親操政柄，不把「威權震主」達十年之久的張居正的威權打掉，何以樹立自己的威權？在這份奏疏的批示中，皇帝對他的張先生的評價與先前已經判若兩人，說自己對張居正寵信有加，但是張居正「不思盡忠報國」，而是一味「怙寵行

私」。這是在等待彈劾的逐步升級。

果然，雲南道御史羊可立的彈劾奏疏把調子提高了許多，無中生有地說，張居正霸占遼王府的財產。此論一出，已故遼王的次妃向皇帝上疏誣陷張居正，標題就赫然寫著「大奸巨惡叢計謀陷親王，強占欽賜祖寢，霸奪產業」云云。素有斂財癖好的皇帝以為抓住了對張居正抄家的把柄，立即下令司禮監太監張誠與刑部侍郎丘橓，前往江陵查抄張府，這無異於對張居正在政治上的徹底否定，他的「罪狀」也就不再是「怙寵行私」了。都察院等衙門遵旨給張居正定罪，明神宗親筆寫下了這樣的結論：「張居正誣衊親藩，侵占王墳府第，箝制言官，蔽塞朕聰……專權亂政，罔上負恩，謀國不忠。本當斷棺戮屍，念效勞有年，姑免盡法追論。」在皇帝眼裡，原先締造新政的功臣，一下子變成「專權亂政」的奸臣，沒有斷棺戮屍已經算是從寬發落了，他的兄弟兒子等人卻必須永遠充軍到「煙瘴地面」。張居正生前雖然意識到騎虎難下，也許會中途翻車，但是無論如何不會想到會有這樣的下場。

張誠、丘橓的抄家，把皇帝翻臉不認人的冷酷無情實施到了極致。他們還沒有趕到江陵，就命令地方官登錄張府人口，封閉房門，一些老弱婦孺來不及退出，門已被封閉，這樣餓死了十餘人。查抄家產更是錙銖必究，待到抄家物資與他們原先的估計相去甚遠時，不惜嚴刑逼供，拷問硬索。張居正的三子張懋修經不住嚴刑逼供，屈打成招。長子張敬修受不了折磨，自縊身亡，臨死前留下絕命書，控訴張府遭受浩劫的慘狀，絕望地呼喊：「丘侍郎，任撫按，活閻王！你也有父母妻子之念，奉天命而來，如得其情，則哀矜勿喜可也，何忍陷人如此酷烈？」令人唏噓不已。

明神宗為了打壓「威權震主」的張居正，製造了一場冤案，留

給他的子孫去平反。天啓2年（1622年），明熹宗爲張居正恢復原官，給予祭葬禮儀，張府房產沒有變賣的一併發還。崇禎3年（1630年），明思宗恢復張居正後人的官蔭與誥命。時人評論道，這是因爲當大明王朝行將衰亡之際，皇帝希望有張居正這樣的鐵腕大臣出來力挽狂瀾。然而已經晚了。人們有感於此，在江陵張居正故居題詩抒懷：「恩怨盡時方論定，封疆危日見才難。」

第十三講
朋黨之爭與文人社團

魏大中絕命書

1.東林書院：「一支重整道德的十字軍」

晚明史上轟動一時的東林書院，於萬曆32年（1604年）創建，天啓5年（1625年）被政府當局禁毀，只存在了短短的21年，卻在當時社會激起巨大回響，成爲政治家們關注的焦點，推崇它的讚譽爲文化盛舉，詆毀它的斥責爲諷議朝政。與它同時代的人對它的看法已經十分歧異，到了清朝編纂《明史》時，關於它的追述已經不是原先的本來面目，以致影響了今日歷史學家對它的判斷與定位。

晚近出版的《中國歷史大辭典》有關條目寫道：「萬曆中，無錫人顧憲成革職還鄉，與同鄉高攀龍及武進人錢一本等在無錫東林書院講學，評論時政。不少朝臣遙相應和，失意士大夫聞風趨附。時人謂之東林黨。」而所謂「東林黨」則被解釋爲「明後期以江南士大夫爲主的政治團體」。把東林書院定位爲「評論時政」的「政治團體」，把東林書院與「東林黨」之間劃上了等號。東林書院是一個「政治團體」嗎？東林書院是一個「黨」嗎？看來似乎有重新加以檢討的必要。

東林書院原本是宋儒楊時的講學場所。楊時師事二程（程頤、程顥），研究孔孟之道，告老致仕後，在無錫城東創辦東林書院，在此著書講學。元末時書院廢棄，成爲寺廟。明朝成化年間（1465～1487年），無錫人邵寶試圖在此重建東林書院，沒有成功，便在城南另外建立一個東林書院，王陽明還爲此寫了一篇〈城南東林書院記〉。楊時書院在城東弓河畔，顧憲成、高攀龍等人在此舊址重建東林書院後，城南東林書院逐漸荒落，無人知曉。幸虧康熙《東林書院志》的編者嚴瑴寫了〈兩東林辨〉，人們才知道曾

經有過一個城南東林書院。

萬曆22年（1594年），吏部驗封司員外郎顧憲成，因議論「三王並封」以及會推閣員事宜，與內閣意見不合，被革職爲民，回到家鄉無錫，他的兄弟顧允成、朋友高攀龍也脫離官場回到無錫，與士子們一起講求學問，有意復興楊時的書院。萬曆32年，顧憲成等得到常州知府、無錫知縣的支持，修復楊時的祠堂，又由志同道合者募捐出資重建精舍，這就是以後名噪一時的東林書院，號稱「東南講學之盛遂甲天下」。

能夠使上自公卿下至布衣「虛己悚神，執經以聽」的東林書院的吸引力何在？它的宗旨又是什麼呢？

按照顧憲成、高攀龍的解釋，他們是想通過書院的講學，繼承儒家的正統學脈，糾正風靡一時的王陽明心學「束書不觀，游談無根」的傾向，撥亂反正，回歸程朱理學。顧憲成在他的文集《涇皋藏稿》中，多次談到陽明學的流弊：「憑恃聰明，輕侮先聖，注腳六經，高談闊論，無復忌憚」，也就是說，對儒學經典的解讀採取一種輕率、隨意的態度。因此他爲東林書院草擬的「院規」，明確提出，遵循朱熹白鹿洞書院的「學規」，要點就是「尊經」──尊重儒學經典，以「孔子表彰六經，程朱表彰四書」爲榜樣，意在糾正文人的不良學風──厭惡平淡，追求新奇，結果腹空而心高。他如此描述這種不良學風：「一則曰：何必讀書然後爲學；一則曰：六經注我，我注六經。結果孔子的一腔苦心，程朱的窮年畢力，都付諸東流。」從中不難看出，顧憲成創辦東林書院的宗旨，在於正本清源，使士子們了解孔孟以來的儒學正統，不爲異端邪說所迷惑。

顧憲成、高攀龍等人在書院的講義──「東林商語」、「東林

論學語」，充分反映了這一點。書院的日常功課及議論焦點，並不在政治，而在學術。它的影響巨大的講會，即每月一次的小會（14日至16日），每年一次的大會（春季或秋季），以往人們多誤解為政治性集會，其實不然。

東林講會到底議論些什麼呢？「東林會約」有明確規定：「每會推一人為主，主說《四書》一章，此外有問則問，有商量則商量。」很顯然，大家聚集在一起，研讀《四書》中的一章，互相切磋，加深理解。顧憲成為他的弟弟顧允成所寫的小傳中說，每年一次大會，每月一次小會，顧允成進入講堂，侃侃而談，遠必稱孔子孟子，近必稱周敦頤、程頤、程顥。如果有人發表「新奇險怪之說」，他立即臉色大變，堅決拒絕。

你看，轟動全國的東林講會，根本不是某些人所想像的那樣，群情激昂地抨擊朝政，而是書生氣十足地研討《四書》的經義，從孔孟一直談到程朱。這種規矩，在顧憲成去世後，繼續主持書院的高攀龍、吳覲華仍然堅持，在「東林會約」中再三強調：東林的教導原本出於程朱，以「窮理致知」為目的，對於儒學經典的研讀必須經年累月，做到出口成章。

其中的緣由是容易理解的。顧憲成與高攀龍等人罷官下野，對於政治紛爭久已厭倦，回歸故里，以創辦書院來寄託心志，只談學問，不談政治，似乎是他們發自內心的渴望。萬曆36年（1608年）10月21日，顧憲成接到皇帝的聖旨，任命他為南京光祿寺少卿，希望他出山為朝廷再度效力。顧憲成立即寫了辭呈，理由是他已經步入老年，「目昏眼花，老態盡見」，並且早已不問政治——「入山唯恐不深，入林唯恐不密，恝然置安危理亂於不問，以自便其身。」也就是說，進入深山密林，遠離現實政治，是顧憲成追求的

理想境界。他對政治已經不感興趣，把自己看作一個「桃花源中人」。他在給摯友李三才的信中，真誠地吐露了這種心聲，表示專心辦好東林書院，優遊於林間水下，不再過問政治，是他晚年的追求。他在信中這樣寫道：東林書院是他的「書生腐腸未斷處」，與同志一起切磋學問，聲譽漸旺，可以不虛此生了。一旦要我放棄，實在有所不忍。在給友人的信中說，他現在是日出而起、日中而食、日入而寢，專注於詩書文字，「門以外黑白事寂置不問」、「應酬都罷，幾如桃花源人，不復聞人間事」。

這是他真實心態的流露，與高攀龍所說「當今之世乃擾攘之秋，只可閉門潛修」，是默然契合的。高攀龍對他的老師趙南星說，他已經處在「入山閉關」的狀態，既然是山中人，如果不一味靜默就不能做學問，而且「世局如此，總無開口處，總無著心處，落得做個閒人」。

顧、高二君子以如此精神狀態主持東林書院，當然要把「莫談國是」作為「院規」。確實，東林書院的院規中有「九損」——禁絕九種不良習氣，明確告誡書院同仁不得「評有司短長」、「議鄉井曲直」，這就意味著，不得評論政府官員及地方政治。吳覲華遵循這一既定方針，重申書院規則時，特別強調以下兩條：其一是禁絕議論，「自今談經論道之外，凡朝廷之上、郡邑之間是非得失，一切有聞不談，有問不答，一味勤修講學」；其二是，不得把社會上「是非曲直、囂陵訕誶之言」帶到東林講會上，不得把外界的政治性文件——「飛書、揭帖、說單、訴辨之類」，帶進東林書院大門。

凡此種種，都彰顯東林書院為學問而學問，遠離現實政治的標榜，沒有停留於口頭，而是付諸實踐了。近人不加細察，卻把它誤

解成爲一個議論政治的講壇、改革政治的團體。

美國學者賀凱（Charles O. Hucker）在〈明末的東林運動〉一文中說得好：「明末東林運動的失敗，代表傳統儒家價値觀念與現實惡劣政治勢力鬥爭的一個典型，他們是一支重整道德的十字軍，但不是一個改革政治的士大夫團體。」美國學者費正清與賴世和《中國：傳統與變革》一書中論及東林書院時，寫道：東林書院「以一場道德的改革運動重新確立儒家行爲的傳統準則」、「他們強調道德完善的極端重要性」。

所謂重整道德，廣義地說，可以包括兩個層次：在朝爲官，整頓君臣的政治道德；在野爲民，整頓士子的學術道德。東林書院關注的當然是後者，通過講學來糾正瀰漫於社會的王學流弊，正如華允誼《東林續志序》所說，由於王陽明學說深入人心，使得程朱理學的正脈處於邊緣化狀態，顧憲成、高攀龍創復書院，闡釋儒學正脈，予以糾正。顧、高諸君子要撥亂反正，要救世，而救世的手段就是「相期於道德」，改變「任心而廢學」、「任空而廢行」的空疏學風。他們把這種以道德救世的思想在東林書院中具體化了。

東林書院那些謙謙君子們，以澄澈明淨的心境來對待他們視爲靈魂寄託的學問功夫，用一種近乎宗教般虔誠的態度來對待講學。無怪乎吳覯華要說：「宗敎者，奉涇陽（顧憲成）、啓新（錢一本）、景逸（高攀龍）三先生之敎，宗而主之也。」稱他們是「一支重整道德的十字軍」，實在是再恰當不過了。

2.東林非黨論

晚明政治史上的「東林黨」，人們耳熟能詳，習以爲常，很少

有人反問一句：東林究竟是不是一個「黨」？是政黨還是朋黨？這並非故意聳人聽聞，而是以現代歷史學家的深邃目光追尋歷史的本來面目，歷史上真的存在過一個「東林黨」嗎？

「黨」這個字，在現今國人的話語體系中的含義，主要指「政黨」。政黨是近代政治的產物，17世紀英國出現輝格黨、托利黨之前，並無政黨。就中國而言，1894年出現興中會之前，也無政黨可言。中國古代史籍中常見的「黨」，是朋黨之「黨」，而非政黨之「黨」，例如東漢的「黨錮之禍」，晚唐的「牛李黨爭」，北宋的「新黨」、「舊黨」，南宋的「偽學逆黨」等，幾乎無一例外是朋黨或是被對立面誣陷為朋黨的。「東林黨」當然也是如此。漢字的特性往往一字多義，朋黨之「黨」，與政黨之「黨」，是同一個字。在英文中，政黨之「黨」是Parties，朋黨之「黨」是Factions，區分得一清二楚，絕不至於把朋黨誤為政黨。

《劍橋中國隋唐史》寫到「牛李黨爭」時指出：「這種派別不論在當時或在後世歷史記載中都被稱為『黨』（Factions），但絕不是我們今天意義上的政黨中的『黨』（Parties）」；「中國的政治理論通常都認為，如果准許在朝廷結成朋黨（朋黨乃是廣泛的政治活動的必然結果），那麼，人們所期待的能實現長治久安的道德和社會秩序便要可悲地受到損害」；「『黨』這個字表示道德敗壞，它對指控者和被指控者都有威力，都可能遭到貶謫。」

毫無疑問，史籍中所說的「東林黨」之「黨」，是朋黨而不是政黨。黃仁宇在《劍橋中國明代史》（ *The Cambridge History of China,* Volume 7, *The Ming Dynasty, 1368–1644* ）第九章寫到「東林書院和朋黨之爭」時，明確指出：「東林黨不是這個用語的現代意義的政治黨派。翻譯為『黨派』的『黨』字有貶義，在意義上更接

近諸如『派系』、『宗派』或『幫夥』一類的詞。成員的身分沒有固定的標準，開始時，『黨人』從他們的敵人得到這個稱號。」這是對於史料有了精深理解之後的準確表達。

其實東林無所謂「黨」，「黨」是它的政敵強加的，東林諸君子並不自稱為「東林黨人」。道理是很顯然的，孔子在《論語》中教導他的弟子「君子群而不黨」，以繼承並發揚孔孟儒學正統為己任的東林諸君子，對此是深信不疑的，「結黨」是正直人士所不齒的，絕不可能自誣為「黨」。正如《東林同難列傳》所說，顧、高諸君子在東林書院「偕諸同志以道學相切磨」，受到海內士大夫的敬仰，跟從的人日益增多，於是，「邪臣遂指之為門戶」。此處所謂「門戶」，按照當時人的習慣，是朋黨的同義語。《明史‧孫丕揚傳》說：「南北言官群擊李三才、王元翰，連及里居顧憲成，謂之『東林黨』。」這就是東林書院被稱為「東林黨」的由來。

李三才是萬曆後期官僚隊伍中少見的幹才，萬曆27年他出任漕運總督、鳳陽巡撫，政績卓著，頗得人望。萬曆36年，內閣中朱賡病逝，李廷機又藉口生病閉門不出，只剩下葉向高一人苦苦支撐，補充閣員便成為當務之急。此時李三才已經在漕運總督之外加上了戶部尚書、都察院左副都御史頭銜，成為理想的候選人。當時政壇上派系林立，互相傾軋，內閣權臣李廷機企圖阻止李三才入閣，指使其親信彈劾李三才貪、險、假、橫，給李三才勾畫一副貪官嘴臉，並且無中生有地說李三才「黨羽日甚」，一下子就把此事定位於「結黨」的層次上。御史徐兆魁與之一唱一和，在「結黨營私」上大做文章，影射李三才身後有一個「黨」，而且這個「黨」是「藉道學為名」的，含沙射影地指向東林書院。書生氣十足的顧憲成寫信給內閣大學士葉向高、吏部尚書孫丕揚，為李三才辯護。政

敵們抓住把柄，攻擊顧憲成「講學東林，遙執朝政」，與李三才結成「東林黨」。

在這場風潮中，御史徐兆魁表現得最為惡劣，多次在奏疏中誣陷東林書院與顧憲成，說什麼「今日天下大勢盡歸東林」，「今顧憲成等身雖不離山林，而飛書走使充斥長安（指北京），馳騖各省，欲令朝廷黜陟予奪之權盡歸其操縱」。為了搞臭「東林黨」，他肆意捏造東林書院「挾制有司，憑陵鄉曲」的罪狀，幾乎每一條都離奇得令人難以相信。例如：東林書院在滸墅關附近的小河向來往商船收稅，脅迫滸墅關的官吏以「修書院」的名義向東林書院送銀兩；又如：東林書院的成員到各地講學，動輒一百多人，要縣衙門迎接款待，每次耗費銀子兩百兩上下；再如：東林書院的講會「雜以時事」，它的講義刊印出來，涉及地方政治事宜，各地方政府必須照辦。如此等等，都是信口雌黃編造出來的。

這種不擇手段的攻擊引起了正直人士的憤怒，光祿寺丞吳炯對徐兆魁捏造的東林書院罪狀一一予以駁斥。他以確鑿的事實指出：滸墅關附近小河根本無法通行商船，只能通行小船，從來無稅；來參加東林講會的人都是自費，書院從未向滸墅關官吏索要銀兩；東林講會的經費都來自參會者捐資，從不接受縣衙資助；至於講會「雜以時事」云云，更為無稽之談，他說：「會中之規，每日輪客一位，講書一章，互相問難，青衿皆得質所疑。講畢，童子歌詩一章，遂散。舉坐無譁，並不談時事。即民風土俗與會友家常之事，亦置不言，奚關各邑之行事？」

萬曆40年5月，顧憲成在一片誹謗聲中與世長辭，觸發了正直人士為他辯護洗刷的激情。然而，此後對東林書院的攻擊愈演愈烈，誣衊它是「遙制國是」的「黨」。以講學為宗旨的東林書院被

看作一個「黨」，無異於重演南宋時禁錮朱熹辦書院講學的「偽學逆黨」之禁，是不祥之兆。南京工科給事中喻致知在奏疏中點明了這一點：「偽學之禁，盛世不聞，僅於宋季見之」，並且憂心忡忡地指出：「偽學之禁網益密，宋之國祚亦不振」，提醒當權者深長思之。

到了天啓初年，一些原先與東林書院有關的人士回到了政壇，把重整道德的精神帶到官場，與魏忠賢及其「閹黨」展開了殊死較量。魏忠賢之流把凡是反對「閹黨」專政的人一概斥爲「東林黨」，把原本子虛烏有的「東林黨」當作一個組織實體，開出黑名單，重演一次「黨錮之禍」。

魏忠賢的親信盧承欽編成《東林黨人榜》，開列「東林黨人」309人，用奏疏的形式於天啓5年呈報朝廷，由專擅朝政的魏忠賢把它向全國公布。其政治意圖十分明顯，一方面要證明「東林黨」是一個政治實體；另一方面示意政府部門按照這個名單清除異己勢力。

與此同時，一貫與東林書院爲敵的吏部尙書王紹徽，仿照《水滸傳》108將的名號，編了一本黑名單，這就是臭名昭著的《東林點將錄》。此後接二連三還有《東林同志錄》、《東林籍貫錄》、《盜柄東林夥》等。

值得注意的是，王紹徽在《東林點將錄》中，把李三才、葉向高列爲「東林黨」的一、二號領袖：「開山元帥托塔天王南京戶部尙書李三才」、「天魁星及時雨大學士葉向高」。把李三才、葉向高作爲「東林黨」的領袖，並非王紹徽的發明。萬曆42年戶科給事中官應震就揚言：十餘年來東林書院的不肖之徒，爲了「號召徒黨」、「外資氣魄於李三才，內借威福於葉向高」。其實十分牽強

附會。李三才本人從來不認爲自己是「東林」的一員，他公開聲明，東林是東林，李三才是李三才，兩者不可混爲一談。至於葉向高，根本與東林毫不相干，他在政治上一向傾向於沈一貫的「浙黨」，按照當時的朋黨政治標準來劃線，「浙黨」是東林的對立面。由此可見，這個黑名單完全是爲了政治鬥爭的需要而炮製出來的，毫無事實根據。

如果說李三才是「東林黨」的第一號人物，葉向高是「東林黨」的第二號人物，那麼按照黨同伐異的原則，他們兩人理應密切配合。當李三才呼聲甚高時，葉向高爲何不大力支持，援引他入閣，營造一個「東林內閣」，而是多次請求皇帝批准李三才辭職？當東林人士楊漣彈劾魏忠賢二十四大罪時，葉向高很不以爲然，主張由他出面調停，才可以避免大禍。魏忠賢早就對葉向高動輒掣肘有所不滿，礙於他的元老重臣身分，才讓他以辭職的體面方式下台，但是必須使他在政治上聲譽掃地，於是硬把他與李三才捆綁在一起，成爲「東林黨」的領袖。

1957年出版的《東林黨籍考》，依據《東林黨人榜》、《東林點將錄》所提供的名單，對所謂「東林黨人」逐個寫出小傳，卻並未考辨真假是非。既然此書名爲「東林黨籍考」，顧名思義必須客觀地考辨那些人不能列入「東林黨籍」，原因很簡單，因爲這份名單是魏忠賢爲了打擊異己勢力而炮製出來的，事實真相並非如此。然而《東林黨籍考》上的第一、第二號人物依然是李三才、葉向高，其他人物也出於上述黑名單，該書的出版無異於肯定了《東林黨人榜》、《東林點將錄》的可信性，與歷史真相相去甚遠。

《晉書‧郤詵》說：「動則爭競，爭競則朋黨，朋黨則誣罔，誣罔則臧否失實，真僞相冒。」對於晚明朋黨風潮中的「東林

黨」，也應作如是觀。

鑒於「東林黨」的稱呼容易產生誤解，不少學者在論述這段歷史時，不稱「東林黨」而稱「東林運動」，大概便是出於這種考慮。《劍橋中國明代史》的第九章「隆慶和萬曆時期」，出於黃仁宇的手筆，在寫到「東林書院與朋黨之爭」時，措辭非常謹慎，特別避開「東林黨」的字樣，而採用「開創東林運動的人」、「東林運動的成員」之類說法。韓國漢城大學教授吳金成在《明清時期的江南社會》中也有類似的表述：「以東林書院為中心的講學運動即東林運動」、「所謂東林運動是通過講學所產生的鄉村評論和輿論集中為主的活動」。

如此看來，以往人們習以為常的「東林黨」提法，實在有改一改的必要了。

3.魏忠賢與「閹黨」專政

所謂「閹黨」並不是一個政黨，而是晚明天啟年間以魏忠賢為首的專權亂政的幫派。魏忠賢是一個大太監——司禮監秉筆太監兼東廠總督太監，利用皇帝明熹宗的昏庸，把持朝政，頤指氣使，不可一世。他網羅親信，結成政治幫派，手下的爪牙號稱「五虎」、「五彪」、「十狗」、「十孩兒」、「四十孫」，盤踞各級權力機構。正如《明史》所說：「自內閣、六部至四方總督、巡撫，遍置死黨。」就是這幫宵小之徒內外呼應，上下結合，打擊異己，把天啟年間的政治局面搞得畸形而恐怖，後人稱為「閹黨」專政。

朝廷中的正直官員和他們展開了殊死的較量。第一個回合的較量是天啟2年（1622年），「閹黨」分子朱童蒙攻擊鄒元標、馮從

吾創辦北京首善書院是提倡門戶之見。都察院左都御史鄒元標、都察院左副都御史馮從吾立即予以反駁，強調講學是為了表彰六經，用學術來端正人心，駁得朱童蒙啞口無言。然而事情並沒有那麼簡單，鄒元標、馮從吾因此而遭到罷官的處分；明熹宗在魏忠賢的操縱下，頒布禁令，拆毀天下一切書院，聲譽卓著的東林書院、首善書院、關內書院、江右書院、徽州書院都慘遭厄運。

第二個回合是文震孟、鄭鄤事件。天啓2年，剛剛進士及第出任翰林院修撰的文震孟上疏抨擊魏忠賢把持朝政、致使皇帝有如「傀儡登場」，被魏忠賢抓住把柄，在皇帝面前挑唆：文狀元把萬歲比作傀儡。文震孟因此遭到革職的處分，激起同僚的不滿。同科進士、庶起士鄭鄤仗義執言，抨擊魏忠賢「竊弄」權柄、「內降」聖旨。結果是可想而知的，鄭鄤被皇帝斥責為「黨護同鄉，窺探上意」，降兩級調外任。

此後，魏忠賢進一步網羅黨羽，把言聽計從的朱國祚、顧秉謙、魏廣微等人引進內閣，控制機要部門大權；並且指使親信攻擊朝廷中的正直官員，布置禁網與陷阱。

天啓4年，忍無可忍的都察院左副都御史楊漣大義凜然地挺身而出，向皇帝呈進長篇奏疏，彈劾魏忠賢二十四大罪。楊漣以捨得一身剮敢把魏忠賢拉下馬的氣概，指責他「怙勢作威，專權亂政，無日無天，大負聖恩，大干祖制」，希望皇帝為國除奸。奏疏列舉了魏忠賢二十四條罪狀，其中每一條都足以置他於死地。例如：不經過皇帝，假傳聖旨；一手操縱內閣成員的增補，形成「門生宰相」的局面；又如：勾結奉聖夫人客氏（明熹宗的乳母），聯手害死皇后所生長子，矯旨勒令懷孕的裕妃自盡，致使明熹宗無嗣絕後。在奏疏的最後，楊漣寫道：朝廷之內只知有魏忠賢而不知有皇

上，都城之內只知有魏忠賢而不知有皇上，敦請皇上立即將魏忠賢就地正法，客氏驅逐出宮。

楊漣的大無畏精神激發了正直官員的鬥志，掀起巨大的倒魏浪潮。京城百姓紛紛傳抄楊漣的奏疏，拍手稱快。據吳應箕《留都見聞錄》說，甚至南京等地，家家戶戶都在抄閱傳誦這篇奏疏，「忠義之氣鼓暢一時」。

魏忠賢當然不會束手就擒。先是迫使主張魏忠賢主動辭職的內閣首輔葉向高辭官而去，內閣落入他的親信魏廣微控制之下；繼而把反對「閹黨」的高攀龍、趙南星、楊漣、左光斗、魏大中等罷官革職。至此，魏忠賢以為時機成熟，終於大開殺戒，先後有「六君子之獄」、「七君子之獄」。

所謂「六君子之獄」，是魏忠賢假借聖旨名義逮捕楊漣以及支持楊漣的左光斗、袁化中、魏大中、周朝瑞、顧大章，以「追贓」為藉口，進行審訊。楊漣首當其衝，遭到錦衣衛鎮撫司嚴刑逼供，被拷打得皮開肉綻，牙齒全部脫落；再用鋼刷把皮肉刷得「碎裂如絲」，用銅錘敲打，土囊壓身，鐵釘貫耳。楊漣就這樣被活活折磨至死。誓死不屈的楊漣在獄中留下絕筆血書，字字血，聲聲淚：

——「漣以癡心報國，不惜身家，久付七尺於不問矣！」

——「仁義一生，死於詔獄，難言不得死所，何憾於天，何怨於人？」

——「大笑大笑還大笑，刀砍東風，於我何有哉！」

左光斗死前面目焦爛，膝蓋以下筋骨全部斷裂。魏大中死前身體已經潰爛，布滿蛆蟲。其他各人之死都慘不忍睹。

所謂「七君子之獄」，實際上是魏忠賢按照《東林點將錄》、《東林黨人榜》的黑名單，鎮壓異己勢力的既定步驟，用「欺君蔑

旨」的罪名，把支持楊漣彈劾魏忠賢的周起元、周宗建、繆昌期、
高攀龍、李應升、黃尊素、周順昌逮捕入獄，嚴刑拷打至死。黃宗
羲的父親黃尊素死前留下遺詩，反映了七君子的內心世界：

> 正氣長流海嶽愁，浩然一往復何求？
> 十年世路無工拙，一片剛腸總禍尤。

中國歷史上宦官專權屢見不鮮，晚明史上的「閹黨」專政卻有
著十分獨特的地方，那就是大大小小的官員合力演出一幕幕魏忠賢
個人崇拜的醜劇。個人崇拜在專制時代並不奇怪，奇怪的是崇拜的
對象不是皇帝，而是太監。這不能不說是畸形的政治現象，把那種
時代那種制度的醜惡暴露無遺。

魏忠賢個人崇拜的突出標誌是，朝廷內外眾多的官員掀起為魏
忠賢建造「生祠」的運動。祠，就是祠堂，是祭祀死去祖先的宗
廟。為活著的人建造祠堂，稱為「生祠」，是一大發明，令人驚
訝，只能說是專制時代畸形心理的產物，一方拍馬溜鬚，一方安之
若素，都出於政治功利的考量，各得其所。

始作俑者是浙江巡撫潘汝楨。他在天啟6年向皇帝提議，為魏
忠賢建立生祠。這篇奏疏為魏忠賢塗脂抹粉無所不用其極，把虛構
的「莫不途歌巷舞」的大好形勢歸功於魏忠賢，如此蓋世功勳，非
用「生祠」來加以慶祝不可。明熹宗欣然同意，希望地方官營造生
祠，「以垂不朽」，他還為生祠題寫了匾額「普德」，以這樣的方
式為建造生祠推波助瀾。

這個先例一開，善於鑽營的官僚敏銳地察覺到魏忠賢和皇帝的
意願，趨之若鶩，紛紛在各地建造生祠，一時間似乎形成一場政治

運動。魏忠賢的生祠不但遍布全國各地，而且建到了京城，甚至建到了南京的孝陵（明太祖墳墓）與鳳陽的皇陵（明太祖父母墳墓）旁邊。短短一年中，一共建造了生祠40處。

那些熱衷於建生祠的官僚，對魏忠賢歌功頌德，說什麼「安內攘外，舉賢任能」，「治平績著，覆載量弘」，完全把他當作一個偶像來崇拜。這個偶像當時叫做「喜容」，用沉檀木雕塑而成，一副帝王相，外穿冕服，腹中填充金玉珠寶。金碧輝煌的生祠建成後，舉行迎接「喜容」典禮，官員們行五拜三叩頭禮。「喜容」的兩邊懸掛的對聯，是無以復加的褒頌之詞：「至聖至神，中乾坤而立極；乃文乃武，同日月以長明。」風靡全國的建造生祠運動，把流氓無賴出身的政治小丑打扮成「至聖至神」模樣，如同乾坤日月一般。對魏忠賢的個人崇拜發展到了登峰造極的地步。

令人齒冷的是，參與吹捧的官僚未必不知道：他原來是個吃喝嫖賭的地痞流氓，傾家蕩產以後自閹入宮，充當一個打雜的「小火者」，憑藉陰謀與權術，一步步爬上太監的頂層。卻偏偏要把他稱頌為夏禹、周公一樣的聖賢，說什麼「三朝捧日，一柱擎天」。真不知人間還有羞恥二字！

在滾滾熱浪中，對魏忠賢的個人崇拜愈來愈離譜，一個國子監生，獻媚唯恐落後，居然向皇帝提出要把魏忠賢引進孔廟，配祀孔子，在國子監西側建立魏忠賢生祠。一個尊奉孔子為大成至聖先師的讀書人，竟然恬不知恥地要讓文盲閹豎來配祀孔子，與孔門弟子相比肩，簡直是斯文掃地，辱沒先師！居然還博得一些人的喝彩，可見官僚們道德淪喪到了毫無是非可言的地步。

如果沒有昏庸皇帝的縱容，沒有奉聖夫人客氏的支持，沒有一大批無恥官僚的吹喇叭抬轎子，局面絕不至於如此。那些內閣、六

第十三講　朋黨之爭與文人社團

部大臣乃至封疆大吏，個個以爭當魏忠賢的乾兒義子爲榮，這幫人的數量是不小的。《明史・閹黨傳》只列舉了一些代表人物，如魏廣微、顧秉謙、崔呈秀、王紹徽、田爾耕、許顯純等。崇禎初年清查「閹黨逆案」，一共查出315人，實在是一個不小的幫派。

在這幫吹鼓手的哄抬之下，魏忠賢的「無上名號」，愈來愈多，愈來愈高，也愈來愈離奇：廠臣、元臣、上公、尚公、殿爺、祖爺、老祖爺、千歲、九千歲，不一而足。魏忠賢似乎對於「九千歲」還不滿意，因而有些人乾脆叫他「九千九百歲」，呂毖《明朝小史》說：「太監魏忠賢，舉朝阿諛順指者但拜爲乾父，行五拜三叩頭禮，口呼九千九百歲爺爺。」歷史上「千歲」、「九千歲」時有所聞，「九千九百歲」聞所未聞，距離「萬歲」僅一步之遙，魏忠賢個人崇拜已經達到它所能夠達到的頂峰了。

天啓7年明熹宗死去，繼位的明思宗（崇禎皇帝）以迅雷不及掩耳之勢，嚴懲魏忠賢與「閹黨」，終於制止了這場瘋狂的魏忠賢個人崇拜運動。不過留給後人的思索卻永遠不會停歇，人們對此可以問許許多多的爲什麼。

4.徘徊於學術與政治之間──復社的興衰

科舉時代，士子重視與考試有關的制藝，以求取功名，爲此互相切磋砥礪，逐漸結成文社，以文會友。朱彝尊《靜志居詩話》說：「詩流結社，宋元以來代有之。」詩社宋元時期已有，晚明則是文社特別興旺的時期，正如顧炎武《日知錄》所說：「萬曆末，士人相會課文，各取名號，亦曰某社某社。」

萬曆末年，蘇州一帶有拂水文社、匡社，以後擴大爲應社。天

啓4年（1624年）應社在常熟成立，它的成員遍及各地，因而聞名天下。它以研讀五經爲宗旨，各人分擔一經，例如：張溥、朱槐主講《易經》，楊彝、顧夢麟主講《詩經》，周銓、周鍾主講《春秋》，張采、干啓榮主講《周禮》，楊廷樞、錢栴主講《尚書》。崇禎元年（1628年），又有幾社在松江成立，幾社的得名，含有「絕學有再興之幾」的意思，與復社的「興復古學」有異曲同工之妙。

崇禎初年成立的復社，經歷兩個階段：先是與應社、幾社同樣的單個文社；以後發展爲各個文社的聯合體，它的領袖就是太倉名士張溥與張采。崇禎2年，在吳江知縣熊開元的支持下，張溥在尹山召開大會，各地文社都派人前來加盟，形成了「合諸社爲一」的復社，其中包括匡社、應社、幾社，以及中州端社、萊陽邑社、浙東超社、浙西莊社等。

張溥爲已經成爲文社聯合體的復社建立規條，確定課程，並且在大會上發表宣言。張溥指出，由於世風日下，士子不通經學，滿足於道聽塗說，以至於進入朝廷不能治國，出任地方官又不知恩澤人民，人才素質低下，吏治敗壞，都與此有關。因此，張溥號召各地學者共同致力於「興復古學」、「務爲有用」，這就是命名爲「復社」的原因。會上通過的盟誓，強調不得「非議聖書」，不得「巧言亂政」，不得「干進辱身」。

復社是一個文人結社的聯合體，成員的主要精力集中於科舉制藝，張溥不滿足於科舉考試的合格，主張應該把「興復古學」、「務爲有用」作爲宗旨，在尊經復古的旗號下，追求經世致用，追求一材一藝的學問，也就是「救時之用」的「經世之術」。

崇禎3年應天府鄉試，各地考生聚集於南京，張溥利用這一時

機，在南京召開大會。這次應天府鄉試，復社成員楊廷樞、張溥、吳偉業、陳子龍、吳昌時等人同時中舉。在次年的會試中，復社成員吳偉業得中會元（會試第一名），張溥、夏曰瑚等人進士及第。由於會試主考官是內閣首輔周延儒，復社諸君子因而成為周延儒的「門生」，與周延儒結下不解之緣，並捲入政治紛爭。

吳偉業是張溥門人，兩年之內科舉考試連連告捷，成為會試第一名，皇帝欽賜回鄉完婚，天下以為無上榮耀。張溥也因此而聲名大振，遠近士子都以為出於張溥門下科考必然高中，於是加入復社的士子登時陡增。

崇禎6年春，張溥在蘇州虎丘召開大會，山東、江西、湖廣、福建、浙江等地成員絡繹而至，總共達數千人之多，出現了前所未有的盛況。虎丘寺大雄寶殿座無虛席，大殿外生公台、千人石一帶也成了會場，圍觀者更是不計其數，無不驚歎這種三百年來從未有過的奇觀。

早已名滿海內的復社領袖——人稱「婁東兩張」：張溥與張采，從此聲譽日隆，及門弟子不敢直呼其名，稱呼張溥為「西張先生」，張采為「南張先生」。隨著復社名望的蒸蒸日上，張溥尤為洋洋自得，頗有孔子再世的氣概，把自己的家鄉太倉看作「闕里」，好事者甚至仿效孔廟架勢，把社長趙自新等四人稱為「四配」，把門人吳偉業等十人稱為「十哲」，把張溥的昆弟張浚等十人稱為「十常侍」，企圖烘托張溥的「聖人」地位。一時間好不熱鬧。

張溥及復社已經成為士子們科舉考試的階梯，甚至張溥的一紙推薦書，可以幫助寒窗苦讀士子跳過龍門。由於功名利祿所繫，一時風靡天下，士子們爭先恐後加入復社。日本學者井上進所作《復

社姓氏校錄》，對當時人所作的《復社姓氏錄》、《復社姓氏》進行考證校補，得出復社總人數為3043人，與《復社紀略》記載復社第一次大會時的680人相比，增加了四、五倍。這種功利主義色彩濃厚的追捧，不免泥沙俱下，魚龍混雜，復社正在發生微妙的變化。

容肇祖〈述復社〉一文指出，復社力圖崇尚實學，務為有用，並以「致君澤民」為目的，標榜實用主義。因此被一些人看作「小東林」。再加上張溥與周延儒有門生與座主之誼，而周延儒與另一個內閣大學士溫體仁互相傾軋，復社不可避免地捲入政壇上層的鬥爭之中。

《綠牡丹傳奇》事件就是一個事例。崇禎6年，復社在蘇州虎丘召開大會，已經取代周延儒出任內閣首輔的溫體仁，希望他的弟弟溫育仁加入復社，以緩衝溫體仁與復社之間的矛盾，遭到張溥堅決拒絕。溫育仁惱羞成怒，雇人寫了《綠牡丹傳奇》來諷刺復社。張溥、張采前往浙江，向浙江督學副使黎元寬提及此事。黎元寬是「婁東兩張」的盟友，立即查禁書肆，銷毀《綠牡丹傳奇》劇本，逮捕溫育仁的家人（奴僕）頂罪。事件雖然平息，但復社與溫體仁終於結怨，為溫體仁及其親信日後迫害復社成員埋下了伏筆。

協助周延儒復出則是另一個事例。周延儒對於自己遭到溫體仁排擠而下野，一直耿耿於懷，頗想東山再起。他的門生、復社領袖張溥，對於溫體仁掌權後，指使親信刑部侍郎蔡奕琛、兵科都給事中薛國觀，迫害東南諸君子扼腕歎息，憤憤不平。崇禎10年，溫體仁罷官後，復社成員、禮部員外郎吳昌時寫信給張溥，勸他慫恿周延儒復出；吳昌時本人則多方活動，一方面結交皇帝身邊的太監，另一方面向馮銓、侯恂、阮大鋮等人募集銀兩六萬兩，作為活動經

費。巧的是，崇禎皇帝對周延儒也頗有好感，以爲局面非他出來收拾不可。於是乎一拍即合，崇禎14年，周延儒再次出任內閣首輔。張溥在給周延儒的密信中提出拯救時世的十幾條建議，請他在復出後予以實施。後來周延儒都一一照辦，取得了不錯的政績和名聲。可惜的是張溥不久病逝，再也無從施展抱負了。

復社最後的輝煌之舉是揭露「閹黨逆案」人物阮大鋮的鬥爭。阮大鋮此人小有才華，但心術不正，天啓年間投靠魏忠賢。崇禎初年清查「閹黨逆案」時，因爲「交結近侍罪」，被剝奪官職，永不敍用。他回到家鄉懷寧，建立中江社，企圖與復社抗衡。不甘寂寞的他來到南京，周遊於文人之間，出沒於優伶之中，寫了《春燈謎》、《燕子箋》等詞曲劇本，舉行歌舞演出。他與風流倜儻的侯朝宗有世交，想通過他拉攏復社名士，不惜重金撮合侯朝宗與秦淮名妓李香君的戀情。

當時許多復社名士也多聚集南京，秦淮河、雨花台、桃葉渡一帶，到處都有他們的蹤影。著名的晚明四公子：桐城方以智（密之）、陽羨陳貞慧（定生）、歸德侯方域（朝宗）、如皋冒襄（辟疆），以及東林遺孤周茂蘭（周順昌之子）、黃宗羲（黃尊素之子）、顧杲（顧憲成之孫）等，都在南京。他們對於「閹黨逆案」中人阮大鋮招搖過市，企圖東山再起，有所警惕。崇禎11年，復社名士吳應箕與顧杲談及此事，顧杲大義凜然地表示，不惜身死也要爲南京除此大害。於是，吳應箕在陳貞慧家中起草聲討阮大鋮的檄文，以顧杲、陳貞慧、吳應箕的名義徵求各地復社成員的支持。

崇禎12年，復社人士利用金陵鄉試的機會，在冒辟疆的淮淸橋桃葉渡寓所，召開復社大會，聲討阮大鋮。會議公推周鍾、周立勳、徐孚遠爲盟主，正式發表〈留都防亂公揭〉。在公揭上簽名的

有142人，由東林子弟的代表顧杲領銜，受「閹黨」迫害者遺孤的代表黃宗羲位居第二。

〈留都防亂公揭〉揭露阮大鋮「閹黨逆案」的老底，文章寫得慷慨激昂，氣勢奪人：「（顧）杲等讀聖人之書，附討賊之義，志動義慨，言與俱憤，但知為國除奸，不惜以身賈禍……杲亦請以一身當之，以存此一段公論，以塞天下亂臣賊子之膽！」

阮大鋮遭此迎頭痛擊，從此隱匿於南京郊外牛首山，不敢再招搖過市。

崇禎17年（1644年）3月，崇禎皇帝在煤山自縊，明朝滅亡。鳳陽總督馬士英擁立福王，在南京建立弘光小朝廷。馬士英為了排擠史可法等清流派官僚，想起用阮大鋮與之搭檔，控制南京政壇。由於《留都防亂公揭》的巨大影響，馬士英必須消除輿論的不利因素，他想到了碩果僅存的東林鉅子錢謙益，利用錢謙益在政壇長期不得志而急於謀求升遷的心態，要脅他以東林領袖的身分為阮大鋮等「閹黨逆案」人物翻案。果然，新任南明禮部尚書錢謙益按照馬士英的要求寫了奏疏，強調「不復以黨論異同」，就是說不要再談什麼「東林黨」和「閹黨」，只要是人才都可以任用；並且公然聲稱阮大鋮之流都是「慷慨魁壘男子」。

阮大鋮出任南明兵部右侍郎以後，並沒有像錢謙益所說的那樣，捐棄前嫌，而是小人得志，立即打擊報復參與〈留都防亂公揭〉的復社諸君子。他起用「閹黨逆案」中人，網絡爪牙，效法魏忠賢對付「東林黨」的辦法，炮製黑名單《蝗蝻錄》、《續蝗蝻錄》，以東林人士為「蝗」，復社人士為「蝻」，牽連143人；以後又炮製《蠅蚋錄》，牽連953人，企圖把東林、復社人士一網打盡，推行沒有魏忠賢的魏忠賢主義。阮大鋮被列入《明史》的奸臣

傳，完全是咎由自取，罪有應得。南明的弘光小朝廷之所以猶如曇花一現，迅即分崩離析，與馬士英、阮大鋮之流的倒行逆施不無關係。

孔尚任的《桃花扇》劇本寫的就是這一時期的事情，侯朝宗、李香君、阮大鋮等人輪番登場。據說清朝初年演出時，遺老遺少們涕淚滿襟，唏噓不已，感歎於劇中的唱詞：「桃花扇底送南朝。」1923年，朱自清的《槳聲燈影裡的秦淮河》，發思古之幽情：「我們這時模模糊糊的談著明末秦淮河的豔跡，如《桃花扇》及《板橋雜記》裡所載的。我們真神往極了。我們彷彿親見了那時花燈映水、畫舫凌波的光景了。於是我們的船便成了歷史的重載了。」所謂「歷史的重載」，恐怕不僅僅是秦淮河的「豔跡」，還有圍繞著〈留都防亂公揭〉的腥風血雨。

第十四講
面向海洋的時代

湯若望像

歐洲在15世紀末開始進入所謂大航海時代，也就是地理大發現時代，即發現新大陸和新航路的時代。這是歐洲擺脫中世紀，走向近代的轉捩點，值得大書特書。

　　中國比歐洲早了大約一個世紀，就有了大航海的嘗試——鄭和下西洋，不過這並沒有使中國擺脫中世紀走向近代，因而在輝煌中充滿了迷惘。正如英國著名歷史學家湯因比在《人類與大地母親》一書中所說：「在15世紀葡萄牙航海家發明之前，這些中國船在世界上是無與倫比的，所到之地的統治者都對之肅然起敬。如果堅持下去的話，中國人的力量能夠使中國成為名副其實的全球文明世界的『中央之國』。他們本應在葡萄牙人之前就占有霍爾木茲海峽，並繞過好望角；他們本應在西班牙人之前就發現並征服美洲的。」這當然是一種推論或假設，事實上，這種「本應」出現的現象，並沒有出現。這一事實引起學者們議論紛紜，成為一個難解之謎。

1.輝煌與迷惘——鄭和下西洋

　　中國歷史上有過輝煌的紀錄，湧現出許多締造這些輝煌的歷史文化名人，鄭和肯定是他們當中最具世界知名度的一個。明朝永樂3年（1405年）6月15日（西曆7月11日），他率領27800多人，分乘208艘木製帆船，由太倉的劉家港（劉河鎮）出發，開始了持續28年之久的七次下西洋的壯舉。

　　2005年是鄭和第一次遠航的六百周年，是一個值得全人類紀念的日子。

　　因為，他創造了世界航海史上的新紀錄，到達了亞洲、非洲30多個國家、地區，航線之長、航程之遠、持續時間之久，在當時世

鄭和航海圖

界上無人可以與之比肩。

　　因為，他的第一次遠航，比哥倫布首航美洲早87年，比達‧伽馬開闢東方新航路早93年，比麥哲倫從美洲航行到菲律賓早116年。

　　更因為，他的船隊規模之大，船舶之巨，航海技術之精良，在當時世界上無出其右。鄭和的「寶船」，最大的長44.4丈（138米）、寬18丈（56米），儼然海上的巨無霸。美國學者李露曄（Louise Levathes）關於鄭和的專著《當中國稱霸海上》（*When China Ruled Seas*）說：一艘44丈的船舶，有448.8～493.5英尺長，一般寶船長度介於390～408英尺之間，寬度介於160～166英尺之間，「這是直至目前為止，世界各地所建造過的最大的木造帆船」。有的學者估計，最大的寶船，排水量14000噸，載重量7000噸，而達‧伽馬率領的葡萄牙船隊的四艘三桅帆船，只有85～100英尺長，其中最大的「聖迦布利爾號」載重量才120噸，簡直是小

巫見大巫！

舉世公認，鄭和創造了世界航海史上舉世無雙的輝煌。

鄭和其人其事。《明史‧宦官傳》開卷第一篇就是鄭和的傳記，第一句話寫道：「鄭和，雲南人，世所謂三保太監者也。」並未提及他的先世。人們對他身世的了解，也只是：鄭和，本姓馬，雲南昆陽人，回族，明朝軍隊攻入雲南，鄭和被俘，送入燕王（朱棣）府中當了小太監。因在「靖難之役」中有功，被明成祖朱棣提升為內官監太監，並改姓鄭。

1913年有人在雲南昆陽發現了鄭和父親馬哈只的墓碑，1937年有人發現了《鄭和家譜》，1980年代初，有人發現了〈鄭和家譜首序〉、《賽典赤家譜》，鄭和的先世逐漸明朗。專家們經過考證後得出結論：鄭和是元朝政治家、中亞布哈拉貴族賽典赤的六世孫。而賽典赤是伊斯蘭教創始人穆罕默德的後裔，由阿拉伯遷徙到中亞的布哈拉，再由布哈拉遷徙到中國。鄭和本姓馬，這個馬姓，來源於穆罕默德的譯音。

《美國百科全書》的「鄭和」條，如此寫道：「15世紀初期的中國將領鄭和，幾乎於葡萄牙人乘船繞過非洲抵達印度一百年前，就率領海軍對印度洋做過七次遠征。鄭和為一名去麥加朝聖過的伊斯蘭教徒（馬）哈只之子，約在1371年生於雲南省昆明，取名馬三保。鄭和家自稱為一名早期蒙古雲南統轄的後代，並是布哈拉國王穆罕默德的後裔。馬姓來源於中文對穆罕默德的譯音。」

中外學者在這一點上是不謀而合的，也是與歷史文獻記載相一致的。《元史‧賽典赤贍思丁傳》說：「賽典赤贍思丁，一名烏馬爾，回回人，別庵伯爾之裔，其國言賽典赤，猶華言貴族也。」據精通阿拉伯文的專家解釋，「賽典赤」的意思是「尊貴的聖裔」，

「贍思丁」的意思是「宗教的太陽」，「烏馬爾」的意思是「長壽」，「別庵伯爾」的意思是「領袖」，專指先知穆罕默德的後裔。賽典赤在元朝聲名顯赫，他的後裔的一支，就是很不起眼的昆陽馬氏。由於這樣的家世，鄭和的祖父、父親都曾到過麥加朝聖，是虔誠的伊斯蘭教徒。明成祖朱棣（即永樂皇帝）任命鄭和領導下西洋的壯舉，訪問印度洋、阿拉伯、東非各國，應該說是很有政治眼光的。

鄭和沒有辜負明成祖對他的期望，用他的後半生出色地完成了下西洋的任務，海外各國對他的外交活動給予高度評價，使他在那些國家贏得了至高無上的聲譽。

最後一次航行完成，船隊正在穿越印度洋回歸祖國時，62歲的鄭和病逝在他的寶船上。按照鄭和的遺願，葬禮根據伊斯蘭教的儀式進行。屍體經過清洗，裹上白布，在伊斯蘭教徒「阿拉是偉大的」的吟詠聲中，頭朝向麥加，扔入茫茫的大海。這位偉大的航海家，把他最崇敬最熱愛的大海作為長眠之地。

確實，他是大海之子，他是屬於大海的。

按照他的遺願，帶回南京的只有一雙鞋子和一撮頭髮，葬在南京城外的墳墓裡，供後人憑弔。

魂歸大海的鄭和，成為南洋群島華人移民心目中的保護神，祭祀他的廟宇——「三寶公廟」，遍及東南亞各國。至今的旅遊者依然可以一睹它們昔日香火旺盛的風采。

明朝為什麼要派人下西洋？這是一個聚訟紛紜的問題，中外學者有著不同的解讀方式。

1970年代初，拉丁美洲的特立尼達和多巴哥總理威廉斯訪華時，來到上海，訪問復旦大學，希望與歷史學家討論有關鄭和下西

洋問題，我應邀參與討論。威廉斯先生本人是歷史學家出身，出版了拉丁美洲史專著《從哥倫布到卡斯楚》，對鄭和下西洋有所研究。他把鄭和下西洋與達・伽馬、哥倫布等歐洲人的航海探險加以比較，得出結論：當時的中國是世界上獨一無二的超級大國，按照航海的實力，發現「新大陸」的不應該是西班牙人，而應該是中國人。

這似乎是西方學者幾乎一致的看法，也是旁觀者的客觀評價。但是，他們忽略了對鄭和下西洋與歐洲「地理大發現」不同的國內背景分析。達・伽馬、哥倫布的航海探險，是為了奪取殖民地，奪取貴重的黃金白銀，作為資本的原始積累。而鄭和下西洋的明朝初年，國內並無這種需求。後來的事實也證明了這點，鄭和七次下西洋，沒有霸占一絲一毫的海外殖民地。

那麼明朝為什麼要派人下西洋呢？

用明成祖朱棣的話來說，就是「宣教化於海外諸番國」，顯然，政治外交目的是第一位的。《明史・鄭和傳》說得比較具體：「成祖疑惠帝亡海外，欲蹤跡之；且欲耀兵異域，示中國富強。」這後半句「欲耀兵異域，示中國富強」云云，與「宣教化於海外諸番國」是一個意思，就是為了擴大明朝在海外各國的政治影響，顯示天朝大國的富庶與強盛。至於前半句「疑惠帝亡海外，欲蹤跡之」，則純屬內政問題。當明成祖獲悉建文帝在雲南一帶活動的報告後，這個疑問已經消除，也就是說，在鄭和下西洋的前期，他確實負有尋找建文帝的秘密使命，但是在以後的十幾年中，這種使命已不復存在，下西洋依然繼續進行。可見「宣教化於海外諸番國」、「示中國富強」，為鄭和下西洋的目的，是無可懷疑的。

明成祖去世後，繼位的明宣宗在宣德5年（1430年）給鄭和的

明宣宗《三陽開泰圖》

「往諭諸番國」的詔書上說：「茲特遣太監鄭和、王景弘等齎詔往諭，其各敬順天道，撫輯人民，以共用太平之福。」仍然在貫徹先帝的初衷——「宣敎化於海外諸番國」。就在這一年，鄭和船隊途經福建長樂，爲了感謝天妃（即媽祖）對航海安全的保佑，特地在長樂南山寺立了一塊碑。在碑文中，鄭和透露下西洋的目的：「宣德化而柔遠人。」他寫道：「海外諸番國」，「際天極地，罔不臣妾……皆捧珍執贄，重譯來朝」，他爲此而感到欣慰。

事實確實如此。不僅以前有外交關係的國家，加強了友好往來；而且以前沒有外交關係的國家，也紛紛與中國建立友好關係。

有些國家不光是派遣使節，甚至國王率領王妃、陪臣前來中國，朝見明朝皇帝。永樂14年（1416年），鄭和完成了第四次下西洋任務，正在準備第五次下西洋時，亞洲、非洲17個國家和地區派遣使節來華朝貢，出現了「諸番臣充斥於廷」的盛況。

各國使節搭乘鄭和的船隊，紛紛前往中國朝覲明朝皇帝，在下一次下西洋時，鄭和又把他們送回各自的國家。這種「四方來朝」的局面，就是明朝皇帝所追求的理想境界。永樂18年（1420年）在明朝宮廷宴請各國使節的宴會上，響起了這樣的歌聲：

> 四夷率土歸王命，都來朝大明。
> 萬邦千國皆歸正，現帝廷，朝仁聖。
> 天陛班列眾公卿，齊聲歌太平。

在這種得意洋洋的歌聲裡，我們彷彿可以感到，朝廷上下對於下西洋以後出現的「四夷來朝」局面，充滿了歡欣鼓舞。

這種心態，是當時的航海大國葡萄牙、西班牙、荷蘭、英格蘭所無法理解的。

鄭和下西洋之謎。鄭和下西洋到過哪些地方，根據隨同鄭和出使的馬歡所撰《瀛涯勝覽》，費信所撰《星槎勝覽》，鞏珍所撰《西洋番國志》，以及《鄭和航海圖》，都有著比較明確的紀錄。除了東南亞的近鄰，就是印度洋沿岸各國，阿拉伯半島各國，東非沿岸各國，諸如：越南、柬埔寨、泰國、汶萊、印尼、菲律賓、馬來西亞、斯里蘭卡、馬爾代夫、孟加拉、印度、伊朗、葉門、沙烏地阿拉伯、索馬利亞、肯亞等國。

然而西方學者認為，鄭和的船隊可能繞過了非洲南端的好望

角，進入了大西洋，也可能到達了澳洲，甚至到達了美洲。由於在中國的歷史文獻中找不到根據，大多數中國學者對此持懷疑的或否定的態度。歷史研究和自然科學一樣，講究實證，一切憑事實說話。西方學者當然不會信口開河。我們不妨採取探討的態度來對待這個「奇蹟之謎」。

一生研究中國科學技術史的英國科學家李約瑟等，早就指出，鄭和船隊中的一些船隻繞過了好望角，進入大西洋是完全可能的。所以墨菲在《亞洲史》中斷言：「（鄭和船隊）有些船可能遠航到了好望角或甚至繞過了它。」我認為這種可能性是存在的。

至於鄭和船隊到達了澳洲的說法，也並非無稽之談。西方學者李露曄在她的論著中進行了考證。1879在澳洲達爾文港附近，在一棵兩百年的榕樹根下，發現了中國道教「三星」之一——壽星的雕像，帶有明代的風格，可能是鄭和船隊帶去的。這也可以從中國文獻中找到一些蛛絲馬跡。費信《星槎勝覽》記載鄭和船隊的船隻曾經到過達爾文港北方的吉里地悶島（Timor），有人認為就是今日的帝汶島。《鄭和航海圖》有一個叫做「哈甫泥」的地方，可能是南太平洋的科爾圭蘭島（Kerqueland Island），表明鄭和船隊到達了南半球。綜合以上資訊，鄭和船隊很可能到達了澳洲，不必急於否定它。

最令人匪夷所思的是，英國學者孟席斯（Gavin Menzies）2002年3月在英國皇家地理學會上，發表了驚世駭俗的研究結論：鄭和的船隊比哥倫布早72年到達美洲大陸，比麥哲倫早一個世紀實現了環球航行。2002年10月出版了他的專著《1421：中國人發現世界的一年》（*1421: The Year China Discovered The World*），全面論證鄭和船隊率先發現「新大陸」的觀點。他說，在美洲發現了中國古代

的盔甲、墓葬，一些村莊的名字，帶有中文的痕跡。

這些話，聽起來似乎有點像天方夜譚。不過，他並非信口開河。孟席斯雖然不是歷史學科班出身，只是一名退役的海軍軍官。讓人敬佩的是，他為了研究鄭和航海的事蹟，到過120多個國家的900多個博物館，收集有關資料，書中附錄的幾十幅歷史地圖，以及歷史文物與遺跡照片，就是其中的一部分。這種虔誠獻身科學的態度，令我們這些以研究中國歷史為終生事業的人們，感到汗顏。

當然，孟席斯的推論並非無懈可擊。我們可以抱著寬容的態度——關於鄭和下西洋還有此一說，使得這個枯燥的學術問題增添些許神秘的魅力，又有什麼不好呢？

這些「奇蹟之謎」，帶給我們的迷惘，也許今後還會繼續下去。

當然除了「奇蹟之謎」帶來的迷惘，還有另一些迷惘。比如，我們怎樣來回答西方學者提出的問題：

——同中國過去在科學技術上的某些創新一樣，他們的航海成就也未能乘勝加以發揚。征服大海、全球擴張和以海洋為基礎的商業革命，就此拱手讓給了較為貧窮但較少自滿的歐洲人；

——當世界的一半已經在中國的掌握之中，加上一支無敵的海軍，如果中國想要的話，另外一半並不難成為中國的勢力範圍。在歐洲大冒險、大擴張時代來臨之前的一百年，中國有機會成為世界的殖民強國。但中國沒有。

這是為什麼呢？確實值得當今每一個中國人深長思之的，也許是紀念鄭和下西洋六百周年給予我們的最為有益的啟示。

2. 「海禁」與「倭寇」

明朝建立後，實行嚴厲的「海禁」政策，除了政府與海外國家保持朝貢貿易關係外，其他民間海上私人貿易一概禁止。明太祖洪武時期一再下令：「禁瀕海民不得私自出海」；「禁瀕海民私通海外諸國」；「申禁人民無得擅自出海與外國互市」。明成祖永樂時期稍有鬆動，但依然把「海禁」政策當作不可違背的「祖訓」。此後，「海禁」政策時緊時鬆，總的趨勢是以「禁」為主。隨著商品經濟的發展，以及伴隨著西方國家來到中國沿海，把中國捲入「全球化」貿易之中，海外貿易的需求日益增長，「海禁」政策顯得愈來愈不合時宜。

當時的中國與海外各國維持著一種傳統的朝貢體制，明朝皇帝以「中央之國」的心態，把周邊各國都看作是它的藩屬，構成一種藩屬國向宗主國的朝貢關係。萬曆《明會典》關於「諸番國及四夷土官朝貢」事宜，有這樣的記載：

東南夷：朝鮮、日本、琉球、安南（越南）、眞臘（柬埔寨）、暹羅（泰國）、占城（越南）、爪哇、蘇門答剌（印尼）、瑣里、蘇祿（菲律賓）、古里（印度）、滿剌加（馬來西亞）、榜葛剌（孟加拉）、錫蘭山（斯里蘭卡）、呂宋（菲律賓）、木骨都束（索馬利亞）等；

北狄：韃靼、瓦剌（蒙古）等；

東北夷：海西女眞、建州女眞等；

西戎：哈密、畏兀兒（維吾爾）、撒馬爾罕（中亞）、天方、默德那（阿拉伯）、烏思藏（吐蕃）等。

朝貢的前提是，這些國家接受中國皇帝的承認與冊封，在國王交替之際，以及慶慰謝恩典禮之際，必須派遣使節前往中國覲見皇帝，呈獻貢品，並且接受皇帝的賞賜（稱爲回賜）。這就是朝貢體制，一種以中國爲中心的呈放射狀的，用朝貢—回賜方式維繫的國際關係。因此朝貢體制的政治意義是首要的，經濟意義是次要的。在朝貢中附帶進行一些貿易，稱爲朝貢貿易，或者叫做貢舶貿易、勘合貿易。無非是兩種形式，其一是，隨同朝貢使節來到中國沿海的港口，在主管外貿的市舶司的主持下，就地與中國商人進行貿易；其二是，朝貢使節抵達北京後，隨行的商人可以在禮部接待外賓的會同館附近，與中國商人進行貿易。這些貿易都是朝貢體制的附屬部分。

這種狀況顯然與當時已經初露端倪的「全球化」貿易格格不入。

日本學者濱下武志的專著《近代中國的國際契機——朝貢貿易體系與近代亞洲經濟圈》指出，從14世紀至15世紀以來，亞洲區域內的貿易在逐步擴大，存在三個貿易圈：一個是以中國爲中心的東亞貿易圈，一個是以印度爲中心的南亞貿易圈，兩者之間還有以若干貿易中轉港爲中心的亞洲貿易圈。新航路與新大陸發現以後，西方國家的商人爲了購買亞洲的商品，攜帶大量白銀，也加入到這些貿易圈中來。因此以中國爲中心的貿易圈，正在發生新的變化。

長期以來衆說紛紜的「倭寇」與海上走私貿易，放到這樣的背景下來考量，許多問題便可以迎刃而解。

日本與周邊其他國家一樣，與明朝維繫著朝貢貿易，朝貢船隊必須持有明朝禮部頒發的「勘合」（通行證），才可以在浙江市舶司所在地寧波上岸，再在安遠驛的嘉賓堂歇腳，一面上岸進行貿

易，一面等候朝廷的入京許可。一旦獲得許可，使節一行攜帶國書、貢品，以及攜帶的貨物，在明朝官員的護送下前往北京，下榻京師的會同館。在向朝廷遞交國書、貢獻方物後，攜帶的貨物可以在會同館附近進行交易，買入非違禁貨物。據田中健夫《倭寇與勘合貿易》的研究，從建文3年（1401年）到嘉靖26年（1547年），將近一個半世紀內，日本遣明使節所率領的船隊，共計18批。由於嘉靖2年（1523年）日本大內氏與細川氏兩大集團在寧波發生「爭貢」事件，使朝貢貿易出現危機，成為「後期倭寇的發端」。

寧波「爭貢」事件，給明朝內部主張嚴厲實行海禁政策的官僚找到了一個口實：「禍起市舶」——禍根是由朝貢貿易引起的。禮部沒有權衡利弊得失，便貿然關閉寧波的市舶司，停止了日本的朝貢貿易。官方的合法貿易渠道被堵塞，而日本與中國之間的貿易難以得到滿足，為海上走私貿易提供了一個有利時機。根據《籌海圖編》記載，當時日本對中國商品的需求量很大，其中包括生絲、絲綿、棉布、綿綢、錦繡、紅線、水銀、針、鐵鍋、瓷器、錢幣、藥材等等。如此巨大的一個市場，如此巨大的利潤（例如生絲運抵日本後，價格高達十倍），對商人的誘惑力之大可想而知，要想禁，是禁不住的。於是乎，嘉靖年間東南沿海私梟船主與土豪相結合，挾制官府，大張旗鼓地進行海上走私貿易，海盜與沿海貧民也介入走私貿易隊伍，與之遙相呼應。由於他們與日本商人進行貿易，在遭到官府取締時，採取武裝對抗，被人們稱為「倭患」。

人們對於「倭寇」一詞，容易望文生義，其實，所謂「倭寇」需要具體分析。《中國歷史大辭典》的「倭寇」條說，倭寇是指「明（代）時騷擾中國沿海一帶的日本海盜」云云，過於簡單化。根據田中健夫的研究，「倭寇」一詞，最初出現於404年的高句麗

「廣開土王碑文」。它的含義是多種多樣的，有「高麗時代的倭寇」、「朝鮮時代的倭寇」、「嘉靖大倭寇」等，甚至還有「呂宋島的倭寇」、「南洋的倭寇」、「葡萄牙人的倭寇」。其中規模最大的是14世紀至15世紀的倭寇，以及16世紀的倭寇。前者主要在朝鮮半島與中國東北沿岸活動，是日本人與朝鮮人的聯合體；後者大部分是中國的海上走私貿易群體，日本人的數量很少。山根幸夫在《明帝國與日本》一書中，談到「後期倭寇」（即「嘉靖大倭寇」）時，強調以下兩點：一是後期倭寇的主體是中國的中小商人階層——由於合法的海外貿易遭到禁止，不得不從事海上走私貿易的中國商人；二是倭寇的最高領導者是徽商出身的王直——要求廢止「禁海令」，追求貿易自由化的海上走私貿易集團的首領。

被稱為「倭寇王」的王直，是徽州商人，長期從事對日本的貿易。在遭到官軍圍剿之後，逃往日本薩摩的松浦津，以五島列島為根據地，還在平戶建造了第宅，擁有一支龐大的船隊，自稱「五峰船主」，又稱「淨海王」、「徽王」。他不時前往浙江、福建沿海，進行大規模的走私貿易和海盜活動。他的隊伍中確有一些「眞倭」，那是受王直集團雇傭的。正如王守稼〈嘉靖時期的倭患〉一文所說：「大量史料證明，歷史的眞實情況似乎與以往流行的說法相反，嘉靖時的『眞倭』，反而倒是受中國海盜指揮，處於從屬、輔助的地位。」

那麼，為什麼長期以來把「倭患」說成是日本海盜的入侵呢？原因是複雜的。一是其中確有一些日本人，即所謂「眞倭」；二是王直等人有意製造混亂，以假亂眞，保護自己；三是明朝平倭將領為了冒報戰功，虛張聲勢。無怪乎當時人說：「官兵利於斬倭而得重賞，明知中國人，而稱倭夷，以訛傳訛，皆曰倭夷，而不知實中

國人也。」

王直曾經向政府當局提出「開港通市」的要求，希望放棄不合時宜的海禁政策，使海上私人貿易合法化。他在接受朝廷招撫後所寫的〈自明疏〉，希望政府在浙江定海等港口，仿照廣東事例「通關納稅」，恢復與日本的朝貢貿易關係，那麼東南沿海的「倭患」就可以得到解決。平倭總督胡宗憲表面上答應「姑容互市」，在王直投降後，卻出爾反爾，於嘉靖38年年底，在杭州官巷口鬧市，把王直斬首示眾。

王直的死，並沒有使「倭患」消停，恰恰相反，激起了他的部下極大的怨恨和瘋狂的報復，「倭患」愈演愈烈，海禁與反海禁的鬥爭愈來愈尖銳了。

在此之前，對倭寇素有研究的唐樞寫信給胡宗憲，分析了中外貿易的大勢，以及倭患的根源。他指出：第一，中國與外國的貿易難以禁絕，海禁只能禁止中國百姓；第二，嘉靖年間的倭患起源於海禁政策的不合時宜——「商道不通，商人失其生理，於是轉而為盜」；第三，所謂倭寇其實是中國百姓——嘉靖31年「海上之為寇」，次年「各業益之而為寇」，再次年「良戶復益之而為寇」。他對倭寇的分析洞若觀火，道出了事實真相。

無獨有偶，稍後的謝傑在《虔台倭纂》一書中對倭寇的分析，有異曲同工之妙。他說：「倭夷之蠢蠢者，自昔鄙之曰奴，其為中國患，皆潮（州）人、漳（州）人、寧（波）紹（興）人主之也」；「寇與商同是人，市通則寇轉為商，市禁則商轉為寇」。他認為，從海上貿易的視角看來，導致「倭患」的原因是「海禁之過嚴」。可謂言簡意賅，一針見血。

因此，海禁一日不解除，禍患始終存在。王直死後，徽商在海

上依然相當活躍，後繼者有徐惟學、徐海，都被當局看作「倭寇」。而日本的平戶港一直是當時中日貿易的重要據點。眞正解決「倭患」的關鍵之舉，並非戚繼光、兪大猷的平倭戰爭，而是朝廷政策的轉換。隆慶元年（1567年），當局宣布實施比較靈活的政策，取消海禁，允許人民下海前往西洋、東洋貿易。旣然民間海上貿易合法化，所謂「倭患」也就煙消雲散了。以此爲契機，東南沿海的私人海上貿易進入了一個新階段，呈現出前所未有的繁榮景象。

3.晚明的歷史大變局
——「全球化」貿易與白銀資本

　　當代德國歷史學家耶格爾（Friedrich Jaeger）在他的一本近著中意味深長地指出，歷史意識並非只瞄向過去，歷史恰恰是爲了未來而回顧往事。「歷史」這個意義構造物，具有人的時間意識的雙重意向延伸，一是經歷和期待的延伸，一是保留和要求的延伸。

　　這種思路是具有啓發意義的。當代中國正處於新的歷史大變局之中，歷史學家理所當然要去關注歷史上曾經出現過的歷史大變局。近年來，晚清史尤其是晚清的歷史大變局，成爲人們關注的焦點，也許與此不無關係。

　　歷史的大變局並非僅限於晚清，晚明也以不同的形式出現過。

　　突然提出晚明的歷史大變局，並非故意聳人聽聞，而是希望人們放寬歷史的視野，回過頭去看一看16世紀下半葉至17世紀中葉的中國曾經發生的巨變，不僅對於重新評估晚明史，而且對於認識晚清史，都有莫大的好處。

「全球化」初露端倪的時代。15世紀末至16世紀初，世界歷史出現了大變局，歷史學家稱為地理大發現時代或大航海時代。歐洲的航海家發現了繞過非洲好望角通往印度和中國的新航路，以及美洲新大陸，標誌著一個新時代的開始。西方歷史學家把這一標誌作為中世紀與近代劃分的里程碑，並非毫無道理。這一轉折，最值得注意的一點，就是「全球化」的初露端倪。從此，人們的活動不再局限於某一個洲，而是全球各大洲，包括新發現的美洲。人們的視野與活動所及，不再是半個地球，而是整個地球，因此稱之為一個「全球化」初露端倪的時代，是毫不為過的。

在一般人心目中，「全球化」似乎是20世紀末、21世紀初才出現的新事物，其實不然。美國學者羅伯特・基歐漢（Robert O. Keohane）與約瑟夫・奈伊（Joseph S. Nye）在他們的論著《全球化：來龍去脈》中，對「全球性因素」與「全球化」的界定是具有歷史縱深感的：「全球性因素是指世界處於洲際層次上的相互依存的網絡狀態。這種聯繫是通過資本、商品、資訊、觀念、人員、軍隊，以及與生態環境相關的物質的流動及其產生影響而實現的。」；「我們認為，全球性因素是一種古已有之的現象。而全球化，不論過去還是現在，都是指全球因素增加的過程。」有的學者傾向於認為：「全球化」的歷史可以追溯到15世紀末開始的地理大發現時代，此後世界市場從歐洲拓展到美洲、亞洲和非洲，世界各大洲之間的經濟聯繫大大加強，國際貿易迅速增加，世界市場雛形初具，「全球化」初露端倪。

倘若以為這是初出茅廬者的一家之言，那麼不妨看一看權威的見解。當代著名學者伊曼紐爾・華勒斯坦的《現代世界體系》（*Modern World System*）的一大貢獻就在於，它以一種歷史的深邃

感闡述了「世界體系」的起源，即16世紀隨著資本主義生產方式的發展，開始以西北歐爲中心，形成「世界性經濟體系」，它是嶄新的「世界上前所未有的社會體系」。年鑑派大師布勞岱在他的巨著《15至18世紀的物質文明、經濟和資本主義》的第三卷中，闡述了「世界經濟」與「經濟世界」的形成過程，他認爲，「世界經濟」延伸到全球，形成「全世界市場」，是一個漫長的過程，它的轉捩點就是15世紀末的地理大發現，「由於15世紀末的地理大發現，歐洲一鼓作氣地（或幾乎如此）挪動了自己的疆界，從而創造了奇蹟。」

美國學者弗蘭克（Andre Gunder Frank）震動國際學術界的著作《白銀資本》（*Reorient: the Global Economy in the Asian Age*），其副標題就叫做「重視經濟全球化中的東方」，而他所討論的時間段，恰恰是1500年至1800年。在他看來，1500年以後的幾個世紀已經有了「經濟全球化」。在他的研究框架中，「經濟全球化中的東方」，是以中國爲中心的亞洲地區。他比華勒斯坦、布勞岱更加明確地認定，從地理大發現到工業革命之前的時代，已經是一個「經濟全球化」的時代。如果問題到此爲止，那麼還不至於引起衆說紛紜的爭論。弗蘭克的創造性在於，突破歐洲中心論的窠臼，明白無誤地指出，1500年至1800年，「經濟全球化中的東方」是世界經濟的中心；換言之，當時的經濟中心不在歐洲，而在亞洲特別是中國。

晚明中國：貿易順差與巨額白銀資本的流入。在這個「全球化」初露端倪的時代，中國當然不可能置身事外。

葡萄牙人繞過非洲好望角進入印度洋，占領印度西海岸的貿易重鎮果阿、東西洋交通咽喉麻六甲，以及香料群島以後，從1524年

起，在中國東南沿海進行走私貿易。當葡萄牙人獲得澳門貿易的許可以後，澳門開始成爲溝通東西方經濟的重要商埠，成爲晚明中國對外貿易的重要渠道，也是晚明中國在大航海時代與全球經濟發生關係的仲介。它的意義，不僅對於葡萄牙，而且對於中國，都是不可低估的。澳門從1580年代進入了黃金時代，一躍而爲葡萄牙與印度、中國、日本貿易航線的重要樞紐港口。以澳門爲中心的幾條國際貿易航線第一次把中國商品運向全球各地。例如：澳門——麻六甲（馬來西亞）——果阿（印度）——里斯本（葡萄牙）；澳門——長崎（日本）；澳門——馬尼拉（菲律賓）——阿卡普爾科（墨西哥）；澳門——東南亞。澳門就這樣成爲中國通向世界各國的航運中心，把中國納入全球經濟體系之中。澳門的轉口貿易，把中國捲入全球貿易網絡之中，使中國經濟首次面對全球（東半球與西半球）經濟的新格局。

晚明歷史大變局的帷幕慢慢揭開。

西班牙人的東來，大大拓展了這種歷史大變局的深度與廣度。西班牙人到達美洲以後，繞過美洲南端，進入太平洋，來到菲律賓群島。1580年以後，西班牙的馬尼拉當局，爲生絲、絲織品、棉布、瓷器等中國商品，找到了一條通向墨西哥的航路——太平洋海上絲綢之路。這迥然不同於以往的海上絲綢之路，它不再局限於東北亞或東南亞，而是越過大半個地球，由亞洲通向美洲的遠端貿易。「馬尼拉大帆船」（Manila Galleon）滿載中國商品，橫渡太平洋，前往墨西哥。這就是馳名於歷史的、持續了兩百多年的溝通馬尼拉與阿卡普爾科的大帆船貿易。馬尼拉大帆船運去的中國商品，特別是生絲與絲織品，在墨西哥、秘魯、巴拿馬、智利都成了搶手貨，並且直接導致西班牙美洲殖民地以本地蠶絲爲原料的絲織業的

衰落。1637年，墨西哥一家以中國生絲爲原料的絲織廠擁有14000名工人，由此可見運抵墨西哥的中國生絲數量是何等巨大！

「馬尼拉大帆船」的貨源來自福建沿海的自由貿易港——月港（以後升格爲海澄縣），由於它的繁榮，一直有「小蘇杭」的美譽。隨著貿易的發展，福建商人逐漸移居馬尼拉，專門從事貿易仲介業以及其他工商業。因此史家評論說，馬尼拉不過是中國與美洲之間海上絲綢之路的中轉站，「馬尼拉大帆船」嚴格說來是運輸中國貨的大帆船。美國歷史學家蘇爾茲（William Lytle Schurz）在《馬尼拉大帆船》（*The Manila Galleon*）中指出：「中國往往是大帆船貿易貨物的主要來源，就新西班牙（墨西哥及其附近廣大地區）的人民來說，大帆船就是中國船，馬尼拉就是中國與墨西哥間的轉運站，作爲大帆船貿易的最重要商品的中國絲貨，都以它爲集散地而橫渡太平洋。在墨西哥的西班牙人，當無拘無束地談論菲律賓的時候，有如談及中華帝國的一個省那樣。」

稍後來到遠東的荷蘭人，爲了和葡萄牙、西班牙展開商業競爭，1602年建立了統一的「聯合東印度公司」，這就是在遠東顯赫一時的荷蘭東印度公司。它把總部建在巴達維亞（今印尼雅加達），而把目光盯住東南亞、日本和中國。16世紀末至17世紀中，東方的商業大權幾乎爲荷蘭人所獨占，他們以馬來半島、爪哇、香料群島爲基地，向中國和日本發展，台灣很快成爲進口中國商品的固定貿易中轉地。

值得注意的是，這些新興的歐洲強國，在與中國的貿易中，無一例外地都處於貿易逆差之中，而中國始終處於貿易順差之中。由於這種貿易以中國的絲綢爲主角，因此被西方學者概括爲「絲——銀」對流。以葡萄牙而言，它從澳門運往果阿、里斯本的中國商品

有生絲、絲織品、黃金、水銀、麝香、朱砂、茯苓、瓷器等，其中數量最大的是生絲；而它從里斯本、果阿運回澳門的商品有白銀、胡椒、蘇木、檀香等，其中數量最大的是白銀。這些白銀是墨西哥、秘魯生產的，由葡萄牙、西班牙商人運往塞維利亞、里斯本，再運往果阿。以至於當時的馬德里商人說，葡萄牙人從里斯本運往果阿的白銀幾乎全部經由澳門進入了中國。以西班牙而言，正如布勞岱在《15至18世紀的物質文明、經濟和資本主義》中所說：「美洲白銀1572年開始一次新的引流，馬尼拉大帆船橫跨太平洋，把墨西哥的阿卡普爾科港同菲律賓首都連接起來，運來的白銀被用於收集中國的絲綢和瓷器、印度的高級棉布，以及寶石、珍珠等物。」

這種結構性貿易逆差，所反映的絕不僅僅是技術層面的貿易問題，而是貿易各方生產水平、經濟實力的體現。葡、西兩國及其殖民地無法用香料等初級產品與中國工藝精良的高級商品在貿易上達成平衡，必須支付巨額白銀貨幣。關於這一點，弗蘭克《白銀資本》說得最為深刻：「外國人，包括歐洲人，為了與中國人做生意，不得不向中國人支付白銀，這也確實表現為商業上的『納貢』」；「『中國貿易』造成的經濟和金融後果是，中國憑藉著在絲綢、瓷器等方面無與匹敵的製造業和出口，與任何國家進行貿易都是順差。」他進一步發揮道：「16世紀的葡萄牙、17世紀的尼德蘭（荷蘭）或18世紀的英國在世界經濟中根本沒有霸權可言」；「在1800年以前，歐洲肯定不是世界經濟的中心。」

弗蘭克的這種大膽論斷，引起了外國學者和中國學者的異議。作為一個學術問題，當然可以繼續討論。但是有一點是可以肯定的，即它在某種程度上顯示了晚明歷史大變局的存在，以及中國在其中有著不可忽視的重要地位。這種情況是和晚清歷史大變局截然

不同的。

　　不論你對此做何評價，巨額白銀資本的流入中國總是一個不容置疑的歷史事實。日本學者百瀨弘、美國學者艾維四（William S. Atwell）等對此做過深入研究。最爲引人注目的是中國學者全漢昇，他的論文〈明清間美洲白銀的輸入中國〉、〈自明季至淸中葉西屬美洲的中國絲貨貿易〉、〈明季中國與菲律賓的貿易〉等，從大量第一手資料中提煉出結論：1571年至1821年間，從美洲運往馬尼拉的白銀共計4億西元（比索），其中1/2或更多一些，流入了中國。全氏的這一研究成果受到西方學者的廣泛關注，布勞岱說「一位中國歷史學家最近認爲，美洲1571至1821年間生產的白銀至少有半數被運到中國，一去而不復返」，就是徵引全漢昇的觀點。

　　有鑒於此，弗蘭克對巨額白銀資本流入中國問題做了一個系統總結，他在《白銀資本》的第三章「資本周遊世界推動世界旋動」的第一節「世界貨幣的生產與交換」中，全面回顧了這一問題的研究狀況。關於本文探討的晚明時期，即16世紀中期至17世紀中期，美洲生產的白銀30000噸；日本生產的白銀8000噸；兩者合計38000噸；最終流入中國的白銀7000或10000噸。因此在那一百年間，中國通過「絲──銀」貿易獲得了世界白銀產量的1/4～1/3。相比較而言，弗蘭克的估計比全漢昇保守多了，即便如此，世界白銀產量的1/4～1/3，通過貿易的手段流入中國，足夠令人震驚了。

　　這無論如何是中國歷史上罕見的輝煌！

　　這種輝煌出現在晚明時期，它以無可爭議的姿態顯示，以往的所謂定論──晚明時期中國經濟已經走上了下坡路，是多麼不堪一擊。

　　由於中國出口的商品如生絲、絲織品、棉布、瓷器等，主要來

自太湖流域，以及東南沿海地區，巨額白銀資本的流入，毫無疑問刺激了這些地區經濟的蓬勃發展，市場機制的日益完備。全漢昇不無感慨地說：「由此可知，在近代西方工業化成功以前，中國工業的發展，就其使中國產品在國際市場上具有強大的競爭力來說，顯然曾經有過一頁光榮的歷史。」這是值得深入探究的歷史課題。近年來，李伯重《江南的早期工業化（1550～1850年）》，以及彭慕蘭（Kenneth Pomeranz）《大分流：歐洲、中國及現代世界經濟的發展》（*The Great Divergence: China, Europe, and the Making of the Modern Wolrd Economy*），就是為此而做出的努力，令人耳目一新。給人印象最深的一點就是，在歐洲工業革命發生以前，中國江南的經濟水平是領先於歐洲的，至少並不比歐洲落後。

4.耶穌會士與早期西學東漸

在歐洲，與文藝復興相伴而來的是宗教改革，耶穌會就是天主教改革的產物，它的創始人是巴斯克地方的一個西班牙貴族羅耀拉（Ignadio de Loyola）。1534年，在巴黎一群虔誠信徒的支持下，羅耀拉創建了天主教的耶穌會。這是一個具有宗教狂熱的修行團，用正確的教義來教誨人們，用更為世俗的辦法來擴散影響，他們不滿足於抗擊新教徒和異教徒的進攻，而是急於把信仰傳布到地球的遙遠角落，包括非洲、美洲以及亞洲的印度、日本和中國。耶穌會士為宗教而獻身的虔誠態度，在傳教事業中迅速打開了局面。

隨著歐洲商人的步伐，耶穌會士來到東南亞，通過澳門這個中西經濟文化交流渠道，進入中國。他們在傳教的同時，向中國人特別是士大夫傳播歐洲文藝復興以來先進的歐洲科學文化，不僅使中

國在文化上融入世界，而且培養了第一批「放眼看世界」的先進中國人。

澳門作爲中國第一個開放的港口，成爲耶穌會士向中國傳播天主教的基地，是順理成章的。1567年羅馬教廷頒布諭旨，成立澳門教區。歐洲的耶穌會士前來中國傳教總是先到澳門，寓居聖保祿教堂（即三巴寺），學習中文以及中國文化。被譽爲「中國傳教事業之父」的范禮安（Alexandre Valignani），在中國和日本傳教11年，1606年病逝於澳門。他寫的《聖方濟各・沙勿略傳》，第三章的標題叫做「論中國的奇蹟」，向歐洲介紹中華文明。耶穌會在中國傳教事業的實際開創者是羅明堅（Michele Ruggieri）神父，他在澳門用中文編寫了傳教的書籍，並且把「四書」之一的《大學》翻譯成拉丁文。由於他的努力，兩廣總督批准耶穌會士可以在廣東的肇慶建造教堂，開始向中國人傳教。

相比較而言，耶穌會士利瑪竇（Matteo Ricci）比他的前輩取得的成就更大。他不僅精通神學，而且在天文、數學、哲學方面都有相當的造詣，使他有更爲廣闊的視野來看待傳教事業。他認識到必須使天主教本土化才能取得成功。所謂本土化，關鍵的一點，首先要讓中國的士大夫樂於接受，利瑪竇盡量把天主教教義與儒家學說相結合，也就是所謂「合儒」、「補儒」、「趨儒」。爲此，他不惜修改教規，默認中國人的祖先崇拜，把《聖經》的文句與中國的四書五經相互比附，找到其中的共同性，博得了中國士大夫的好感和崇敬。在廣東傳教的15年間，他埋首鑽研儒家經典，乃至過目不忘，令士大夫們大爲驚訝，稱他爲「西儒利氏」。他的代表作《天主實義》，在天主教教義與儒家學說之間求同存異，獲得了士大夫的首肯。徐光啓說，他讀了《天主實義》以後，竟然沒有發現

天主教與儒學有任何抵觸之處。利瑪竇的傳教活動取得了極大的成功，瞿太素、馮應京、徐光啓、李之藻、楊廷筠等知名人士先後皈依天主教；他也得到了沈一貫、曹于汴、馮琦、李戴等官僚的支持，使他能夠破天荒地進入北京，並且在北京建立教堂，直至病逝於北京。

利瑪竇的成功，不僅爲他在北京傳教，而且爲他在北京傳播西方科學文化，創造了極佳的條件。他帶來了歐洲文藝復興以來的先進的科學文化，令當時的知識界耳目一新。「西學」以前所未見的巨大魅力，深深吸引了一大批正在探求新知識的士大夫們，短短幾年中就掀起了一個「西學東漸」的高潮。無怪乎西方學者把利瑪竇稱爲「科學家傳教士」。

梁啓超在《中國近三百年學術史》中說：「中國知識線與外國知識線相接觸，晉、唐間的佛學是第一次，明末的曆算學便是第二次。」這「第二次」便是西學東漸。佛學傳入中國對於中國文化影響之深遠，已經人所共知；而西學東漸的影響可以與之相媲美，或許更勝一籌。最有價值的是，它使中國在文化上融入世界，使中國知識分子不再坐井觀天，而開始「放眼看世界」。徐光啓便是其中的佼佼者。

出生於松江府上海縣的徐光啓，萬曆25年（1597年）鄉試高中第一名，三年後在南京與利瑪竇的會晤，使他了解到天主教可以「補儒易佛」。又三年後再去南京時，利瑪竇已經前往北京，他便向耶穌會士羅如望（Joan de Rocha）學習教義，然後接受洗禮，加入了天主教，教名保祿。次年，他高中進士。從萬曆32年至萬曆39年，徐光啓與利瑪竇在北京頻繁交往，在探討教義之餘，努力學習西學。在此期間，他們合作翻譯了歐基里德的幾何學教科書，這就

是由利瑪竇口授、徐光啓筆錄翻譯的《幾何原本》六卷，書中涉及直線、圓、比例、相似形，並介紹了歐基里德幾何學的基本理論。《幾何原本》的價值遠遠超出了幾何學本身，它向中國人展現了歐洲科學理論的真正代表，引進了一種科學思維與邏輯推論方法。徐光啓在序言中強調它在方法論上的重要意義，可以使人「祛其浮氣，練其精心」，「百年後必人人習之」。果然不出所料，此後，該書一版再版，成為一本經典著作。該書首創的幾何學名詞術語：點、線、直線、平面、曲線、四邊形、多邊形、平行線、對角線、直角、鈍角等，一直沿用至今。

利瑪竇在中國居留的28年中，繪製了多種世界地圖，其中影響最大、流傳最廣的是萬曆30年由李之藻為之刊印的《坤輿萬國全圖》。這幅世界地圖令每一個看到它的中國人都感到震撼，它打破了中國傳統的「天圓地方」觀念，大大開拓了知識分子的眼界。他們發現天朝大國原來在世界上也只占區區一角，從而改變了中國人的世界觀。這種世界地圖是把地球分成西半球和東半球展現在平面上，作為遠東的中國當然處在地圖的最東面的邊緣地帶，這使得一向以「中央之國」自居的中國人難以接受。《利瑪竇中國劄記》寫道：「中國人認為天是圓、地是平而方的，他們深信他們的國家就在它的中央。他們不喜歡我們把中國推到東方一角的地理概念。」為了迎合中國是世界中央（中央之國）的觀念，他把子午線從世界地圖中央向西移動170度，使中國正好出現在《坤輿萬國全圖》的中央。目前中國出版的世界地圖仍然保持中國在世界中央這種獨特的樣子，就是當年利瑪竇發明的權宜之計，想不到沿用了幾百年而不改，與其他國家的世界地圖截然不同。

西學東漸也促進了曆法的修訂工作。崇禎2年（1629年）朝廷

湯若望像

正式任命禮部侍郎徐光啓督修曆法。主持此事的徐光啓與李之藻對西方天文學已經有深入的了解，他們確定修改曆法的方針是以西方曆法爲基礎，聘請耶穌會士龍華民（Nicolas Longobardi）、鄧玉函（Joannes Terrens）、羅雅各（Jacobus Rho）、湯若望（Jean Adam Schall von Bell）等參加。在耶穌會士的協助下，最終以《崇禎曆書》爲總題目，編譯了46種、137卷巨著，詳細地介紹了第谷的《論新天象》、《新編天文學初階》，托勒密的《大綜合論》，哥白尼的《天體運行論》，克卜勒的《論火星運動》等歐洲先進的天文學知識。還沒來得及出版，明朝就滅亡了。清初，由耶穌會士湯

若望加以刪改，以「西洋新曆法」爲題，頒行於世。它的意義不僅在於修改曆法本身，更重要的是，它使中國從此告別傳統曆法，開始邁入近代天文學的門檻。

難能可貴的是，1614年耶穌會士金尼閣（Nicolas Trigault）返回羅馬教廷述職時，成功地募集到教皇保祿五世捐贈的圖書500多冊，加上他與同伴鄧玉函在歐洲各地募集到的圖書，共計7000多冊。1618年，金尼閣與另外22名耶穌會士護送這批圖書返回中國。這批圖書後來通過各種途徑流布於各地，其中一部分被翻譯成中文，向中國人介紹西方的科學、文化、宗教。這批圖書被教會的北堂圖書館收藏，現在仍然可以在國家圖書館（即原北京圖書館）見到它們的蹤影。人們從這些西方古籍（圈內人士稱爲「搖籃本」）身上，時常緬懷中西文化交流的一段佳話。

交流總是雙向的，西學東漸的同時就是東學西漸。耶穌會士羅明堅在兩名譯員的幫助下，把儒家四書之一的《大學》翻譯成拉丁文，1593年在色威諾的《精選文庫》中出版，被西方學者稱爲「儒家古典著作的歐洲第一個譯本」。此後，陸續有《中國地圖集》、《大中國志》等出版。17世紀在歐洲出版的有關中國的單行本有66種，非單行本有41種，使西方世界第一次比較眞切地了解中國。

在耶穌會士的影響下，中國也開始眞切地了解西方世界，湧現出第一批放眼看世界的中國人。在裴化行神父的《利瑪竇神父傳》中，這些人獲得了高度評價。他說，16世紀的中國出現了一場文化倫理革命，其先鋒「並不是出國考察者，因爲誰也不能走出帝國之外去異邦尋求這些新科學，他們只是譯者或編者，是他們讓讀者得以接觸外來的著作」。他首先推崇的是利瑪竇的第一位中國朋友瞿太素——「眞正開始有用而又謙虛的仲介人、把西方文明的成就系

進士及第碑

統引入遠東世界的，是瞿太素。」更值得稱道的當然是徐光啓。徐光啓在與利瑪竇等耶穌會士的接觸中看到，「修身事天」的西學，是「國家致盛治，保太平」之策。正是基於這樣的認識，才使這個進士出身的傳統知識分子成為晚明傑出的科學家、對西方文明有透徹了解的政治家。裴化行神父在評價徐光啓時，用充滿感情的筆調寫道：「我們不禁聯想到與他同時代的那個人——英國人文主義最純淨光輝的代表之一，即聖托馬斯・莫爾」，他「英勇無畏地繼續其促成西方基督教文明和遠東儒教文明之間文化倫理接近起來的工作，其深度、強度和影響，現今的史家才開始給予正確估價。」

「明末天主敎三柱石」——徐光啓、李之藻、楊廷筠，以及李贄、鄒元標、馮應京、馮琦、方以智等先進的中國人，開始關注西方世界。李之藻在重刻《天主實義》的序言中，對利瑪竇給予高度評價，他說利瑪竇並未受周公、孔子之敎，也未沿用程朱學說，但是他的傳敎與儒家經典完全契合。李之藻編輯的《天學初函》，收錄了當時幾乎所有傳敎士的著作，包括《天主實義》、《幾何原本》、《泰西水法》、《遠西奇器圖說》等。被人稱爲「異端之尤」的思想家李贄，一向桀驁不馴，抨擊理學家不遺餘力，但對於利瑪竇卻推崇備至，稱讚他「凡我國書籍無不讀」、「是一極標致人也」、「我所見人未有其比」。復社名士方以智的代表作《物理小識》，大量引用耶穌會士所寫的西學著作《職方外紀》。

種種跡象表明，一個啓蒙時代已經悄悄來臨了。

第十四講　面向海洋的時代

第十五講
中華帝國的末代王朝——清

吳三桂鬥鶉圖

衆所周知，清朝是中華帝國的末代王朝，它的建立者自稱爲滿洲，是女眞的一支。萬曆44年（1616年），努爾哈赤在赫圖阿拉（即興京，今遼寧新賓）建立大金，正式宣告與明朝分庭抗禮，爲了與先前的金朝相區別，史稱後金。後金的皇族姓愛新覺羅，在滿語中，「愛新」意爲金，「覺羅」意爲族，表明他們要高舉金朝的旗幟，收拾女眞諸部的人心，打出一片天下來。

從此明朝就面臨棘手的遼東問題。由於朝政腐敗，困擾於黨爭的官僚們忙於「窩裡鬥」，致使遼東戰事連遭挫敗，遼東大小七十多座城堡全被後金軍隊占領。

後金的力量乘勢發展壯大。崇禎9年（1636年），努爾哈赤之子皇太極即位，把大金的國號改爲大清，正式建立了與明朝相抗衡的清朝。明朝陷入了內外交困之中。一方面，爆發於陝北黃土高原的農民起義，此時已形成以李自成、張獻忠爲首的兩大武裝集團，馳騁中原，所向披靡。另一方面，山海關外的清朝正虎視眈眈地窺視中原局勢的發展，不時地越過長城邊隘，威脅北京。在整個崇禎朝的十幾年中，明朝當局始終要面對攘外與安內的兩難選擇。

1.明清鼎革之際的政局

這種形勢早在崇禎2年就已經顯現出來了，當時皇太極率領十萬軍隊，突破喜峰口以西的長城邊關，兵臨遵化城下，京城宣布戒嚴，這就是轟動一時的「己巳之變」（崇禎2年是己巳年）。事變過後，北方邊防趨於平靜，崇禎皇帝集中兵力對付「內憂」。正當他下令洪承疇督剿西北，盧象升督剿東南之際，崇禎9年，滿洲鐵騎突破長城要塞喜峰口。京城再次戒嚴。崇禎帝不得不緊急徵調正

在湖廣與農民軍作戰的盧象升出任宣大（宣府、大同）總督，由「安內」轉向「攘外」。

崇禎10年，崇禎皇帝把「丁憂」在家的前任宣大總督楊嗣昌提升爲兵部尙書。頗有政治眼光的楊嗣昌向皇帝提出戰略方針——「必安內方可攘外」。

「攘外必先安內」，似乎是一個現代敏感話題，其實是一個傳統的治國方略，遠的且不說，張居正在闡述治國大計時，針對「固邦本」問題，就明確提出「欲攘外者必先安內」的方針。楊嗣昌再次提出這一方針，有著明確的針對性：崇禎2年與崇禎9年滿洲軍隊兩次南下所構成的外患，與正在蔓延的「流寇」馳騁中原的內憂，必須做出抉擇，兩者之間究竟孰輕孰重？楊嗣昌的結論是：邊境烽火出現於肩臂之外，乘之甚急；「流寇」禍亂活躍於腹心之內，中之甚深。前者固然不可以緩圖，後者更不可以忽視。之所以說「必安內方可攘外」，並非緩言攘外，正因爲攘外至急，才不得不先安內。如果不帶先入爲主的偏見，楊嗣昌提出的方針實在是當時明朝的最佳選擇。

楊嗣昌的方針取得了明顯的成效，熊文燦在湖廣大力招安，洪承疇、孫傳廷在陝西圍追堵截，使得張獻忠在湖廣谷城接受招安，李自成在潼關南原遭受重創，敗退商洛山中。爲了減輕邊境壓力，楊嗣昌向清朝方面進行「議和」試探。由於皇帝沒有明確表態，廷臣群起而攻之，致使「議和」嘗試半途而廢。皇太極抓住把柄，發兵越過長城，威脅北京。崇禎皇帝下令徵調洪承疇、孫傳廷保衛北京，使中原戰場兵力陷於空虛狀態。這樣就使得楊嗣昌精心策劃的「十面張網」戰略功虧一簣。鑄成大錯的關鍵就在於崇禎皇帝對「安內」形勢判斷失誤——把李自成息馬商洛，張獻忠谷城僞降，

看作內亂已經平定。他因京城戒嚴而徵調洪承疇、孫傳廷，待到清軍出塞後，仍不把他們的精兵遣返原地，也反映了這種情緒。

乘中原空虛之機，李自成由商洛挺進河南，張獻忠在谷城起兵，轉戰湖廣、四川，明朝當局從此在「安內」方面喪失了主動權。當崇禎皇帝意識到局勢的嚴重性，派楊嗣昌前往湖廣「督師」時，形勢已難以逆轉。洪承疇在山海關一線，孫傳廷因政見分歧而下獄，楊嗣昌孤掌難鳴，接連敗於張獻忠之手，終於落得個心力交瘁、病死軍中的下場。

「安內」失敗，「攘外」也沒有取得成功。崇禎13年，薊遼總督洪承疇率領13萬精兵出山海關，去解錦州之圍。洪承疇本想穩紮穩打，無奈兵部企圖速戰速決，終於導致全線崩潰。這時朝廷再度想到與清朝議和，騰出手來集中力量於「安內」，用朝廷大臣的話來表達，就是「以金幣姑緩北兵，專力平寇」。議和是秘密進行的，不料偶然洩密，輿論譁然，內閣首輔周延儒不願挺身承擔責任，崇禎皇帝不得不改變初衷，屈從輿論，把議和的責任全部推到兵部尚書陳新甲身上，把他逮捕法辦。至此，明朝在攘外與安內的兩難選擇中，已經無牌可打了。

崇禎17年初，李自成在西安稱王，國號大順，年號永昌，正式表明要取明而代之，兵分兩路合擊北京。崇禎皇帝在派李建泰出征山西無望，遷都南京又遭反對的情況下，決定徵調駐紮在山海關外寧遠前線的吳三桂來保衛京城。內閣與六部大臣深知此舉意味著放棄寧遠及山海關外大片國土，不敢承擔責任，藉口「一寸山河一寸金」，反對徵調吳三桂入關。無可奈何的崇禎皇帝在2月27日親自下詔「徵天下兵馬勤王」，3月4日下詔封遼東總兵吳三桂為平西伯，3月6日下旨放棄寧遠，調吳三桂率兵保衛京城。但為時已晚，

3月20日吳三桂趕到豐潤時，北京已經在前一天被李自成攻陷了。

崇禎皇帝走投無路，3月18日後半夜，即19日凌晨，在司禮監太監王承恩陪同下，來到紫禁城北面的煤山（今景山），在壽星亭附近的一棵大樹下上吊自殺。據說他臨死前在衣服上寫下遺詔：「因失江山，無面目見祖宗於天上，不敢終於正寢。」

3月19日黎明，馬匹喧嘶，人聲鼎沸，李自成的農民軍大隊人馬進入北京。中午時分，頭戴氈笠、身穿縹衣、乘烏駁馬的李自成，在一百多騎兵的護衛下進入德勝門，太監曹化淳引導，從西安門進入大內。改朝換代的一瞬間，紫禁城已由「大明」易主為「大順」。

李自成為了消滅明朝在東北的殘餘勢力，派降將唐通帶了犒師銀四萬兩，以及吳三桂父親吳襄的家書，前往山海關招降吳三桂。這封家書其實是李自成的丞相牛金星寫了底稿讓吳襄謄清的，通篇說理多於抒情：「事機已去，天命難回，吾君已逝，爾父須臾。嗚呼，識時務者亦可心知變計矣！」吳三桂並非不識時務，當他準備入關接受李自成的招降時，獲悉愛妾陳圓圓已被農民軍首領霸占，怒不可遏，拔劍擲案，大聲怒吼：「逆賊如此無禮，我吳三桂堂堂丈夫，豈肯降此狗子，受萬世唾?！」於是從沙河驛東返，駐紮山海城。

這一情節到了詩人吳偉業筆下，渲染成了廣為世人傳誦的《圓圓曲》，透過一介武夫吳三桂與絕代佳人姑蘇名妓陳圓圓的姻緣，寄託對明朝滅亡的哀思。詩的頭幾句就把吳、陳的悲歡離合放在嚴峻的改朝換代的大背景下展開：

鼎湖當日棄人間，破敵收京下玉關。

慟哭六軍俱縞素，沖冠一怒為紅顏。

紅顏流落非吾戀，逆賊天亡自荒宴。

電掃黃巾定黑山，哭罷君親再相見。

其實，吳三桂「衝冠一怒」並非僅僅為了一個紅粉知己，更著眼於為君父報仇的倫理綱常。這種根深蒂固的忠孝觀念在他給父親的覆信中流露得淋漓盡致：「父既不能為忠臣，兒亦安能為孝子乎？兒與父訣，請自今日。父不早圖，賊雖置父鼎俎之旁以誘三桂，不顧也。」他隨即一舉全殲唐通的八千兵馬，發布聲討李自成的檄文，揚言：「請觀今日之域中，仍是朱家之天下」，舉起了復辟明朝的旗幟。為此，他寫信給清朝的攝政王多爾袞，「泣血求助」，加上早先投降清朝的舅舅祖大壽、頂頭上司洪承疇從中斡旋，終於一拍即合。

4月9日，李自成決定親自東征，帶領五萬兵馬，挾持已故崇禎皇帝的太子和他的兩個弟弟，於4月20日抵達山海關。以前驍勇善戰的劉宗敏、李過等將領，進入北京以後「耽樂已久，殊無鬥志」，在左右兩翼清軍的突然襲擊下，全線崩潰。李自成退至永平，吳三桂派人提議以交出太子作為停戰條件，李自成只得把太子送到吳三桂軍營。

吳三桂一路上以明朝名義發布文告，準備擁立太子，復辟明朝。多爾袞獲悉李自成已經撤離北京，便命令吳三桂繞過北京，向西追擊李自成，不許他護送太子入京。因為多爾袞利用吳三桂的目的，是順利地進入山海關、進入北京，由清朝取而代之。於是乎，多爾袞的鑾輿在清朝騎兵的扈從下，浩浩蕩蕩地進入朝陽門，直奔紫禁城。僅僅四十幾天，紫禁城再度由「大順」易主為「大清」，

開始了清朝對中國的統治。

5月5日，多爾袞發布政策聲明：「天下者非一人之天下，軍民者非一人之軍民，有德者主之。我今居此，為爾（明）朝雪君父之仇，破釜沉舟，一賊不滅誓不返轍。」為了籠絡人心，他還表示，要臣民為崇禎皇帝掛孝哭靈三日，並為他在帝王廟設置靈堂，舉行葬禮。

南京方面直至4月25日才確信北京事變的消息，討論善後事宜，議立新君。南京兵部尚書史可法傾向於擁立潞王，鳳陽總督馬士英極力主張擁立福王，並得到將領高傑、劉澤清的支持。5月15日，福王在南京即位，改年號為弘光，成為南明小朝廷的皇帝。

南明小朝廷的第一個政治舉動，就是發布詔書嘉獎吳三桂「借夷破賊」的功勞，封他為薊國公，發給犒賞銀米。隨即派出左懋第為正使，陳洪範、馬紹愉為副使的代表團，前往北京與清朝談判，希望雙方聯手，「同心殺滅逆賊，共用太平」。這毫無疑問是南明方面一廂情願的奢望，清朝根本不願與南明聯手，多爾袞在給史可法的信中明確表示，要南明「削號稱藩」，歸順清朝。

南明求和活動宣告破產，清軍渡過黃河，大舉南下。南明小朝廷內部卻忙於爭權奪利，江北的四名總兵互相間形同水火，劃分勢力範圍；武昌的左良玉藉口太子案件，突然宣布「清君側」，矛頭直指馬士英，發兵向南京進發。馬士英大驚失色，下令徵調各路兵馬前往南京上游堵截，而置南下的清軍於不顧。清軍長驅南下，如入無人之境。5月8日，清軍渡過長江，次日攻陷鎮江。福王、馬士英、阮大鋮之流先後逃跑，南京城中一片混亂。

5月15日，清朝的豫王多鐸率軍進入不設防的南京，南明文淵閣大學士蔡奕、禮部尚書錢謙益率領官員，向清朝投降。幾天後，

福王朱由崧在降將劉良佐押解下，到南京當面向豫王請降。不久，潞王朱常淓也在杭州投降。

其後，唐王朱聿鍵、魯王朱以海先後以「監國」名義，建立政權，都是曇花一現。只有桂王朱由榔的永曆政權，支撐的時間稍微長一點，成為明朝皇室世系存在的象徵、抗清鬥爭的精神支柱。順治18年（1661年），吳三桂率兵追入緬甸，桂王被俘，南明小朝廷至此壽終正寢。

2.奏銷案、科場案、哭廟案

清朝軍隊入關、進京，由於打出的旗號是「與流寇爭天下」、為明朝「雪君父之仇」，因此沒有遇到什麼阻力，就順利地實現了改朝換代。甚至連史可法這樣具有強烈民族主義立場的官僚也信以為真，他在給多爾袞的信中再三表示感謝：「殿下入都，為我先皇帝后發喪成禮，掃清宮闕，撫戢群黎」、「此等舉動，振古鑠今，凡為大明臣子無不長跽北向，頂禮加額。」

多爾袞揚言要南明「削號稱藩」，並派大軍渡江，攻陷南京，使得南明福王政權土崩瓦解之後，才激化了民族矛盾。清軍席捲江南之際，遭到了具有民族氣節的志士仁人的反抗。吳易、吳兆奎起兵於吳江，陸世鑰起兵於蘇州，黃淳耀起兵於嘉定，王永祚起兵於昆山，盧象觀起兵於宜興，嚴拭起兵於常熟，錢旃、錢棅起兵於嘉善。這些抗清鬥爭，雖然人少力弱，持續時間不長，政治影響卻不小。在這種氛圍下，一些激進分子密謀策劃，圖謀復辟明朝。順治4年（1647年）的吳勝兆「反正」事件，便是突出的事例，使得清朝當局極為震驚，把具有抗清情緒的著名人士如陳子龍、夏完淳

等，一網打盡。

但是，江南士大夫依然對清朝當局持不合作的態度，顧炎武就是這一派的代表人物。即使錢謙益、吳偉業一派知名人士，雖然投降清朝，做了清朝的官，卻並不心甘情願，鬱鬱不得志，牢騷滿腹。江南一向號稱財賦之地，是國家賦稅的主要來源，而江南豪紳承襲前代特權，規避賦稅，與新政府之間的矛盾日趨尖銳。

清朝當局迫切地感到，必須在江南採取大動作，嚴厲制裁，奏銷案、科場案、哭廟案的相繼發生，不過是為了實行制裁尋找的藉口或手段而已。

奏銷案。順治15年（1658年），順治皇帝在給戶部的諭旨中，明確表示要對江南豪紳拖欠賦稅的現象給予嚴厲打擊：「文武鄉紳、進士、舉人、貢監（貢生、監生）、生員及衙役，有拖欠錢糧（賦稅）者，各按分數多寡，分別治罪。」朝廷派出官吏專門監督清理拖欠的賦稅，對州縣官每年給戶部的賦稅申報（奏銷）數字進行嚴格追查。在蘇州府、松江府、常州府、鎮江府及江寧府溧陽縣這些賦稅重地，查出豪紳拖欠賦稅者13,500多人，衙役拖欠賦稅者240多人。對於這些人一概加上「抗糧」的罪名，革去功名或官職，還要處以刑罰。松江人董含《三岡識略》如此描寫當時的情景：「鞭扑紛紛，衣冠掃地。」

許多知名人士都被奏銷案牽連，受到嚴厲制裁。葉方藹是順治16年的「探花」（進士一甲第三名），拖欠稅銀一厘，折合制錢一文，竟被革去剛剛到手的功名，民間紛紛傳揚：「探花不值一文錢。」吳偉業順治13年被任命為國子監祭酒，五年後藉口「丁憂」辭職回鄉，也被牽連進奏銷案，以少量欠稅而遭到革職的處分。吳偉業卻以為是一個解脫，因為幾年前好友侯朝宗勸他韜晦，保重名

望，他考慮到家族的安危，勉強就任，始終追悔莫及，在弔侯朝宗詩中歎道：「死生總負侯嬴諾，欲滴椒漿淚滿樽。」由於奏銷案而革職，在他實在是求之不得。

上述四府一縣因奏銷案受到黜革處分的鄉紳有2,171名，生員有11,346名，共計13,517名，以至於造成江南「庠序一空」的局面，能夠繼續保持舉人、貢監、生員頭銜的人，寥若晨星。

顯然，朝廷此舉「醉翁之意不在酒」，目的並非爲了區區的欠稅，而是借此威懾力量，迫使江南鄉紳、士子就範。

科場案。與奏銷案相伴而來的鄉試舞弊案件，就是轟動一時的科場案。考場舞弊本來是科舉考試中司空見慣的現象，清初統治者大興問罪之師，不過是借題發揮，意在與奏銷案相配合，打擊江南文人以及他們所依託的家族和社會。

明清兩代，每三年一次在各省省城舉行的「舉人」選拔考試，叫做鄉試。順治14年正好是鄉試之年（稱爲丁酉鄉試），朝廷抓住科場舞弊的由頭，大動干戈，鄉試之獄幾乎遍及全國，而以南京、北京所受打擊最爲嚴厲。明朝起初建都於南京，以後遷都於北京，因此南北兩京都有國子監，南京的應天府和北京的順天府，是全國士子薈萃之地，在科舉考試中的地位遠遠凌駕於一般省城之上。清朝建立後，把應天府改爲江寧府，廢除了國子監（所謂南雍），但是在參加科舉考試的士子們心目中，它依然是江南科舉的中心，江南鄉試和順天鄉試同樣是社會關注的焦點。而科場案打擊得最爲慘重的恰恰就是這兩個地方的士子，江南鄉試的應考者無疑是江南士子，順天鄉試的應考者大都是旅居京城一帶的江南籍人士的子弟，因而科場案的矛頭所向主要是針對江南人士的。

科場舞弊被揭發後，處分之嚴酷，令人驚訝。順天鄉試的主考

官李振鄴等，錄取的舉人田耜等，都被處死。對於江南鄉試舞弊的處分尤有過之而無不及，兩名主考官、十八房考官被處死，家產充公，妻子籍沒爲奴。參與舞弊的考生，鋃鐺入獄，發配充軍。桐城方拱乾、方孝標父子、兄弟、妻子一門，因科場案而發配東北邊境的寧古塔，被人視爲科舉史上駭人聽聞的怪現象。杜登春《社事始末》回憶此事說，江浙文人牽涉丁酉鄉試案的不下一百人，一向興旺的圍繞應考的社團活動，從此蕭條，幾乎停息。一年之間，人們忙於爲囚車送行李，爲躲藏者送衣食，沒有消停的日子。

顯然，科場案是對江南文人政治上的一次沉重打擊，杜絕了他們進入官場的途徑。

哭廟案。順治18年發生在蘇州府吳縣的哭廟案，是這場政治風波的延伸。吳縣新任知縣任維初爲了徵收欠稅而採取苛刻的措施，引起江南文人學士的不滿。2月5日，他們聚集在孔廟，假借悼念不久前去世的皇帝，乘機發洩對當局的不滿情緒，使得追悼活動變了味。當時在場的許多達官貴人，旣尷尬又惱怒，把帶頭的11名知名人士逮捕監禁，其中就有著名的文學評論家金人瑞（聖歎）。5月初在南京初審，8月7日執行死刑，家產充公，家屬發配滿洲，才華橫溢的金聖歎成了這場政治鬥爭的犧牲品。金聖歎得知即將被處死，驚詫歎息：「斷頭，至痛也！籍家（抄家），至慘也！而聖歎以不意得之，大奇！」彷彿仍然在評點文學作品，調侃中流露出無可奈何的辛酸。

哭廟案的直接後果是奏銷案也因此而擴大，起先只限於無錫、嘉定兩縣，此後朝廷決定把它擴大到四府一縣，文化界許多頭面人物如吳偉業、徐乾學、徐元文、葉方藹等，也因此全被羅織在內。

隨著形勢的變化，矛盾漸趨緩和。康熙3年（1664年）正式下

令，免除順治元年至15年的拖欠賦稅，使奏銷案在無形之中淡出人們的視野。康熙皇帝豁達大度，對於江南知名人士採取籠絡政策，消減抵觸情緒。昆山一門三及第的盛況，爲江南士子所津津樂道。徐乾學是康熙9年的探花，官至刑部尚書；徐元文是順治16年的狀元，康熙9年出任經筵講官（皇帝的教師），官至戶部尚書；徐秉義是康熙12年的探花。王士禎《池北偶談》說：「同胞三及第，前明三百年所未有也。」受到康熙皇帝重用的江南知名人士還有葉方藹、張廷書等人，康熙17年的博學鴻儒科，康熙18年的修明史，都是他們促成的。一大批江南知名人士由此而進入官場。顧炎武的學生潘耒，晚明四公子之一的陳定生之子陳維崧，以及尤侗、朱彝尊等學者，通過博學鴻儒科而進入仕途。黃宗羲之子黃百家、學生萬斯同等學者進入明史館。

　　隨著清廷與江南文人學士關係的明顯改善，先前那種消極對抗的形勢逐漸消融，江南再度成爲財稅的主要來源地和官員的主要來源地。

3.帝國的政治體制

　　滿族建立的清朝，爲了減少漢族的疑懼與隔閡，減少改朝換代的劇烈動盪，基本上沿用明朝的政治體制，給人一切照舊的延續感。中央政府仿照明朝制度，設置內閣、六部、都察院，以及通政司、國子監、大理寺、光祿寺、鴻臚寺等。吏、禮、兵、刑、戶、工六部的負責人，尚書滿漢各一員，左右侍郎也是滿漢各一員，意在滿漢官員互相牽制，但其職權比明朝有所削弱，無權決定大政方針，只限於辦理具體事務。都察院的負責人，左都御史滿漢各一

員，左副都御史滿漢各兩員，右都御史、右副都御史由外省總督、巡撫兼任，其職權也比明朝有所遜色，已經沒有封駁詔令、巡按各省的權力，僅限於稽查官府、糾察官員而已。

地方政府機構基本上沿襲明制，分省、道、府（州）、縣四級。全國有十八個省和五個特別行政區。十八個省是：直隸、河南、山東、山西、陝西、甘肅、四川、貴州、雲南、廣西、廣東、福建、江西、浙江、江蘇、安徽、湖南、湖北。五個特別行政區是：內蒙古、青海蒙古、喀爾喀蒙古、西藏、新疆。省的最高軍政長官是總督或巡撫，總督與巡撫在明朝是中央派往地方的差遣官，清朝成為常駐各省的最高軍政長官。總督一般統轄兩個省的軍政與民政，也有單轄一省的（如四川、直隸）。巡撫只管轄一個省，他們與總督並沒有上下級關係，直接向皇帝負責，互相制衡。

道的長官是道員（別稱道台），府的長官是知府，縣的長官是知縣。道下設直隸州、廳，與府平級；府下設州、廳，與縣平級。京師所在地順天府，盛京所在地奉天府，與省平級。盛京是清朝的發祥之地，定都北京後，盛京成為留都，設立內大臣一員、副都統兩員，統轄東北地區。以後又把盛京總管改稱盛京昂邦章京、鎮守遼東等處將軍，此外增設寧古塔昂邦章京（後改為寧古塔將軍），統轄吉林、黑龍江地區。

但是，它畢竟是滿族建立起來的政權，不可避免地帶有強烈的滿族色彩，八旗制度與議政王大臣會議便是最突出的表現。

八旗制度。滿族在關外的軍隊稱為八旗兵，它源於八旗制度。八旗是滿洲早期的兵民合一的社會組織，建立於努爾哈赤時期，它的編制大體如此：

每三百人編為一個牛彔（牛彔即滿語「大箭」，漢語譯為佐

領）；

　　五個牛彔編爲一個甲喇（甲喇即滿語「隊」，漢語譯爲參領）；

　　五個甲喇編爲一個固山，每個固山各有黃、白、紅、藍旗幟爲標誌，因此漢語把固山譯爲旗。正黃旗、正白旗、正紅旗、正藍旗、鑲黃旗、鑲白旗、鑲紅旗、鑲藍旗，合起來就是八旗。

　　也就是說，在每一個旗下面，有五個隊；每一個隊下面，有五個大箭。在這種嚴密的編制下的滿人，既是民，也是兵，所謂「出則爲兵，入則爲民」，「無事耕獵，有事徵調」，全民皆兵。每一個旗由一個滿洲貴族統領，稱爲固山額眞，譯成漢語就是旗主。以後在滿洲八旗之外，又有蒙古八旗、漢軍八旗，事實上已有二十四旗，仍然稱爲八旗。編入八旗的人，稱爲旗人或旗下人。

　　順治以後，滿洲八旗中的鑲黃旗、正黃旗、正白旗稱爲「上三旗」，因爲皇帝曾經是這三旗的旗主，所以號稱「天子自將」，皇帝的警衛部隊都由這三旗的子弟擔任。其他五旗則稱爲「下五旗」。

　　八旗有京營與駐防之分。所謂京營，又稱禁旅（中央禁軍），約有12萬人。所謂駐防，即地方警衛部隊，負責地方鎭撫，由將軍、都統負責。將軍位高權重，可以監督地方上的總督、巡撫，分別駐紮在江寧（南京）、杭州、廣州、荊州、成都、西安、寧夏、綏遠，部隊約有10萬人。

　　天下太平以後，享樂腐化之風在八旗中盛行，八旗子弟遊手好閒，不習武藝，戰鬥力急遽下降。順治皇帝在位的後期，就發現這種苗頭，他說，今日八旗人民懈怠於軍事，終於導致軍旅敗壞，沒有了先前的盛況。到了康熙時期「三藩之亂」爆發時，八旗兵已經

毫無戰鬥力，只得依靠綠營兵。

綠營兵是入關以後改編或新招的漢軍，因爲軍旗爲綠色，故稱綠營兵。在北京的巡捕營，隸屬於步軍統領，約有一萬人。在各省共有60餘萬人，由各省的總督、巡撫、提督、總兵統轄。平定「三藩之亂」時，朝廷調動了40萬綠營兵，每次戰役都是綠營兵衝鋒在前，八旗兵在後跟進。

議政王大臣會議。清朝雖然沿用明朝的內閣制度，表面上是最高行政機構，卻並無多大實權。有關軍國大事的決策權，由凌駕於內閣之上的議政王大臣會議操縱。

議政王大臣會議，也稱國議，全由統率八旗的滿洲王公貴族組成。由於他們掌握兵權，由他們做出的決定，稱爲議政王大臣決議，對皇帝也有約束力，內閣不過是執行議政王大臣決議的辦事機構而已。這種體制固然可以限制皇帝的獨裁，卻極容易滋生一些議政王大臣專權跋扈的傾向，事實上順治、康熙時代已經屢屢出現這種狀況。

順治時代，由鄭親王濟爾哈朗、睿親王多爾袞輔佐年幼的小皇帝福臨。多爾袞運籌帷幄，位高權重，被尊稱爲「皇父攝政王」，議政王大臣會議聽任他擺布。所謂「皇父」云云，據鄭天挺的考證，並非皇帝父親的意思，而是滿洲舊俗的「親貴爵祿」。至於和「皇父」相關聯的「太后下嫁多爾袞」的傳說，被渲染爲清初三大疑案之一，是毫無根據的穿鑿附會之詞。對此，孟森已有精闢的考證。

順治18年（1661年），24歲的順治皇帝去世，臨死前留下遺詔，由四名元老重臣輔佐他的兒子玄燁（即康熙皇帝），朝廷大權操縱在索尼、蘇克薩哈、遏必隆、鰲拜等議政王大臣手中。索尼病

死後，鰲拜誣告蘇克薩哈二十四條大罪，迫使皇帝下令處死蘇克薩哈。鰲拜終於大權獨攬，根本不把皇帝放在眼裡。

康熙8年（1669年），16歲的康熙皇帝初露雄才大略，機智果斷地逮捕鰲拜，以三十條罪狀判處他死刑，鑒於他的戰功，減刑爲禁錮終身。由於議政王大臣勢力強大，在剪除鰲拜及其黨羽以後，先後出現了索額圖、明珠專權的局面。這使得康熙皇帝深深感到，必須削弱議政王大臣的權力，加強皇權。於是，他在康熙16年設立南書房，選擇人品與才學兼優的漢人官僚作爲秘書班子，替皇帝批答奏摺，起草諭旨。

雍正皇帝即位以後，繼續削弱議政王大臣的權力，在宮內建立軍機房，選擇親信滿漢大臣參與機務，處理軍機大事。以後又把軍機房擴大爲軍機處，直接聽從皇帝指揮，總攬全國軍政大權，成爲最高決策機構。到了乾隆時代，徹底消除了八旗旗主干政的權力，下令取消了議政王大臣會議。

4.文化專制與文字獄

歷代統治者都信奉文化專制主義，推行愚民政策，清朝尤其如此。

清朝初年，朝廷宣布禁止學者創立書院，糾衆結社，表面上是不許「空談廢業」，實際上是不許「集群作黨」。與此相配合的是，禁止言論與出版的自由，民間的出版商只許出版與科舉有關的書籍，嚴禁出版「瑣語淫詞」、「窗藝社稿」，違禁者要從重治罪。於是乎，形成了與晚明截然不同的社會風氣與文化氛圍，知識界的活躍空氣被禁錮了，政治活動完全萎縮了，沉滯了。

　　思想箝制的另一方面是，嚴格規定學校講解儒家經典，必須以宋儒朱熹的詮釋範本為依據。科舉考試必須按照宋儒的傳注，寫作教條的、死板的八股文，以功名利祿來僵化人們的思想。通過童試（縣級考試）、鄉試（省級考試）、會試（國家級考試），獲取秀才、舉人、進士功名，一場一場的考試，注重的是背誦千篇一律的高頭講章，寫作與國計民生毫無關係的八股文，那些舉人、進士，大都並無真才實學。這種使人別無選擇的愚民政策，是另一種形式的文化專制。

　　令人望而生畏的是，康熙、雍正、乾隆三朝大興文字獄，吹毛求疵，望文生義，以片言隻語定罪，置人於死地。一朝比一朝更為嚴酷，更為強詞奪理，造成愈演愈烈的威懾、恐怖氣氛。

　　康熙時代的「明史獄」和「南山集獄」，藉口莊廷鑨所寫的《明史》，戴名世所寫的《南山集》，有「反清」思想，進行嚴厲鎮壓。莊廷鑨已經死亡，遭到「戮屍」的懲處，被株連而判處死刑的有70多人，為莊廷鑨的《明史》作序、校補、刻印、發售的人，幾乎無一倖免於難。戴名世處斬，祖孫三代直系、旁系親屬，年齡在16歲以上的，都被斬首，其他受株連的有幾百人之多。

　　雍正時代的禮部侍郎查嗣庭在江西主考官任上，被人告發所出試題中有「維民所止」字樣，據說「維」字、「止」字是有意砍去「雍正」的首級，大逆不道。這是典型的拆字遊戲式樣的文字獄，為了找到更為直接的證據，在他的日記中查出「狂妄悖逆」的字句，如他認為侍講（皇帝的教師）錢名世因為寫詩歌頌大將年羹堯，遭到革職處分，是「文字之禍」。因為這些話是在私下的日記裡面流露出來的，被定罪為「腹誹朝政，謗訕君上」——在心中誹謗朝廷政治誣衊皇帝，死在監獄後，又遭到戮屍的懲處，親屬學生

受到株連。

　　乾隆時代的文字獄更爲變本加厲。戴名世處斬後，隔了50多年，乾隆皇帝又借「南山集案」大興冤獄，殺了71歲的舉人蔡顯，株連24人。因爲有人揭發蔡顯的著作《閑閑錄》中有「怨望謗訕」之詞，所謂「怨望謗訕」之詞，不過是蔡顯引用古人《詠紫牡丹》詩句「奪朱非正色，異種盡稱王」，原意是說紅牡丹是上品，紫牡丹稱爲上品是奪了牡丹的正色，是「異種稱王」。到了那些製造文網的刀筆吏眼裡，竟然可以望文生義，指責蔡顯影射奪取朱明王朝天下的滿人，是「異種稱王」。面對這種令人毛骨悚然的罪狀，蔡顯只得被迫自首，希望寬大處理。結果，坦白並未從寬，兩江總督高晉、江蘇巡撫明德上報皇帝，建議按照大逆罪凌遲處死。乾隆皇帝看了高晉和明德的奏摺以及隨同奏摺附上的《閑閑錄》，下達聖旨，把凌遲從寬改爲斬首，對高晉、明德大加訓斥，因爲他從《閑閑錄》中看到了「戴名世以《南山集》棄市，錢名世以年（羹堯）案得罪」之類字句，而高晉、明德查辦此案時竟然沒有發現，是「有心隱曜其詞，甘與惡逆之人爲伍」，需要分擔一部分罪責。乾隆皇帝用這種方式向大臣們炫耀自己的敏銳洞察力，實在令人啼笑皆非。

　　此後的「字貫案」，更爲離奇，更加蠻不講理。江西的舉人王錫侯編了一本叫做《字貫》的字典，擅自刪改《康熙字典》，沒有爲清朝皇帝的名字避諱，成爲兩大罪狀。結果不但王錫侯遭到嚴懲，書版、書冊全部銷毀，而且江西巡撫海成也因「失察」而治罪。

　　原來乾隆皇帝接到江西巡撫海成的報告，說有人揭發王錫侯刪改《康熙字典》，另刻《字貫》，實在狂妄不法，建議革去舉人。

乾隆皇帝原本以為是一個尋常狂誕之徒，妄行著書立說。待到他親自看了隨同奏摺附上的《字貫》以後，大為憤慨。他在序文後面的凡例中看到，把聖祖（康熙）、世宗（雍正）的「廟諱」以及他自己的「御名」，都開列出來。乾隆皇帝認為這是「深堪髮指」、「大逆不法」之舉，應該按照大逆律問罪。但是，海成僅僅建議革去舉人，大錯特錯。他在給軍機大臣的諭旨中狠狠訓斥道：海成既然經辦此案，竟然沒有看過原書，草率地憑藉庸陋幕僚的意見，就上報了。上述那些「大逆不法」的內容就在該書的第十頁，開卷就可以看見，乾隆皇帝振振有辭地責問：「海成豈雙眼無珠茫然不見耶？抑見之而毫不為異，視為漠然耶？所謂人臣尊君敬上之心安在？而於亂臣賊子人人得而誅之之義安在？」結果，海成革職，押送京城，交刑部治罪。

對王錫侯的審訊，好像一幕荒誕劇。請看其中的片斷：

官員問：你身為舉人，應該知道尊親大義，竟然敢於對聖祖仁皇帝欽定的《康熙字典》擅自進行辯駁，另編《字貫》一本。甚至敢於在編寫凡例內把皇帝的廟號、御名毫無避諱地寫出來。這是大逆不道的行為，你打的是什麼主意？

王錫侯回答：我因為《康熙字典》篇幅太大，精減為《字貫》，無非是為了方便後生學子。書內把皇帝廟號、御名寫出來，目的是要後生學子知道避諱，實在是草野小民無知。後來我自己發覺不對，就把書內應該避諱之處，重新改版另刻了，現有書版可據，請求查驗。

既然皇帝已經定性為按照「大逆律」問罪，王錫侯當然難逃一死。

由此人們也看到了一向附庸風雅的乾隆皇帝的另一面：陰險、

兇殘、狠毒。他對文字挑剔之苛刻令人防不勝防，也使得那些諂媚奉承的大臣們因為露骨的沽名釣譽而自討沒趣。大理寺卿尹嘉銓已經退休，當乾隆皇帝由五台山回京路過保定時，尹嘉銓派兒子送上兩本奏摺，內容是：其父尹會一曾得到皇上褒獎，請求賜給諡號，並且與開國名臣范文程一起從祀孔廟。乾隆皇帝大為惱怒，下令革去尹嘉銓的頂戴，交刑部審訊，指定官員前往抄家，特別囑咐要留心搜檢「狂妄字跡、詩冊及書信」。

果然，在尹嘉銓的文章中查到「為帝者師」的字句，乾隆皇帝咬文嚼字地批駁道：「尹嘉銓竟儼然以師傅自居，無論君臣大義不應加此妄語，即以學問而論，內外臣工各有公論，尹嘉銓能否為朕師傅？」顯然這是在強詞奪理，尹嘉銓不過妄想光耀門庭而已，並不想當皇帝的老師。但是在嚴刑逼供下，70多歲的尹嘉銓不得不認罪：「只求皇上將我立置重典，以為天下後世之戒，這就是皇上的恩典。」乾隆皇帝親自做出裁決，處以絞刑，銷毀他的著作及有關書籍93種。魯迅在〈買小學大全記〉中，談到尹嘉銓案件，議論風生：「乾隆時代的一定辦法，是：凡以文字獲罪者，一面拿辦，一面就查抄，這並非著重他的家產，乃在查看藏書和另外的文字，如果別有『狂吠』，便可以一併治罪。因為乾隆的意見，是以為既敢『狂吠』，必不止於一兩聲，非徹底根治不可。」

一般草野小民，乃至朝廷重臣，都難以逃脫文字獄的羅網。

根據《清代文字獄檔》所收錄的文字獄檔案，從乾隆6年（1741年）至53年（1788年）的47年中，就有文字獄53起，幾乎遍及全國各地，造成以文肇禍的恐怖氣氛。

以往人們忽略了這樣一點，乾隆時代由大興文字獄進而發展到

全面禁書、焚書，開館編纂《四庫全書》的過程，就是一個禁書、焚書的過程。

平心而論，《四庫全書》的編纂當然是一大盛舉，分經史子集四大類收集3457種圖書，79070卷，裝訂成36000多冊，成為中國歷史上最大的一部叢書，彌足珍貴。但是，四庫全書館在編書的同時承擔了皇帝交給的一項重要使命：禁書與焚書。那些編纂官員的首要任務，是從各省呈獻上來的書籍中，把「禁書」清查出來，送交軍機處，再由翰林院仔細審查，把違禁的所謂「悖謬」文字標出，用黃紙簽貼在書眉上，如須銷毀，則應該把銷毀原因寫成摘要。這些書籍一併送到皇帝那裡，由他裁定後，全部送到武英殿前面的字紙爐，付之一炬。

為了禁書，首先必須徵書。乾隆皇帝對東南著名藏書家瞭若指掌，給兩江總督、江蘇巡撫、浙江巡撫下達諭旨，要他們對東南藏書家，諸如昆山徐氏的傳是樓、常熟錢氏的述古堂、嘉興項氏的天籟閣、嘉興朱氏的曝書亭、杭州趙氏的小山堂、寧波范氏的天一閣，徵求書籍。一旦書籍全部到手，禁毀書籍的本意已經無須隱諱，乾隆皇帝通知各地總督、巡撫，凡在徵集書籍中發現有「字義觸礙」的，或者加封送京，聽候處理；或者就地焚毀，將書名上報。明末的野史，具有反清思想的著作，乃至民間流行的戲劇劇本之類，都要「不動聲色」地查禁。

在編纂《四庫全書》的過程中，禁毀的書籍達幾千種，其中全毀2453種，抽毀402種，銷毀書版50種，銷毀石刻24種。我們目前所看到的《四庫全書》，是付出了如此沉重代價的，不免讓人感慨。尤為可惡的是，官員們奉命對書籍中所謂有問題的文字進行武斷的刪削，如今人們所見的《四庫全書》中的一些著作，已經不是

本來面目，它的文獻價值是大打折扣的。

　　所謂乾隆盛世，竟然如此色厲內荏，它的由盛轉衰也就不足為怪了。

怪了。

第十五講　中華帝國的末代王朝——清

第十六講
「夕陽無限好，只是近黃昏」

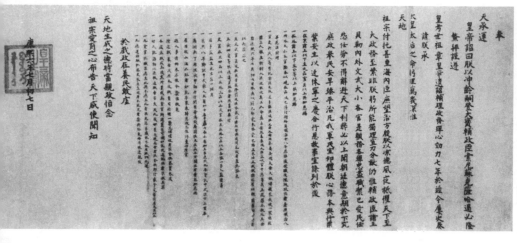

康熙皇帝親政詔書

1.康熙的文治

康熙皇帝是清朝最堪讚譽的賢明君主，武功與文治都無與倫比。平定三藩之亂（吳三桂、耿精忠、尚可喜的叛亂）；遏制沙皇俄國的擴張，簽訂《中俄尼布楚條約》，劃定中俄東段邊界；平定割據台灣的鄭氏集團，使台灣回歸祖國；率領軍隊征討厄魯特蒙古的準噶爾部，擊敗它的首領葛爾丹。康熙皇帝武功中最為引人注目的幾件大事，彪炳於史冊而毫無愧色。

更值得關注的是他的文治，令人刮目相看。在他的倡導下，編成了收字49000多的《康熙字典》，180卷的《大清會典》，106卷（拾遺106卷）的《佩文韻府》，900卷的《全唐詩》等鴻篇巨帙，並且企劃了一萬卷的《古今圖書集成》。他還豁達大度地派遣耶穌會士到全國各地測量，製作了中國第一部實測地圖《皇輿全覽圖》。

《紅樓夢》作者曹雪芹的祖父曹寅，深受康熙皇帝的器重，在他第五次南巡時，交待曹寅編輯、出版《全唐詩》的任務，這是他十分看重的大型文化工程項目，力圖在顯赫的武功之外，突顯自己的文治。曹寅正好是一個恰當的人選，他既是滿洲親信，又是一個在漢人文學圈內嶄露頭角的詩人，而且他先後擔任的江寧織造和兩淮巡鹽御史，都是肥缺，有足夠的財力資助這一文化工程。曹寅團結了一大批江南文人，在不到兩年時間裡，完成了收羅2200多詩人、48900多詩作、篇幅達900卷的《全唐詩》，為康熙的文治增添了濃墨重彩的一筆。

文治的另一方面是對宋學的提倡。

清朝文化中最鼎盛的部分，首先是以經學爲中心的學術。這一時期經學發展到了一個新階段，超過了兩漢以來的經學，經學研究擴展到一般學者中，使之成爲一門學問，具有學術性，是兩漢經學所無法比擬的。以程朱理學爲主的宋學成爲主流，是一大特點，這與康熙皇帝的提倡有很大的關係。

在康熙以前，還沒有形成眞正意義上的宋學，學者們一邊講學一邊鑽研宋學，繼承儒家正統學脈，閱讀經典原著，進行踏實的研究。到了康熙時代，學者們停止了浮而不實的講學（講會）活動，專心對儒學原典進行深度探究。孟森《明清史講義》中說，「聖祖尊宋學」、「欲集宋學之大成」，是切中肯綮的。江南名士徐乾學收集宋朝經學家著作，編成《通志堂經解》，就是集宋學之大成的嘗試。李光地、熊賜履都是以宋學名臣而得到康熙皇帝的寵信。他們著書立說，以尊程朱、崇正學、辨道統爲己任。因爲這個背景，康熙一朝，宋學名臣輩出，諸如陸隴其、湯斌、張伯行、于成龍、陳鵬年、趙申喬等人，不僅對於宋學的發揚光大有所貢獻，而且自身的道德、操守也成爲一時的楷模。

在清朝諸帝中，康熙最值得表彰的是他以一種海納百川的胸懷，充滿自信的心態，接納耶穌會士以及他們所帶來的西學。內藤湖南在《清朝史通論》中說：「康熙帝是個對西洋學術非常感興趣的人，又有統一各民族的雄心，因此，絕對不是只尊重中國學術的人，在尊重中國學術的同時，對西洋的學術也很尊重，大量地使用西洋人。」事實確實如此。

耶穌會士南懷仁受到康熙皇帝的重用，是由於他在南懷仁身上看到了西洋人比中國人具有更精密的、實用的知識，因此要他製造新的天文觀測儀器；並且規定，以後的天文曆法工作，一定要由西

洋人主要負責。在南懷仁的影響下，中國學者梅文鼎寫了《曆算全書》，成為中國人研究西洋數學的奠基之作。康熙本人在這方面不僅大力提倡，而且身體力行。在新舊曆法的爭論中，他為了判明其中的是非，破天荒地努力學習西洋數學。在第一歷史檔案館還保存了當年康熙的「算草」——演算數學的草稿紙，以及他使用過的三角尺、圓規、計算器。一個皇帝竟然如此認真學習西方的科學，是前所未有的，以後也不曾再有，不能不令人歎為觀止。

明白了這一點，就不會對於康熙任用傳教士繪製中國地圖，感到意外了。以前的中國地圖缺乏地理學、測量學的支撐，用現在的眼光看來，是十分奇怪的示意圖。傳教士用西洋的做法，測量土地的經緯度，確定城市的方位，用實地勘測的方法繪製的《皇輿全覽圖》，至今仍保存在第一歷史檔案館。

中國和俄國的尼布楚條約談判，康熙皇帝任命內大臣索額圖為首席代表，同時委任傳教士徐日昇、張誠作為參謀官隨同前往。他們兩人的回憶錄，記載了這一段歷史，成為早期中俄關係史的珍貴文獻。

康熙皇帝還大力支持西醫的傳入中國。傳教士白晉、張誠向他講解西洋科學知識，由於他的患病而中止，卻為白晉、張誠提供了向他講解西洋醫學知識的機會。康熙病癒後，仔細閱讀他們編譯的西醫講義，非常讚賞。他希望傳教士推薦西洋醫生前來中國。康熙24年（1685年）他在給大學士明珠等人的諭旨中說，鑒於南懷仁年事已高，聽說澳門有同南懷仁一樣熟悉曆法的人才，希望你們會同禮部，請南懷仁推薦，同時推薦精通醫術的人才。

南懷仁神父察覺到這是一個傳教事業的契機。在利瑪竇以後，耶穌會士能夠得到朝廷重用，主要得益於他們在天文曆法方面的專

長，參與曆法的修訂工作，清朝初年，湯若望神父、南懷仁神父接連擔任主管天文曆法的欽天監負責人。但是由於西洋天文學和中國天文學在理念方面的差距，使南懷仁感到，繼續向中國輸入西洋的天文曆算，可能會影響傳教事業。康熙皇帝對西洋醫學的興趣，使他預感到，派遣傳教士醫生可能是有助於傳教事業的最佳選擇。雙方的共同願望，促成了西學東漸的中心，由天文曆算轉向了醫學。在這種背景下，出現了西醫進入中國的高潮。

根據康熙皇帝的要求，精通醫術的傳教士陸續來到北京，進入宮廷。其中有頗受康熙器重的外科醫生兼藥劑師——法國耶穌會士樊繼訓（Pierre Frapperie），康熙皇帝御醫、外科醫生——義大利耶穌會士何多敏（Giandomenico Paramino），宮廷藥劑師——葡萄牙耶穌會士魏哥兒（Miguel Vieira），在京行醫32年的外科醫生——義大利修士羅懷中（Giovanni Giuseppe da Costa）等人。他們在中國的行醫活動，為西洋醫學在中國的傳播打開了局面。康熙皇帝的大力提倡，功不可沒。

在這種情況下，西方傳教士的傳教活動也獲得了很大的發展。到了康熙後期，由於所謂「禮儀之爭」，顯示了中西文化之間的隔閡，使得傳教士的活動受到了障礙。康熙皇帝派遣耶穌會士白晉作為他的特使，隨同羅馬教皇特使鐸羅（de Tournon）回到歐洲，解決禮儀糾紛，但是沒有成功。鐸羅代表教皇宣布在教會中禁止中國的禮儀，使得雙方矛盾激化。清朝方面則採取了比較靈活務實的對策。康熙45年（1706年）的一道皇帝諭旨宣布，西洋人必須領取內務府頒發的「印票」（執照）後，才可以在中國傳教，沒有領取「印票」的傳教士必須離開中國，但是具有西洋技藝的傳教士不在驅逐之列。康熙58年（1719年），皇帝在接見福建的傳教士時，再

次重申傳教士中的「會技藝人」不在驅逐之列。他還授意羅馬教皇派來的神父，寫信給教皇：西洋人受大皇帝之恩深重，無以圖報，今特求教皇選拔具有天文、律呂、演算法、畫工、內科、外科等學問的傳教士，來中國效力。康熙皇帝在「禮儀之爭」日趨尖銳化的情況下，依然表現出一個大國君主的寬容風度，沒有盲目排外，為當時的中西文化交流留下了精彩的一頁。

康熙時代，西方傳教士受到了禮遇，得以深入宮廷，深入上層政壇。不僅如此，在皇帝多次南巡中，沿途都把會見天主教傳教士作為議事日程。傳教士普遍滿意於皇帝對他們的關注，皇帝給傳教士留下了令人喜愛的形象。耶穌會士白晉兩次受到接見，並且陪伴南巡，使他以後有機會向皇帝介紹歐洲的科學和醫學，對皇帝有了深切的了解。後來白晉寫了康熙皇帝的傳記，在西方引起巨大回響。傳教士們把中國的真實情況介紹給歐洲，使歐洲人對中國有了前所未有的認識。在歐洲人心目中，中國是一個當時世界上最遼闊、最富饒，管理最完善，發展水平最高的國家。歐洲的啟蒙思想家，包括萊布尼茨（1645～1716年）、伏爾泰（1694～1778年）、魁奈（1694～1774年），都受到了影響。給他們影響最深的是，清朝通過競爭性考試選擇最有教養的人為官，使中國因此而避免了歐洲世襲貴族政治的弊端。他們認為，中國更接近歐洲從未實現的柏拉圖理想——由哲學家皇帝統治的國家。西方古典經濟學奠基人亞當·斯密在1776年發表的《國富論》中，根據這些記載，對18世紀的中國做了這樣的評論：

——中國極其遼闊的國土，數量龐大的居民，氣候的多樣性，以及由此而形成的不同省份產品的多樣性，還有大部分省份之間利用水上運輸的方便交通，使得那個如此遼闊的國家，單靠自己的國

內市場，就足以吸納極大量的商品，並容許甚為重要的勞動進一步細分工。中國的國內市場在規模上大概比歐洲所有各國加在一起的市場小不了多少。

康熙皇帝在位的61年，奠定了清朝的盛世，無怪乎有的歷史學家把他與俄國的彼得大帝相比擬。

2.雍正的嗣位與政績

一代明君康熙，在確定接班人問題上卻舉棋不定，太子立而廢，廢而立，立而又廢，致使皇位的繼承者始終不明，他的那些有勢力的兒子都想成為繼承者，鬧得不可開交，各樹朋黨，形同仇敵。他固然有不得已的苦衷，也有無可推卸的責任，正如孟森所說：「帝於諸王，縱之太過，教之太疏。」他的晚年，崇尚政寬事省，無為而治，助長了奪嫡爭儲的鬥爭。各皇子的朋黨分化改組，形成兩大集團：一派以皇八子胤禩為首，得到皇九子胤禟、皇十子胤䄉、皇十四子胤禵的支持，當胤禩為父皇所嫌棄，繼位無望時，胤禵成為領袖；另一派以皇四子胤禛為首，得到皇十三子胤祥的支持。

康熙61年（1722年）11月13日，皇帝在離宮暢春園病逝，皇四子胤禛根據遺詔繼位，即雍正皇帝。雍正即位之初，宮廷內外就傳言他是「矯詔篡立」。所謂「矯詔篡立」，有幾種說法，其中之一是，把「傳位十四子」改為「傳位于四子」。因此，這一事件就成為清初三大疑案之一，孟森、王鍾翰、陳捷先、金承藝、楊啟樵等歷史學家，對此做過考證分析，結論不盡相同。馮爾康《雍正傳》認為，胤禛「盜名改詔篡位說實於理不通」，傳位胤禵的說法

「並不可信，很難成立」，康熙彌留之際決定傳位給胤禛，是可信的。

其實，所謂「篡立」的說法，不過是皇子們奪嫡爭儲鬥爭的產物；即使胤禛的繼位是名正言順的，他的政敵也會造謠中傷。這種事例，在歷代的皇位爭奪中並不鮮見。退一步論，假如說在皇子們爭奪皇位的鬥爭中，皇四子捷足先登，是否算做「篡立」，也是一個問題，現代歷史學家似乎不必過分糾纏於此。評價一個皇帝，還是要看他上台以後的政績如何。

雍正夾在康熙、乾隆之間，和他的父親玄燁在位61年、兒子弘曆在位60年相比，胤禛在位僅僅13年，顯得十分短暫。但是，他的政績頗為可觀，嚴禁朋黨，整頓吏治，強調務實，多所建樹，在不少方面實為乃父所不及。

他一即位，就針對朝廷內外的惡習，宣布嚴禁朋黨，把打擊朋黨作為首要任務。他多次公開宣稱，朋黨是政壇上最大的惡習，明朝末年各立門戶，互相陷害，這種風氣依然存在。這顯然是有所指的，目的是要對於皇權威脅最大的胤禩、胤禟、胤䄉所結成的朋黨，採取嚴厲的手段予以嚴懲。即使被輿論指責為不顧同胞親情，過分苛刻、冷酷，也在所不惜。對於支持他登上皇位的大臣年羹堯、隆科多的結黨營私、飛揚跋扈，他也不能容忍。獨攬陝西、甘肅、四川三省軍政大權的年羹堯，為他牽制駐紮青海的撫遠大將軍胤禵有功；九門提督、理藩院尚書隆科多掌握京師的警衛大權，協助他順利登上皇位。但是，他們倚仗擁立之功，得意忘形，公然結黨營私，藐視皇權。雍正皇帝以迅雷不及掩耳之勢，給予嚴懲，似乎手段過於嚴酷，翻臉不認人。但不如此，就不足以遏制朋黨，不足以強化皇權，不足以穩定政局。

有鑒於此，他十分重視用人，把田文鏡、鄂爾泰等封疆大吏樹立為官僚的楷模，以澄清吏治。對歷年的賦稅虧空與積欠這個老大難問題，他雷厲風行地追查到底，查出從康熙51年（1712年）至雍正4年（1726年）積欠稅收1000多萬兩白銀。由於用人和理財有方，雍正時期進入了清朝最富庶的階段，國庫存銀達到6000萬兩之多。

雍正皇帝治國崇尚務實，一再提倡「為治之道在於務實，不尚虛名」，在制度的改革與重建中成績卓著，攤丁入地、開豁賤籍、改土歸流尤其值得稱道。

攤丁入地。清朝初年的賦稅制度基本上沿襲明朝後期的一條鞭法，徵收地銀、丁銀兩項，地銀按土地攤派，丁銀按人頭攤派。丁銀的實質是人頭稅，繼續保持丁銀的徵收顯然不符合歷史的潮流，明末清初一些地方開始嘗試把丁銀向土地轉移，但是與人丁相關的丁銀是一個變數，難以操作。康熙51年（1712年），朝廷宣布「滋生人丁永不加賦」政策，使得丁銀總量固定化，為攤丁入地提供了有利條件。

雍正元年（1723年），直隸總督李維鈞首先推行攤丁入地的改革，把人丁負擔的丁銀攤派到土地負擔的地銀中去，具體辦法是：把全省42萬兩丁銀，平均攤派到203萬兩地銀中，大體上地銀1兩攤派到丁銀0.207兩。此後，各省都按照直隸的做法，展開攤丁入地的改革。從雍正2年至7年，各省大體完成，山西、貴州遲至乾隆年間才陸續完成。

攤丁入地，又叫做地丁合一或地丁並徵，是一條鞭法的進一步發展。它們的總方針是一致的——把人丁的負擔轉移到土地上去，具體做法因地而異。比較普遍的做法是，把丁銀平均攤派入地銀

中，一併徵收；也有一些地方把丁銀按照土地面積平均攤派；有的地方以省爲單位平均攤派，有的地方以州縣爲單位平均攤派。這種改革是具有合理性的，田地多的農戶分攤到的丁銀較多，田地少的農戶分攤到的丁銀較少，沒有田地的農戶不再有丁銀的負擔。從一條鞭法開始的人丁負擔向土地轉移的發展趨勢，至此終於完成，長期存在的人頭稅，在法律上正式宣告消失。

開豁賤籍。長期以來，國家把人民區分爲良民與賤民，在法律上是不平等的。如果說攤丁入地旨在取消人頭稅，用經濟的方法削弱人身依附關係；那麼開豁賤籍旨在取消良民與賤民的區別，用法律的方法削弱人身依附關係。這是雍正時期的一大德政。

雍正5年，皇帝在給內閣的諭旨中宣布了改革的宗旨是爲了移風易俗，給賤民提供一條自新之路。他指出，山西省的樂戶、浙江省的惰民、徽州府的伴當、寧國府的世僕，這樣一些賤民，一概取消他們的「賤籍」（賤民戶籍），使他們成爲良民，用他的話來說，就是「應予開豁爲良，俾得奮興向上，免至污賤終身，累及後裔」。

所謂樂戶，古已有之，是編入樂籍的倡優，子孫世襲爲業。清朝初年的樂戶，是指分布於山西、陝西等地編入樂籍的賤民，世代以從事歌舞吹打爲業，接受鄉紳、地棍的召喚，在宴會上演出助興。他們有特殊的服裝，與良民相區別，不得使用與身分不相稱的用品。

所謂惰民，又稱墮民，明清之際分布於浙江省紹興府的各縣，數以萬計，從事卑微的職業，男人充當婚禮中的幫手，女人充當喜婆、送娘子，禁止讀書、纏足，不許與良民通婚。

所謂伴當、世僕，是徽州、寧國一帶的奴僕化佃農，稱爲佃

僕，與主人有著「主僕名分」，在法律上屬於賤民的行列。他們與主人有特殊的依附關係，或是租借主人房屋，或是父母葬於主人墳山，或是入贅於主人家中，或是由於負債典押於主人，因而成爲奴僕化佃農。他們與一般佃農不同的是，不僅要爲主人耕種田地，繳納地租，還得爲主人家終身服役，世代相承。他們的賣身文書上寫明，要爲主人看守墳墓、照管山場，在主人家有冠婚喪祭等活動時，要聽從召喚，無償勞動。

雍正5年的諭旨，在歷史上第一次宣布取消賤民的賤籍身分，把他們解放爲良民，在法律上承認他們與良民具有同等地位。這一時期被解放的賤民還有蘇州府常熟、昭文兩縣的丐戶、浙江省錢塘江上的九姓漁戶、廣東省的蜑戶等。

當然，這種由來已久的陋習，並不是一紙法令就可以徹底消除的，在實際生活中，他們的身分、地位仍然受到原先賤民戶籍的影響，如欲參加科舉考試，或者捐納爲官，必須以三代「清白」爲條件。某些地區，賤民的殘餘一直存在到清朝末年。不過，無論如何雍正年間解放賤民的行動，作爲一個開端，它的積極意義是值得肯定的。

改土歸流。元明以來，在西南邊疆地區實行土司制度，任命當地民族的首領爲地方長官，世代相承，對當地進行世襲統治。由於土司的相對獨立性，使得中央政府只能對那些地區實行間接的控制，只有「羈縻」意義，中央的政令、法律顯得鞭長莫及。有鑒於此，明朝中期以後，開始逐步改土歸流──把土司（土官）改爲流官，即中央政府定期委派的官員。但是幅度不大，局面難以根本改變。

爲了加強對西南地區的有效控制，雍正皇帝任命鄂爾泰爲雲

南、貴州、廣西三省總督，大張旗鼓地進行改土歸流。他在一道諭旨中說，長期以來，雲南、貴州、四川、湖廣等省，僻處邊疆的土司，「肆為不法，擾害地方，剽掠行旅，且彼此互相仇殺」、「草菅人命，罪惡多端」，因此，他要求各省總督、巡撫「悉心籌畫」、「令其改土歸流，各遵王化」。

一部分地區，長期的經濟文化交流消除了隔閡，改土歸流比較順利；另一部分地區，土司負隅頑抗，不得不用武力迫使土司就範，戰爭進行得相當殘酷，留下了政治後遺症。

到雍正9年，改土歸流大體告一段落。在改土歸流地區，設置了與中原地區同樣的行政機構——府、州、縣，由中央政府任命的知府、知州、知縣代替世襲的土司（土官），同時設立軍事機構——鎮、協、營、汛，派兵駐紮。隨後著手從事社會改革，取消落後的剝削方式以及種種陋規惡習；並且在西南地區開闢若干交通要道，使得內地與邊疆的交往日趨密切，先進的經濟文化不斷輸入邊疆地區。顯然，改土歸流對於加強中央集權，鞏固西南邊疆，具有不可低估的意義。

雍正皇帝繼承了他父親開創的密摺（秘密奏摺）制度，封疆大

清代的密摺匣

吏定期向他提交秘密奏摺，如實報告社會眞實狀況，他用紅筆批示意見（稱爲朱批），發還本人閱讀後，交還朝廷歸檔。這樣就形成了目前人們所見的《雍正朱批諭旨》，這些密摺與朱批，涉及政治、經濟、文化、社會各個方面，具體到天氣變化、農業收成、糧棉價格，顯現了當時社會的眞實面貌。雍正本人口才雄辯，筆鋒銳利，又精於書法，他的朱批往往長篇大論，由此可以看到他的治國方略與工作作風，以及他不爲人知的眞實性情。

3.閉關自鎖的「天朝」

長期以來，生絲與絲織品是出口的主要商品，出口數量一直在不斷增加，直到清朝中葉依然如此。一些主管外洋事務的官僚已經敏感到它的影響，兩廣總督李侍堯在乾隆24年（1759年）的一份奏摺中說：「外洋各國夷船到粵，販運出口貨物，均以絲貨爲重，每年販賣湖絲並綢緞等貨，自二十餘萬至三十二、三萬斤不等。統計所買絲貨，一歲之中，價值（白銀）七、八十萬兩，或百餘萬兩。至少之年，亦買價至（白銀）三十餘萬兩之多。其貨物均係江浙等省商民販運來粵，轉售外夷，載運回國。」

這份奏摺所透露出來的資訊是豐富的：

第一，外國商船只能到官方指定的貿易港口廣州，購買他們最爲需要的商品——絲貨；

第二，由廣州出口的絲貨是以太湖流域的「湖絲」以及綢緞爲主的；

第三，這些絲貨由江蘇、浙江商人販運到廣州出口，每年交易額在白銀數十萬兩至百餘萬兩上下。

由於出口的利潤很高，刺激了太湖周邊地區的蠶桑絲綢生產，其中的精美產品經由商人之手，大批量由廣州出口，致使國內市場絲價日趨昂貴。一名官僚在乾隆24年給皇帝的奏摺中說：「近年以來，南北絲貨騰貴，價值較往歲增至數倍」；「民間商販希圖重利出賣，洋艘轉運，多至盈千累萬，以致絲價日昂。」對於國際貿易和外向型經濟一無所知的朝廷袞袞諸公，一看到國內市場絲價日益上漲，不是去發展生產、增加貨源，而是主張限制出口數量。於是乎乾隆皇帝以諭旨的形式宣布：「前因出洋絲斤過多，內地市價翔踴，是以申明限制，俾裕官民織紝。」其思路非常奇特，企圖以限制出口數量來平抑絲價，以滿足民間絲織業的需求。而限制的措施也很奇特：「每船准其配買土絲五千斤、二蠶湖絲三千斤。」這種限制出口的規定匪夷所思，企圖限制優質湖絲出口，只准外商購買質地較差的「土絲」和「二蠶湖絲」，優質的頭蠶湖絲禁止出口。然而市場經濟追求利潤，豈能用一紙空文予以改變，即使自以為權大無邊的皇帝也無能為力。兩年以後，朝廷不得不宣布廢除這項不合市場規律、不切實際的規定。一方面，上述規定損害了太湖周邊湖絲產地外向型經濟的利益，在商民的呼籲下地方長官一再向朝廷敦請「弛禁」；另一方面，在全球化貿易對湖絲需求量節節攀升的經濟趨勢下，不可能以帝王的旨意為轉移，限制出口絲貨的數量與質量，不但不合時宜，而且是徒勞的。此後，湖絲的出口量與出口價格都在不斷上升，就是一個明證。

日本學者中山美緒（即岸本美緒）的論文《清代前期江南的物價動向》，在研究江南絲價走勢時，援引英國學者馬士（H. B. Morse）關於英國東印度公司的研究成果，整理出康熙至乾隆時期湖絲出口價格的上升趨勢：從1699年每擔湖絲價格白銀137兩，到

1792年增加到每擔價格312兩，在不到一百年中漲幅達到2.27倍。

江南生產的棉布的出口也是如此。從晚明時期開始，中國棉布已經暢銷海外，由於價廉物美，在世界市場所向披靡。大量江南精美的棉布進入海外遠端貿易，甚至18、19世紀間遠銷英國等海外市場。從18世紀30年代開始，英國東印度公司已經著手購運被稱為「南京棉布」的江南棉布，其他歐洲國家以及美國也在廣州購買江南棉布。

英國學者馬士根據英國東印度公司的檔案，研究18、19世紀，英國、法國、荷蘭、瑞典、丹麥、西班牙、義大利等國商船從廣州輸出江南棉布的數量。全漢昇根據這些資料，得出如下結論：第一，1786年至1833年的48年中，各國商船從廣州出口的棉布共計4400餘萬匹；第二，各國商船在廣州出口的棉布最多的一年是1819年，達到330餘萬匹，價值170萬餘銀圓；第三，1817年至1833年的17年中，各國商船從廣州出口的棉布共計1900餘萬匹，每年平均出口量是110萬匹，價值78萬銀圓左右。

在1804年至1829年的26年中，美國商船從廣州出口的江南棉布3300萬餘匹，平均每年出口120萬餘匹。這期間廣州出口棉布猛增，原因就在於美國商船的大量購運。據全漢昇研究，美國商船從廣州出口的棉布，大部分運回本國出售，小部分運往歐洲、西印度群島、南美洲、菲律賓及夏威夷等地。在美國機械化棉紡織業大規模發展之前，那裡的消費者是江南棉布的好主顧。

中國江南手工生產的棉布，在歐洲曾經風行一時。以嘉定、寶山一帶生產的「紫花布」製成的長褲，流行於19世紀初法國市民中間，它生動地反映在雨果的小說《悲慘世界》（ *Les Miserables* ）中，稱為 "The Modern Library"。這種紫花布褲子也是19世紀30

年代英國紳士的時髦服裝。

中國棉布暢銷海外，原因就是價廉物美。18世紀中葉，英國東印度公司收購中國棉布，每匹價銀不過0.34兩，價格之低廉在世界市場上無出其右，而且質量也穩居世界前列。一直到棉布出口走下坡路的19世紀30年代，江南棉布的好名聲仍然保持，西方人說它「在色澤上和質地上仍然優於英國製品」。從18世紀80年代起，英國商人就企圖開闢英國棉布在中國的市場，然而都賣不出去，原因就是價格大大高於中國棉布，又不適合中國人的消費習慣。

就在這樣的全球化貿易的背景下，清廷卻制訂了不合時宜的閉關政策。

清朝的海外貿易政策，大體上可以劃分為三個階段：第一階段是海禁時期（1644～1683年）；第二階段是多口通商時期（1684～1756年）；第三階段是僅限於廣州一口通商的閉關時期（1757～1842年）。

第一階段，清朝執行了比明朝更為嚴厲的海禁政策，禁止民間商船出海貿易，顯然是針對沿海抗清勢力而採取的非常措施。

康熙22年（1683年）形勢發生了很大的變化，三藩之亂平定，台灣鄭氏集團投降，先前所面臨的「反清復明」問題已經煙消雲散。於是清朝政府就是否繼續實行海禁政策進行了一場激烈的辯論。康熙皇帝畢竟是一個雄才大略的君主，他以遠見卓識做出了取消海禁的決定，宣布於康熙23年（1684年）重新開放沿海貿易。

康熙時期的開放範圍是比較廣泛的，正式指定廣州、漳州、寧波、雲台山（南京）設置海關，允許外國商船前來貿易。在這些港口沿線及鄰近地區，也都允許進行對外貿易，例如廣東的潮州、高州、雷州、廉州、瓊州等43處，福建的廈門、汀州、台北等三十多

處，以及浙江、江蘇沿海多處港口都是開放的。這種開放政策，不僅吸引了外國商人前來貿易，也刺激了中國商人前往國外進行貿易，大體上江浙一帶的商船多來往於日本長崎和寧波、上海之間，閩粵一代的商船多來往於南洋各地。

當然這種開放是有限的。種種跡象表明，清朝的最高統治者包括康熙皇帝在內，對於當時世界的大勢，對於發展海外貿易，與正在崛起的西方各國展開商業競爭，是缺乏足夠認識的。傳統的內陸小農思想指導下的對外政策，進取不足，保守有餘，以天朝大國乃世界中心自居，把外國一律視為蠻夷，既居高臨下，又處處防範。這種防範幾乎是面面俱到的，第一是嚴禁硝磺、火藥、鐵器外銷；第二是外商到岸必須卸下武器；第三是不讓外商了解中國真相。到了乾隆時代愈演愈烈，逐漸收縮通商口岸，從閩、粵、江、浙四省減少到廣東一省，從大小百來個通商口岸減少到廣州一個口岸，看似偶然，其實是必然的。

轉捩點是乾隆22年（1757年）清廷下令關閉江海關、浙海關、閩海關，指定外國商船只能在粵海關——廣州一地通商，並且對絲綢、茶葉等出口商品的出口量加以限制，對中國商船的出洋貿易規定了許多禁令。這就是人們通常所說的閉關政策。乾隆24年發生了英商洪任輝（James Flint）要求自由通商的案件，引來更加嚴厲的防範措施，即使在唯一開放的粵海關，也規定了防範外國人的條款：（一）洋船銷貨、裝貨後，應該按期離開，禁止在廣州過多；（二）洋船不許同漢奸私自交易；（三）內地行商不許向洋商借貸資本；（四）洋商不許雇傭內地僕役；（五）在洋船停泊處必須有官員與兵丁彈壓、稽查。

按照這種禁令，外國商人必須住在廣州城外的商館，通過稱為

十三行的公行的仲介才能進行交易。公行是洋行的共同組織，承銷一切外國進口貨物，負責供應外商所需中國出口貨物，以及擔保、繳納關稅事宜，兼具照料和約束外商的責任。外商在黃埔上岸後，只能住在廣州城外的商館，平時不得任意到商館區以外走動，更不准入城。外商有事要向政府進行交涉，政府有事要通告外商，都經過十三行轉達。貿易季節一過，外商必須離境，或返回澳門居住，不准在廣東過冬。這種做法固然有利於對外商的控制，但它顯然與西方資本主義自由貿易制度格格不入。

直到乾隆晚期，中國在對外貿易中依然處於出超的地位，大多數年份都有貿易順差，許多外商都要以本國銀洋來支付貿易差額。即使經過工業革命、經濟蓬勃發展的英國，在廣州貿易中也長期處於逆差之中。乾隆46年（1781年）至55年（1790年）的10年中，中國輸往英國的商品，僅茶葉一項就達9627萬銀圓；英國輸往中國的商品（包括毛織品、棉布、棉紗、金屬等）總共才1687萬銀圓。據統計，在18世紀整整一百年中，英國為了支付貿易逆差流向中國2億多銀圓。

英國政府為了改變這種狀況，擴大通商與聯絡邦交，派遣以馬戛爾尼伯爵（Goereg Lord Macartney）為正使、東印度公司大班斯當東為副使的使節團，於乾隆58年（1793年）來到中國。清朝方面對馬戛爾尼一行給予熱情招待，但對於加開通商口岸、互派公使等要求，不予理睬。乾隆皇帝一方面明確表示：「天朝尺土俱歸版籍，疆址森然，即島嶼沙洲亦必劃界分疆，各有所屬。」另一方面以「上諭」的形式告知英國：「天朝物產豐盈，無所不有，原不藉外夷貨物以通有無。」考慮到對方的困難，可以承認作為恩惠的朝貢國進行貿易。

英國當然不願就此甘休，再次派遣以阿美士德（William Pitt Lord Amherst）為團長的使節團，於嘉慶21年（1816年）來到中國，由於禮儀的糾紛無法解決，原先準備提出的要求，諸如開放寧波、天津、舟山讓英商貿易，在北京設立商館等，根本無從談起——談判還未開始已告決裂。

西方已經進入資本主義時代，急於打開中國的大門，而中國實施嚴厲的閉關政策，兩者之間必然要發生激烈的衝突，以何種方式打開中國大門，只是一個時間問題。

卡爾·馬克思在英國報紙上發表的時評中說：閉關自守的中國，就像一具木乃伊，一直密閉在棺材中，不與外界接觸，一旦與新鮮空氣接觸，就立即腐爛。

後來的事態發展，充分證實了這一論斷。

4.人口壓力與社會危機

傳統農業時代，中國人口的增長是緩慢的。直到宋朝才突破1億，明朝末年全國總人口達到1.5億，到了清朝人口迅猛增長，乾隆時期全國總人口突破3億大關。據葛劍雄主編《中國人口史》的研究，1644年至1851年，中國人口的年均增長率為0.49%。

清朝前期兩個世紀中人口迅猛增長的原因，是一個值得研究的複雜問題，應該考慮多種因素。

首先，最基本的因素當然是明朝中葉以來農工商各業的發展，經濟高度成長帶來的經濟總量的擴大，為人口的增長提供了有利條件。

其次，政策方面的因素也不容忽視。康熙51年（1712年）宣布

明人繪《盛世滋生圖》局部

「盛世滋生人丁永不加賦」的政策，意味著新增人丁不再有人頭稅
負擔。雍正時期的「攤丁入地」政策，意味著人頭稅負擔全部轉移
到土地。這就大大刺激了人口的迅猛滋生。

再次，傳統農業要提高單位面積產量的主要手段就是集約化經
營，這就需要不斷增加投入土地的勞動力，人口增加便成為提高產
量的主要生產力來源。另一種形式的發展——新耕地的開闢，也與
人口的增加密切相關，清初幾十年間耕地的增長與人口的增長幾乎
是同步的。

復次，外來的高產糧食作物番薯、玉米等的引進與推廣，為新
增人口提供了新的糧食來源。布勞岱《15至18世紀的物質文明、經
濟和資本主義》指出：山藥、芋頭、白薯、木薯、土豆、玉米等原

產美洲的作物，在發現新大陸後才渡海進入中國，直到18世紀才真正得到推廣，那時候由於人口急遽增長，不得不在平原地區之外開墾荒山野嶺，使南北部分的人口相對地重趨平衡。

但是，人口的迅猛增長畢竟給社會帶來了巨大的壓力，特別是乾隆時代人口突破3億以後，這種壓力愈來愈明顯。乾隆58年（1793年），皇帝已經感受到人口壓力的沉重，他說：「承平日久，生齒日繁，蓋藏自不能如前充裕」、「生之者寡，食之者眾，朕甚憂之」。顯然，他已經認識到，由於人口的日趨增加，物資已經不如先前充裕，土地上的出產已經難以滿足愈來愈多人口的需要。

面對同樣的社會問題，著名學者洪亮吉在這一年提出了他的人口論。他的理論可以概括為三點：第一，耕地增長的速度趕不上人口增長的速度；第二，必須用「天地調劑之法」與「君相調劑之法」，來解決過剩人口，所謂「天地調劑之法」是依賴水旱瘟疫等自然災害來淘汰人口，所謂「君相調劑之法」是依賴政府的調節與救濟，如移民、開荒等措施，來養活人口；第三，聽任人口激增會引起社會動亂。

洪亮吉的人口論，與比他晚五年發表的馬爾薩斯人口論，有許多相同之處。1789年英國經濟學家馬爾薩斯（T. R. Malthus）發表的《人口論》認為，人口增長快於生活資料的增長，如果不遇到阻礙，人口按幾何級數增長，而生活資料即使在最有利的生產條件下，也只能按算術級數增長，所以人口增長速度超過了生活資料增長速度。因此必須降低人口增長速度，使之與生活資料增長速度相適應，它的決定性因素就是貧困、饑饉、瘟疫、繁重勞動和戰爭。他主張採取各種措施限制人口的繁殖。兩相比較的話，洪亮吉的人

口論雖然不及馬爾薩斯那麼系統、嚴密，但已經感到人口問題的嚴重性，無論如何是難能可貴的。

這並非杞人憂天，人口壓力的負面作用，在清朝中期已經凸顯出來了。

其一，人均耕地面積日趨減少。從17世紀中葉至19世紀中葉，人均耕地減少了一半。請看下表：

年代	人口（億）	耕地（億畝）	人均耕地（畝／人）
1650	1.00～1.50	6.00	6.00～4.00
1750	2.00～2.50	9.00	4.50～3.60
1850	4.10	12.10	2.95

洪亮吉說：「每人四畝即可得生計。」他的意思是，平均每個人擁有四畝耕地，似乎可以看作一個「溫飽常數」，如果低於這個水平，社會將會陷於動亂。乾隆、嘉慶時代恰巧處於這個臨界狀態，到了道光、咸豐之際，每人平均擁有耕地僅僅2.95畝，情況就相當嚴重了。

其二，由於人均耕地面積下降，每人所得糧食日益減少，導致糧食價格持續上漲。如果以17世紀後半期的糧價指數為100，那麼其後的糧價指數分別為：

18世紀前半期　　132.00

18世紀後半期　　264.82

19世紀前半期　　532.08

19世紀後半期　　513.35

由此可見，19世紀的糧價比17世紀上漲了5倍多，糧食匱乏與糧荒日趨嚴重，一遇自然災害，就會出現大規模饑荒，隨之而來的

便是大量人口死亡，不可避免地引起抗糧（拒絕繳納賦稅）、抗租（拒絕繳納地租）的暴動，以及搶米風潮。不斷的災荒、戰亂，使得咸豐以後人口不再繼續增長，從咸豐初年的4億多，到同治初年下降至將近3億，光緒初年逐漸回升到3億多，清末民初回升到4億多。人口相對過剩，已經構成社會動亂的重要因素，而社會動亂又反過來制約人口漫無邊際的增長，顯現了洪亮吉和馬爾薩斯的判斷是有先見之明的。

乾隆末年、嘉慶初年震動全國的川楚白蓮教起義，可以看作人口壓力與社會危機的一個標誌。先前，大量流民進入四川、湖北、河南交界的荊襄地區，開發原始森林，鄰近地區農業人口相對過剩的危機在這裡獲得暫時的緩解。到了清朝中期，荊襄地區的人口也達到了它所能容納的最大限度，一旦遇到災荒，或失去生活來源，流民與棚民就淪為流氓無產者，成為社會的破壞力量。這種特殊的社會環境，提供了宗教和神秘主義的土壤，秘密宗教白蓮教在流民中廣泛傳播，形成一種鬆散的互助組織。他們在內部實行平均主義──「穿衣吃飯不分你我」。一遇災荒，謀生無著，他們就倡導「吃大戶」（哄搶豪紳富戶），或聚眾造反，正如當地官吏所說：「一二奸民倡之以『吃大戶』為名，而蟻附蜂起，無所畏懼。」、「虜脅日眾，不整隊，不迎戰，不走平原，惟數百為群，忽分忽合，忽南忽北。」

這種零星的武裝鬥爭終於釀成了乾隆60年（1795年）年底，荊州、宜昌地區白蓮教組織的大規模武裝起義。他們以白布包頭，白旗為號，與襄陽、鄖陽一帶的教徒相互聯絡，分頭舉事。到了嘉慶元年（1796年）年初，形成了一場聲勢浩大的群眾性武裝反抗運動。

這場鬥爭之所以能夠持續九年，蔓延湖北、陝西、四川、河南、甘肅五省，從一個側面顯示了相對過剩人口對社會的壓力，已經突破了一個極限。清朝政府調動了16個省的軍隊，耗費軍費2億兩白銀，才把它平定下去。然而，它卻成為一個轉捩點，清朝從此由盛轉衰，社會動亂幾乎再也沒有停息。

此後的將近半個世紀中（1796～1840年），見於記載的武裝暴動、民眾起義，共有93次。再往後的九年中（1841～1849年），這類暴動、起義竟達110次之多。太平天國起義前，各地的暴動、起義武裝大小約有140、150股。1850年代至1860年代席捲全國的太平天國運動，多少反映了人口壓力下的社會危機。這場持續十多年的社會大動亂，以幾千萬人死亡而告終。人口壓力以這種形式得以緩解，以及隨之而來的「同光中興」，又如曇花一現，並不能改變年復一年的社會動亂狀態。正如晚清民眾喉舌《申報》所說，光緒初年，「中國貧多富少，故金銀一入富室，更難望有出時，是以共覺天下愈貧也。」、「富者愈富，貧者愈貧」、「富者則坐擁數十萬者亦有之，而貧者常至家無擔石之儲。」在這種大背景下，社會的動亂是難以遏制的，革命運動將無可避免。

歷史長河：中國歷史十六講

2007年2月初版　　　　　　　　　　　　　　定價：新臺幣350元
2020年7月二版
2020年8月二版二刷
有著作權・翻印必究
Printed in Taiwan.

著　　　者	樊　樹　志
叢書主編	簡　美　玉
校　　　對	崔　小　茹
封面設計	而立設計

出　版　者	聯經出版事業股份有限公司	副總編輯	陳　逸　華
地　　　址	新北市汐止區大同路一段369號1樓	總編輯	涂　豐　恩
叢書主編電話	(02)86925588轉5322	總經理	陳　芝　宇
台北聯經書房	台北市新生南路三段94號	社　　　長	羅　國　俊
電　　　話	(02)23620308	發行人	林　載　爵
台中分公司	台中市北區崇德路一段198號		
暨門市電話	(04)22312023		
郵政劃撥帳戶第0100559-3號			
郵撥電話	(02)23620308		
印　刷　者	世和印製企業有限公司		
總　經　銷	聯合發行股份有限公司		
發　行　所	新北市新店區寶橋路235巷6弄6號2F		
電　　　話	(02)29178022		

行政院新聞局出版事業登記證局版臺業字第0130號

本書如有缺頁，破損，倒裝請寄回台北聯經書房更換。　　ISBN　978-957-08-5569-2 (平裝)
聯經網址 http://www.linkingbooks.com.tw
電子信箱 e-mail:linking@udngroup.com

本書中文繁體字版由中華書局授權出版

國家圖書館出版品預行編目資料

歷史長河：中國歷史十六講/樊樹志著 . 二版 .
新北市 . 聯經 . 2020.07 . 400 面 . 14.8×21 公分 .
ISBN 978-957-08-5569-2（平裝）
[2020年8月二版二刷]

1.中國史 2.文集

617   109009301